NOUVEAU

TABLEAU DE PARIS

AU XIX.ᵐᴱ SIÈCLE.

III.

PARIS. — IMPRIMERIE DE BOURGOGNE et MARTINET
successeurs de Lachevardiere, rue du Colombier, 30.

NOUVEAU
TABLEAU DE PARIS
AU XIXME SIÈCLE.

TOME TROISIEME.

PARIS.
LIBRAIRIE DE MADAME CHARLES-BÉCHET,
QUAI DES AUGUSTINS, N° 59.

M DCCC XXXIV.

PARIS MODERNE.

LES PASSIONS INNOCENTES

A PARIS.

Vous avez souvent entendu autour de vous de bonnes gens qui poussaient de gros soupirs : « Oh! disaient-ils, quand pourrons-nous quitter la ville pour la campagne! Quand pourrons-nous dire adieu à Paris, à l'infect Paris, pour aller nous ébattre parmi les fleurs de la prairie, sous l'ombre épaisse de la forêt, aux bords resplendissans du fleuve ! » Ceux qui savent un peu le latin ne manquent pas de dire en latin :

O ubi campi! ou bien encore : *Hæc mea vota! et jugis aquæ fons*, et autres petits mots tout champêtres échappés à deux poètes plus ou moins bucoliques, qui auraient été bien malheureux si Auguste ou Mécène les avaient pris au mot !

Moi, quand j'entends ces bonnes gens se plaindre ainsi, j'ai bien peine à ne pas rire, et si je ne ris pas, c'est que je pense qu'ils ne font qu'obéir à l'antique usage, que répéter sans savoir ce qu'ils disent, la plainte éternelle des poètes et des romanciers : comme si le repos, le calme, le plaisir des champs, les passions innocentes et les heureux loisirs se pouvaient trouver autre part qu'à Paris.

Le Parisien ne connaît pas Paris, par la raison toute simple qu'il y est né : or, naître à Paris, c'est venir au monde dans des rues malsaines, dans des maisons peu aérées ; c'est avoir eu pour théâtre de son enfance un sale escalier, une cour humide, c'est ne connaître le soleil que par ouï-dire, le printemps que par hasard, et l'été que par les ordonnances de police contre les chiens enragés. Donc il est convenu que lorsqu'on parle de Paris on ne parle jamais des Parisiens. Le Parisien ne compte pas à Paris; il y est caché, il en est absent, il n'est bon qu'à occuper les places que les autres ne veulent pas; pauvre et infortuné cynique, le Parisien a toujours un nouveau-venu devant lui et devant son soleil, et qui ne s'ôte pas de son soleil. C'est encore là une des plaintes de la province les plus mal fondées qui se puissent entendre : — Paris absorbe tout; — Paris est le maître; — Paris corrupteur! — Paris égoïste! En réalité, Paris n'est le maître que de la rue Mouffetard. Paris appartient au premier venu qui en veut, au Gascon, au Normand, au Provençal, à tout le Midi qui arrive et qui s'en empare, et qui dit comme dans l'Évangile : — *Nous sommes bien ici, dressons-y nos tentes!*

Regardez l'histoire de Paris. Qui gouverne Paris? des Gascons, des Normands, des Marseillais. Il n'y a pas un Parisien à la tête des affaires de Paris. Qui fait fortune à Paris? des gens venus de loin qui prennent toutes les places et toutes les fortunes. Qui sait jouir de Paris? ceux-là qui n'y sont pas nés, ceux qui ont passé une enfance heureuse et calme au dehors, qui viennent jeter à Paris leur bouillante jeunesse. Gare alors aux jeunes filles de Paris, et aux prêteurs d'argent de Paris, et aux marchands de Paris!

Et quand leur jeunesse est passée, ils se servent encore de Paris comme d'un piédestal; puis, qu'ils réussissent ou non, ils arrangent leur vieillesse à Paris; ils la font heureuse et calme, et tranquille, et cachée; et dans leur vieillesse, bien plus que dans leur âge mûr, bien mieux même que dans leur folle jeunesse, ces sages étrangers, ces admirables nouveau-venus, ces judicieux intrus, savent merveilleusement jouir et profiter des avantages de Paris.

Vous voyez que je reviens, il est vrai, par un détour tant soit peu long, au sujet de mon chapitre : *Les Passions innocentes à Paris*. Ce mot *Passions* accolé à cet adjectif *innocentes* paraît déjà au premier abord bien invraisemblable, sans qu'il soit besoin d'y ajouter cet autre mot : *à Paris*, qui en double l'invraisemblance.

— *Passions innocentes à Paris*... Cependant j'espère que vous trouverez que je parle en toute vérité, car aussi bien les faits sont là, et ils parlent tout seuls.

Êtes-vous ce qu'on appelle un flâneur? c'est un mot charmant, un mot qui est bien plus que français, c'est un mot parisien. Être flâneur, c'est le commencement de toute philosophie. Être flâneur, c'est aimer la comédie simple et naïve, c'est être sans ambition et sans orgueil, c'est être un bonhomme. Donc si vous êtes flâneur, vous êtes sur le point d'avoir une passion innocente. Le flâneur qui aurait une passion innocente, serait le flâneur qui n'aurait rien à faire. Or, qui dit un flâneur dit un homme affairé, qui oublie ses affaires, un homme pressé d'arriver, qui s'arrête à chaque pas, un homme forcé de gagner sa vie, et qui sacrifie son dîner à une flânerie, à une passion. Or, une passion qui vous empêche de dîner n'est pas tout-à-fait une passion innocente. J'avais besoin d'établir encore cette distinction avant d'entrer en matière : à savoir que le flâneur ne peut pas entrer dans ma catégorie, parce que le flâneur est par sa position au rang des hommes occupés. Le flâneur est de ceux qui gagnent leur vie; le flâneur porte la peine de sa passion; le flâneur peut perdre son procès ou retrouver sa femme en flânant; il oublie son chemin; il ne sait pas l'heure qu'il est; en revanche, il sait fort bien quelles sont les passions innocentes; il s'en amuse comme il s'amuse de toutes choses; il les suit pas à pas; il les voit de loin; il les aime, il les admire, mais il n'en choisit aucune, il n'en prend aucune; il n'ose en prendre aucune; quelque chose lui dit en lui-même que c'est déjà bien assez d'être flâneur, sans se donner encore par-dessus le marché une passion ; et il soupire, et il s'en veut, et il appelle en lui-même le temps, l'heureux temps où, de la flânerie, passion coupable, il passera à une passion innocente. En attendant, interrogez-le, il vous dira au juste, ordre par ordre, quelles sont les passions innocentes de Paris.

Un homme est retiré des affaires, ou des amours, cette grande affaire; cet homme est assez sage pour juger en lui-même qu'il a eu assez d'ambition, assez d'amour, et qu'il a assez de science et de fortune; cet homme ne songe plus qu'à vivre et à être heureux. Croyez-vous donc qu'il ira acheter une maison de campagne à Pantin pour y étouffer sous la poussière en été, pour y mourir d'ennui en hiver? croyez-vous donc qu'il ira en Normandie, ou autre part, pour vivre loin de tout plaisir, loin de toute langue française, loin de son médecin, loin de son journal? Non. Cet homme se sent une égale peur de l'idylle et de l'élégie; il n'aime les bergers que dans les peintures de Watteau, et les maisons de campagne que dans les *Petites-Affiches*. Il s'arrange donc de manière à rester à Paris; et une fois qu'il a choisi son quartier, sa maison, ses amis, le jardin qui lui sert de promenade, il ne pense plus qu'à se donner une passion, une passion innocente, qui occupe son âme sans la brûler, qui amuse sa vie sans l'user, qui agite son cœur en le laissant tranquille, qui lui fasse sentir les jouissances de la fortune sans l'inquiéter sur sa fortune, qui le trouve heureux dans les plus grands désappointemens, et calme dans les plus vifs désirs. Ce sont là des passions charmantes, des passions qui ne sont défendues par aucun Évangile, par aucune morale humaine ; des passions qui ne font le malheur de personne; qui ne font ni des envieux, ni des jaloux ; des passions innocentes, en un mot, et qu'on ne trouve qu'à Paris; mais aussi en quelle abondance on les trouve! Elles sont partout à Paris, les passions innocentes. Qui en veut? Il y en a à tous les prix; il y en a pour toutes les humeurs; il y en a pour tous les goûts, pour toutes les fortunes, pour tous les sexes, pour tous les âges. Voulez-vous des passions innocentes? parlez, parlez! Il y en a pour rien à Paris, des passions innocentes : il n'y a que le vice qui soit cher à Paris.

Ainsi notre homme se fait un jour amateur de tableaux. C'est une belle passion, celle-là, la passion des princes et de la duchesse de Berri. Songez donc à cela. Chercher sur les toiles peintes le génie oublié des grands maîtres, reconnaître Raphaël au dessin, Rubens à la couleur, étaler devant soi les longues draperies de l'école florentine, et les épigrammes rieuses de l'école hollandaise; voir, et comparer, juger et décider, n'avoir dans la bouche que ces mots : *un beau-faire*, *demi-teinte*, et *clair-obscur*. Décider en faveur de Rembrandt contre David, en faveur du Titien contre le Carrache. Puis bientôt, par une transition naturelle, passer des vieilles écoles aux tableaux modernes, être bien vu dans toutes les expositions de peinture ; juger et décider tout haut, marchander et acheter, prendre parti pour M. Ingres : aller, venir, courir ; arracher à l'oubli tel chef-d'œuvre qui vous coûte 25 fr., qui en vaut 5, et le pendre précieusement à la plus belle place de sa maison, vis-à-vis son Paul Véronèse acheté rue Coquenard, et son Ruysdaël de l'hôtel Bullion. Les voir le matin à son réveil qui vous disent bonjour, les saluer à midi, en sortant de chez soi, leur dire bonsoir à son retour. Les avoir tous autour de soi, les compagnons tranquilles de votre oisiveté; les admirer et s'admirer en eux-mêmes, discuter à part soi si on les laissera par testament au musée de sa ville natale, et au bout d'une année de méditations, finir par se dire : —Oui, oui, le Musée de Quimper sera mon héritier; je lui laisserai ma galerie, à la charge par lui de donner mon nom à une de ses salles; de faire une pension de deux mille livres à ma vieille Marguerite; de donner deux bourses au collége à mes deux petits filleuls Jules et Oscar, et de m'élever à moi-même un tombeau en marbre quand je serai mort.

O ravissantes illusions! ô admirables espérances! ô bonheur de la sagesse! savez-vous une passion qui donne plus de bonheur durable, plus d'extases indicibles, plus d'espérances décevantes que celle-là? On marche d'illusions en illusions, de chefs-d'œuvre en chefs-d'œuvre, de bon marché en bon marché; et on meurt par un matin de beau soleil, comme Raphaël, à côté d'une *Transfiguration :* peu importe qu'elle ne soit pas de Raphaël.

Pendant que la passion des tableaux amuse l'arrière-saison de notre homme, la passion des livres s'empare de cet autre que vous voyez là-bas marchant la tête haute, le corps tout droit, vieillard bien portant et clairvoyant qui sort de chez lui bien brossé, et qui rentrera tout poudreux le soir. C'est celui-là qui est heureux! Ne lui parlez pas de tableaux, à celui-là! il a en horreur les vieilles toiles où l'on ne voit rien, les couleurs passées, les cadres ternis, les lambeaux de couleur disséminés çà et là; sa passion est bien meilleure : il en veut, lui, à des passions qu'on tient dans sa main, qu'on met dans sa poche, dont on jouit tout seul et partout, la nuit comme le jour. Parlez-lui des vieux livres, des belles éditions, des Elzévirs non rognés; parlez-lui des reliures de Derome et de Thouvenin : pauvre Thouvenin, mort jeune encore et si grand artiste! Parlez-lui des vieux chefs-d'œuvre de la typographie française; il les a tous vus, il les a tous touchés ; il vous en dira l'histoire et à quels maîtres ils ont appartenu depuis la vente du duc de La Vallière. Il y a tel volume qu'il a suivi depuis dix années. Enfin le dernier maître de ce volume est mort il y a un mois. La vente se fera demain : demain! dans vingt-quatre heures! quelle impatience pour le bibliophile! il s'agite, il s'inquiète, il ne peut rester en place. Quelle heure est-il? Il ne sera jamais à demain. Cependant il va sans le vouloir à sa promenade accoutumée ; il faut bien qu'il achète un petit livre pour se distraire. Donc il cherche, il remue, il ouvre, il ferme des livres; il les étudie, il les flaire.—Voici un volume mieux conservé que tel autre volume que j'ai déjà. — Mais le frontispice de mon volume est mieux tiré que le frontispice de ce volume! — J'aurais un chef-d'œuvre en mettant mon frontispice à cet exemplaire. Et il achète l'exemplaire; un autre jour il en achètera un troisième pour remplacer un feuillet de la table des matières qui est légèrement jauni; il faut du temps pour faire un beau livre. La journée se passe ainsi. Quatre heures venues, le bibliophile rentre à la maison; ses poches sont pleines; il les vide sur la table; il se met à table, et il mange; et tout en mangeant il collationne ses livres, il les tourne dans tous les sens; il boit, il mange; sa digestion est facile : il a tant d'amis à sa table ! Au dessert il va à sa bibliothèque, et il arrange tous les nouveau-venus. En même temps il met les anciens à la réforme, car c'est un homme *de peu de livres*; il n'en veut qu'à certains ouvrages, mais il les veut beaux; et quand il les a beaux, il les veut parfaits. Ainsi il change, il arrange, il troque, il achète sans cesse; plus il donne d'alimens à sa passion, et plus sa passion grandit et s'enflamme. Quand tout est en ordre chez ses livres, il se met au lit et il dort. Il dort, et il rêve gravures, parchemins, reliures; il ne flaire que du cuir de Russie, son sommeil est calme. Le matin il se lève, et il regarde ses livres; il leur donne de l'air et du soleil; et par la même occasion il en prend pour lui-même. Ce jour-là il est plus heureux que de coutume, car c'est ce soir, à huit heures, chez Sylvestre, qu'on vend l'exemplaire en question qu'il poursuit depuis tant d'années. Le soir venu, il s'y rend des premiers. Celui qui fait la vente, Merlin ou Crozet lui ont gardé une place à leurs côtés; il prend sa place, il a tous les beaux livres sous ses regards; il les voit, il les touche, mais dans le nombre il n'en voit qu'un seul. Enfin son livre est annoncé, le cœur lui manque. — A vingt francs, à vingt-cinq.—A trente francs.—Trente-cinq.—Quarante. — Cinquante. — Soixante-dix. — Soixante-quinze. — *Quatre-vingt-cinq*. — Et pendant tout ce temps il se trouble, il pâlit, il frissonne.—*Quatre-vingt-cinq*.—Dix. — Quinze. —*Cent francs!*—*Cent francs*, répète lentement le commissaire-priseur.—*Cent francs!* qui pourrait dire l'émotion du bibliophile! quelle émotion est égale à la sienne! A cette heure on joue la tragédie au théâtre Français; un drame sanglant tout rempli d'adultère se déroule à la Porte-Saint-Martin; l'Opéra se livre à toutes ses séductions et à toutes ses magnificences: mais que sont les transports excités par ces tragédies, par ces drames, par ces danses, comparés aux transports qui pénètrent le cœur de cet homme à l'aspect du vieux bouquin qu'il envie! Aussi, ne lui parlez pas de drame, ne lui parlez pas de comédie ou d'opéra; son drame, sa comédie, son opéra, sa danseuse animée, agaçante et légère, l'œil en feu et le sein qui bat, c'est ce livre qui est là, rélié en maroquin, non rogné! Il le suit des yeux, il le suit de l'âme, il n'y a pas d'étudiant du parterre qui regarde avec des yeux plus étincelans la plus jolie choriste, que ce vieillard en présence de ce vieux livre.

Mais enfin le ciel est juste : notre homme l'emporte, le livre est à lui, il triomphe, il est heureux. Ses rivaux le regardent d'un œil d'envie; lui, triomphant, il emporte son livre; vous le feriez officier de la Légion-d'Honneur, et cela dans les bons temps, qu'il ne serait pas plus superbe. Heureuse passion, qui ne laisse même pas voir à cet homme qu'à présent qu'il a ce bouquin, sublime entre tous ses bouquins, c'est à lui, à présent, à mourir!

Un autre homme, de goût et d'esprit, qui a compris, lui aussi, qu'il était doux d'avoir les plaisirs de la science sans en avoir les fatigues, s'est fait antiquaire comme le précédent s'est fait amateur de livres. Antiquaire pour avoir de beaux meubles, sans savoir d'où ils viennent; bibliophile pour avoir de beaux livres, sans jamais en lire un seul; le métier est doux et facile. C'est là encore une belle passion parmi les passions innocentes et antiquaires! D'ordinaire on adopte une époque dont on ne doit pas sortir. Les uns en veulent au gothique : vieux pots de fer, vieilles cuirasses, longues épées, ciselures brutales, armets, casques, lances, fauteuils, bahuts, tout grossiers, tout bruts, tout rustiques. Les autres montent un peu plus haut; ils s'arrêtent à la renaissance; ébènes, sculptures, douces figures, dessins, meubles de fantaisie; argenterie de François Ier sortie des mains de Benvenuto; tout le luxe d'une cour amoureuse du beau langage et des belles manières. Riches tentures, vitres colorées, vases précieux, débris du passé encore tout pleins de grâce; éperons dorés, armures magnifiques, larges fauteuils, vieux velours. Que sais-je? que sais-je?

D'autres encore commencent leurs recherches à Louis XIII, pour les finir à la fin de Louis XIV. Alors les bahuts disparaissent; le noyer disparaît aussi; les meubles sont en marqueterie, et représentent mille fleurs. Boule arrive avec ses écailles, ses ivoires, ses incrustations de filigrane de cuivre, d'argent et d'or; ses pendules magnifiques, ses dorures : que sais-je? C'est le temps des portraits de Mignard, le temps des miniatures de Petitot, le temps des bijoux montés par Cardillac, le temps de la richesse unie à l'élégance. Le xviie siècle a de grands partisans parmi les antiquaires. Enfin les plus jeunes, car il y a de jeunes antiquaires, se sont adonnés corps et âme au xviii® siècle; alors la forme devient du luxe, l'élégance devient du luxe; la richesse est la beauté suprême; ce ne sont partout que festons de fleurs, amours bouffis, nudités peu décentes; partout la gaze transparente, les larges ottomanes, les sofas qui parlent; partout le velours et l'or et la broderie, çà et là et au hasard; c'est un siècle qui se ruine et qui gaspille à profusion les nobles idées et les vieilles dentelles; un siècle qui s'inquiète aussi peu de briser un trône que de tacher d'huile et de vin une aune de velours; un siècle dont les débris sont plus fangeux, dont les restes sont plus troueux, dont la défroque est plus ruinée mille fois que tout ce que nous a laissé le moyen-âge. Eh bien! il y en a qui aiment le xviii® siècle, sans songer, les malheureux! que le xviii® siècle nous a valu tant de vaudevilles de M. Ancelot!

Est-ce qu'un antiquaire pense à autre chose qu'à sa passion dominante? Non. Il ne voit que le siècle dans lequel il s'est placé de préférence. C'est un homme qui fait tout éveillé le plus beau et le plus long rêve! Il est tout entier dans le monde de son choix; il s'admire dans les glaces; il couche dans le lit, il boit dans le verre de son époque. Ne le réveillez pas, de grâce! Si vous voulez qu'il vous entende, parlez-lui la langue d'*oïl.* Ne l'appelez pas, à l'heure qu'il est il est aux pieds de la reine Berthe ; ou bien il est le suivant de Diane de Poitiers ; ou bien encore il fait sentinelle à la porte de la belle duchesse de La Vallière ; ou tout au moins il est avec Voltaire au chevet de madame de Pompadour. Homme heureux ! qui échappe à la réalité, au monde extérieur, au monde matériel, pour le monde invisible, le monde de l'histoire, le monde purifié par l'oubli, par les distances, par le malheur. Homme heureux ! qui s'est réfugié auprès de toutes les beautés d'autrefois, beautés toujours nouvelles, gaies et florissantes, pendant que toutes les autres passent et se fanent. Laissez-le, laissez-le à côté de ces grandes dames sous l'hermine, sous le velours, ou sous la gaze transparente, et ne le ramenez pas méchamment aux mesquines vanités de notre époque.

Voulez-vous d'autres passions innocentes ? entrez dans cette belle maison. A peine sur le seuil de la porte, vous entendez le gazouillement des oiseaux. Une pie sert de portière, et vous dit : *Parlez au portier.* Un gros perroquet gris est le chien de la basse-cour. Montez l'escalier ; l'escalier est garni de jolis oiseaux venus de loin : cardinaux, veuves, faisans, oiseaux revêtus de mille couleurs ; chacun a son cri, comme chacun a son plumage ; ils agitent leurs ailes ; ils sont beaux ; ils sont joyeux. Ceci est la passion dominante d'un homme ; c'est là sa famille, ce sont là ses enfans ; il ne sort pas ; il est toujours avec eux comme ils sont toujours avec lui. Cet homme laisse à d'autres les vieux meubles, les vieux tableaux et les vieux livres ; il n'en veut qu'à la nature animée, et volante, et chantante, et innocente ; la nature joyeuse, la nature ailée : voilà sa passion, voilà sa vie. Il sait l'âge de tous ses pensionnaires ; il sait leurs noms ; il sait leurs besoins ; il connaît leurs maladies ; il tient registre de leur naissance et de leur mort ; quand ils meurent, il leur élève un tombeau de quelques pouces, et ce tombeau porte un nom et une inscription funéraire. Toute sa journée se passe ainsi, à être témoin d'innocentes amours, à voir naître et vivre de tout petits oiseaux, à leur donner le grain de chaque jour, à les ensevelir quand ils meurent, à pleurer sur leur tombe. J'ai vu un amateur d'oiseaux au milieu de ses bosquets chantans ; je l'ai vu au milieu de son *Père-Lachaise* en miniature, et je puis dire n'avoir jamais vu un bonheur plus complet, une mélancolie plus touchante : il semblait dire à ses oiseaux qui ne sont plus :—*Nous nous reverrons là-haut.*

Vous parlez des plaisirs de la campagne ; mais à quelle terre trouverez-vous autant de plaisirs amoncelés qu'au milieu de Paris ? Vous êtes amateur de papillons ; vous les réunissez par familles et par genres, ces fleurs volantes dans l'air. Mais où trouverez-vous d'aussi belles collections à faire qu'à Paris ? Chaque vallon a son insecte favori, chaque montagne nourrit son papillon d'azur. Paris a toutes les variétés et toutes les copies. Ils arrivent on ne sait d'où, mais ils arrivent. Vous aimez les fleurs ? Paris est un vaste bosquet ; toutes les fleurs y abondent : tulipes sans nombre et sans noms ; dalhias aux belles couleurs ; le dalhia est une nouvelle passion innocente, inconnue il y a dix ans, et qui est dans toute sa force aujourd'hui, car tous les ans Paris voit naître une nouvelle passion innocente : aujourd'hui les meubles, demain les porcelaines (en voilà une passion !) après-demain les cristaux ; puis le Japon, puis la Chine, puis les fleurs, puis les estampes, les Albert-Durer, par exemple, ou les Marc-Antoine. On commence sa collection, on la lègue à son enfant, qui lui-même la lègue à son fils. Heureux les pères qui peuvent laisser à leurs enfans trois mille livres de rente à dépenser et une passion innocente à cultiver!

Vous parlez de la chasse ! vous parlez de la

pêche! mais quel plus bel endroit pour chasser que la plaine Saint-Denis! elle est arrosée, elle n'est pas longue; on y voit tout de suite tout le gibier qui s'y trouve. On fait rencontre à chaque pas d'un aimable chasseur, qui vous offre une prise de tabac ou qui vous raconte une histoire. Enfin, si l'on n'a rien tué dans la journée, ce qui arrive quelquefois, on achète un beau lièvre à la Vallée, et l'on rentre chez soi le carnier plein, le corps fatigué, entouré du respect de ses voisines et de sa femme, si l'on a une femme; mais, en général, la culture des passions innocentes est assez contrariée par la présence d'une femme.

Et la pêche! On a bien médit de la pêche. Vous savez la définition qu'on a faite de la ligne. Et en effet, au premier abord c'est là un monotone plaisir : être assis au bord de l'eau, tout seul, dans le silence, attendre un poisson qui ne vient pas, frissonner et languir! mais la pêche à Paris, la pêche sous le Pont-des-Arts, par exemple! quelle joie et quelle fête! Être là au bord de l'eau, au vent frais, pendant que sur vos têtes le soleil brûle les passans; être là calme et assis, pendant que les autres courent et s'agitent; être là à espérer quelque chose un peu plus que rien, pendant que les autres marchent au hasard et sans but! Être là occupé de pêche et de philosophie, être là pour jouir du spectacle le plus mouvant et le plus varié; qui oserait dire qu'il connaît un plus grand plaisir? Il n'y a pas de plus belle pêche dans le monde que la pêche sous le Pont-des-Arts. Ils le savaient bien ces deux amateurs qui, le second jour de la révolution de juillet, par un chaud soleil, et par ces violentes colères, et par ces fusillades horribles que vous savez, se rencontrèrent tous les deux une ligne à la main. Ils ne s'étaient jamais vus; ils étaient tous les deux de deux natures bien différentes; l'un, bourgeois retiré, poète à ses heures, vieillard spirituel quelquefois; l'autre, fougueux tribun, hardi, qui triomphait, là-haut, des Tuileries, en même temps qu'il tendait un appât aux goujons de la rivière. Cependant ils se rencontrèrent. — Je parie, lui dit l'un, que vous êtes M. de Coupigny. — Je parie, lui dit l'autre, que vous êtes M. Odilon-Barrot!

Je sais bien que vous allez me faire une objection : — toutes ces passions, les tableaux, les livres, les porcelaines, les meubles, les oiseaux, les fleurs, sont des passions innocentes à l'usage des riches : mais quelles seront les passions innocentes des pauvres? Vous croyez m'embarrasser, n'est-ce pas? rien n'est plus simple cependant.

Les passions innocentes du pauvre ressemblent tout-à-fait aux passions innocentes des riches : les tableaux, les livres, les meubles, les porcelaines et les fleurs; quant à la chasse et à la pêche, la plaine Saint-Denis est ouverte à tous, et la Seine coule pour tout le monde. Voici seulement comment procède le pauvre dans ses plaisirs innocens.

Si le pauvre aime les tableaux, il achète ses tableaux, non pas dans les galeries particulières, mais sur les quais, et il trouve son musée en plein vent. S'il aime les livres, il a le Pont-au-Change, où, pour quelques sous, il est sûr de rencontrer toutes les littératures présentes et passées, la littérature présente beaucoup plus que les littératures passées. Si le pauvre est antiquaire, n'a-t-il pas le quai de la Mégisserie et de la Ferraille, tout remplis de vieux et nobles débris, qu'il sauvera, lui aussi, de la fureur du temps? Le pauvre qui aime les oiseaux n'a pas d'oiseaux du Bengale, il n'a pas de riches volières; mais il va acheter à vil prix quelque charmant petit rouge-gorge, auquel il apprend à siffler la retraite, et qu'il élève comme un enfant. D'autres fois, il remplace sa famille absente par un joyeux caniche, son fidèle compagnon, qui devient bientôt son maître absolu.

Laissez faire le pauvre; il saura bien, et à peu de frais, se procurer les plaisirs du riche; il saura bien assoupir ses passions innocentes, comme il a assoupi toutes ses autres passions. Le riche a pour lui la flamme du foyer; le pauvre a pour lui le rayon du soleil. Le riche va à l'Opéra et aux Italiens; le pauvre se contente de l'orgue de Barbarie, qui lui donne les meilleurs morceaux des plus grands génies de la France et de l'Italie musicales. Le riche et le pauvre ont les mêmes plaisirs, avec cette différence que le riche les a vingt-quatre heures avant le pauvre, et qu'il les paie bien cher, tandis que le pauvre les a pour rien en attendant quelques jours. Or, tous ces plaisirs faciles, ces joies toujours renaissantes, ces charmans petits bonheurs qui ont tout le charme de l'imprévu, et qui se renouvellent sans cesse, cette activité qui est un délassement, ce travail qui n'est pas une fatigue, cette sérieuse recherche apportée à des riens, ces désirs toujours nouveaux, cette jeunesse qui ne vous quitte qu'à la mort, savez-vous s'il y a un endroit où on les trouve complets, abondans et faciles comme à Paris?

Paris, la ville du repos, comme elle est la ville du travail; Paris, la ville de l'oisiveté comme elle est la ville de l'ambition; Paris, la ville des plaisirs ruineux, comme elle est la ville des plaisirs faciles; Paris, la ville de l'obscure aisance et de l'opulence fastueuse, la ville des insomnies et du sommeil, de l'agitation et du repos; la ville où il fait bon vivre, où il fait bon mourir; elle vous cache dans son bruit; elle vous porte dans son mouvement, elle vous occupe de ses passions, elle vous amuse de ses colères, elle vous protège de son ombre; elle est indulgente, elle est discrète, elle est bien élevée, elle vous laisse vivre et mourir comme vous voulez vivre et mourir; vous voulez de la gloire? elle vous en donne; de l'infamie? elle y consent; du repos et de l'obscurité? en voilà! Ne me parlez pas de campagnes, ne me parlez pas de chaumières, ne me parlez pas de vallons, ne me parlez pas de montagnes, ne me parlez pas d'oisiveté, si ce n'est des campagnes, des palais, des chaumières, des vallons, des montagnes et de l'oisiveté de Paris.

Et surtout des passions innocentes à Paris.

Mais les ai-je toutes racontées, les passions innocentes?

Non pas certes : elles sont sans nombre. Chacun de nous a sa passion innocente, qui souvent est endormie, étouffée par les passions mauvaises. Molière a connu un vicomte qui n'avait pas d'autre passion que de cracher dans un puits pour faire des ronds. Il y en a dont la passion innocente est de corriger des dictionnaires, d'autres font des chansons. J'en sais un qui rime un poème *épique*, un de ses confrères s'occupe à démontrer que la terre ne tourne pas. L'Institut et ses cinq Académies, la société d'Apollon, la société Philotechnique, et toutes les autres sociétés, qu'est-ce autre chose qu'une réunion de passions innocentes ? Une passion innocente, c'est de jouer au billard, c'est de fumer dans une longue pipe, c'est de regarder à la fenêtre les passans, c'est de suivre au pas le tambour qui bat, c'est de jeter du pain aux petits poissons rouges qui s'agitent dans un bocal. Qui peut dire le nombre des passions innocentes ? On en voit qui passent la journée à jouer aux boules. Celui-ci apprend à jouer du violon, sous prétexte que Caton, à quatre-vingts ans, apprenait le grec. Celui-là n'a pas d'autre plaisir que d'être le parrain de tous les enfans qui naissent. Tel dont la jeunesse s'est passée dans les parterres de l'Ambigu et de la Gaîté, va passer sa vieillesse aux assises, près du poêle, à la meilleure place pour se chauffer les mains et pour voir le criminel. Tel autre est l'amateur le plus assidu des parades, des arlequins, et des paillasses, et des figures de cire. Allez au Jardin des Plantes ; que de passions innocentes vous rencontrez en chemin ! L'un s'est passionné pour la girafe, et il lui apporte le sucre de son café tous les jours ; l'autre s'est passionné pour l'ours Martin, et il dépense, pour lui acheter des gâteaux, l'argent de son tabac. Or, je vous le dis, entraînez tous ces braves gens dans quelque vallon tranquille, donnez-leur une maison *riante*, dans quelque *hameau*, comme vous dites, abritez-les sous le chaume, placez-les sous l'ormeau ; vous les verrez bientôt languir, s'ennuyer, maudire l'ormeau et maudire le chaume, et, grâce à leurs passions innocentes, aussi malheureux au village qu'ils étaient heureux à Paris.

Au reste, un homme qui a eu dans tous les pays du monde autant d'esprit que Voltaire en a eu en France, M. de Talleyrand, a résumé par un mot admirable ce chapitre très incomplet sur les passions innocentes. — M. de Talleyrand est, comme vous savez, un grand joueur de wisth : il joue à la ville, à la campagne, en voyage, dans sa voiture, la nuit et le jour. Vous le croyez occupé à rédiger un traité ; il joue au wisth, ce qui n'empêche pas le traité de se faire. En un mot, il joue toujours. Un jour il demandait à un de ses amis : Savez-vous jouer le wisth ? — Non, dit l'autre. — En ce cas, vous vous préparez une vieillesse bien malheureuse, reprit M. de Talleyrand.

En fait de passions innocentes, je n'en sais qu'une qui me paraisse insupportable; — c'est la passion du joueur d'échecs. En effet, un homme qui joue aux échecs est un homme qui conspire.

Par pitié et par grâce, si vous savez d'autres passions innocentes, ne les gardez pas pour vous tout seuls; faites-en part au monde, qui n'en a pas encore assez, et vous aurez autant mérité de l'humanité que celui qui apporta les cerises de la Perse et la pomme de terre du Nouveau-Monde!

Jules JANIN.

LA BOURSE.

404. Les agens de change et courtiers qui auront fait faillite seront punis de la peine des travaux forcés à temps. S'ils sont convaincus de banqueroute frauduleuse, la peine sera celle des travaux forcés à perpétuité.

421. Les paris qui auront été faits sur la hausse ou la baisse des effets publics seront punis des peines portées par l'art. 419 [1].

422. Sera réputé pari de ce genre toute convention de livrer ou de vendre des effets publics qui ne seront pas prouvés par le vendeur avoir existé à sa disposition au temps de la convention, ou avoir dû s'y trouver au temps de la livraison.

[1] .... Seront punis d'un emprisonnement d'un mois au moins, d'un an au plus et d'une amende de cinq cents francs à dix mille francs. Les coupables pourront de plus être mis sous la surveillance de la haute police pendant deux ans au moins et cinq ans au plus.

Code pénal.

Ce n'est pas le monument que nous voulons faire connaître à nos lecteurs; tous l'ont vu, plus ou moins. Les uns se sont arrêtés devant son immense parallélogramme lourd et court; les autres ont arrêté sous leurs yeux quelques unes de ces mille gravures pittoresques qui enseignent l'histoire, la phrénologie, la littérature, la géographie, l'architecture, les beaux-arts, la botanique, etc., etc., etc., enfin tous les arts possibles. Tout est dans tout, a dit M. Jacotot : vérité si vraie, qu'elle m'a fait l'effet d'une bêtise. Tout est dans les Magasins pittoresques : mensonge si patent, qu'il me semble bien plus spirituel ; mais enfin si tout n'y est pas, la Bourse, du moins, s'y trouve. Donc vous l'avez vue mieux que je ne pourrais vous la décrire. Si vous l'avez prise pour un Panthéon, vous avez dû dire tout de suite : « Dans un siècle dont l'argent est le dieu, il est juste que l'argent ait un temple. » La plaisanterie est vieille et usée : elle est partie du feuilleton, du feuilleton elle est tombée au Vaudeville, et du Vaudeville à la Chambre. C'est le *ó tempora, ó mores!* du tiers-parti. Je vous remercie de votre esprit. A Paris, nous fumons dans des pipes empuantées par dix bouches turques, nous nous étalons sur des meubles jetés au grenier par nos grands-pères : nous repoudrons nos jolies femmes, nous restaurons les chroniques, nous peignons selon Watteau et Jules Romain, nous gravons à l'anglaise, nous rappelons Martin à Feydeau et mademoiselle Duchesnois aux Français. Peste! mes chers lecteurs, nous aimons le neuf à Paris. Merci de votre esprit : tous mes confrères me montreraient au doigt.

Serai-je sérieux ? Le sérieux du temps est effroyable... La société crie et se rompra. C'est le char d'Hippolyte emporté au hasard. C'est le vaisseau l'*Ariel* qui pleure et gémit dans ses entrailles avant de s'ouvrir et de s'abîmer. Je jetterais la plume à la seconde phrase.

Serai-je bouffon ? pauvre bouffon que je serais ! pauvre théâtre que le mien ! Les hauts emplois sont pris ou donnés, et remplis si supérieurement, que je ne serais qu'un méchant regrattier dont on sifflerait la marchandise. Bon dieu ! quel mirmidon suis-je pour prétendre trousser une plaisanterie aussi galamment que M. Vérollot, chanter une palinodie aussi net que M. Félix Bodin, grimper au mât de cocagne de juillet aussi lestement que M. Thiers, changer de visage aussi fertilement que M. d'Argout, subtiliser des millions aussi bien que... tout le monde. Non, non, point de bouffonnerie, laissons-la sur son théâtre, admirable théâtre, où M. Dupin sonne le lever de la toile, et où M. Ganneron allume les chandelles.

Que serai-je donc ? eh ! mon Dieu, ce que je pourrai, ce que nous sommes tous : ce qu'est le corps social : un être incertain, jetant un regard de regret sur le passé, de mépris sur le présent, de crainte sur l'avenir; cherchant à se raccrocher à tout ce qui n'est plus et à ce qui n'est pas encore, à la religion, qu'il a appelée un préjugé; à la légitimité, qui lui semble un monopole absurde; à la souveraineté du peuple, où il ne voit qu'anarchie; à l'ordre, qui se fait tyrannie; à la liberté, qui devient licence; et qui trouve tout vermoulu et pourri sous sa main; société désorientée, sans boussole ni guide, car l'étoile de Napoléon est morte et le soleil de juillet est sous la nue. Je serai donc comme ce qui est, inconséquent dans ma logique, hasardeux dans mes opinions, timide dans mes conseils, chancelant dans mes convictions, désirant sans vouloir, voulant sans faire, faisant sans réussir; amer si je m'écoute, plaisant si je puis, vrai si je flatte, infâme si je choque; charmant pour l'un, butor pour l'autre; fanatique selon celui-ci, timoré selon celui-là; prolétaire insolent pour l'électeur, impudent privilégié pour le chiffonnier; animal farci d'idées qui lui donnent le vertige s'il marche, et pressé de besoins qui l'éperonnent s'il s'arrête; mal séant dans un salon doré, dégoûté dans une tabagie; usant sa vie à vivre, sa pensée à douter, sa force à chercher son chemin : voilà ce que je serai, ce que je suis, ce que vous êtes, ce que nous sommes tous, homme et siècle. Pardonnez-moi ce que j'écris, je vous pardonne bien ce que vous lisez.

Et maintenant voyons la Bourse :
Écoutons la Bourse :
Jugeons la Bourse.

C'est d'abord beaucoup de monde et beaucoup de bruit dans une vaste salle; cette salle ouvre par des arcades sur quatre galeries latérales et de plain-pied; le centre monte jusqu'au toit, d'où vient le jour. Les galeries se reproduisent au premier et ont vue sur la salle par des arcades correspondantes à celles du rez-de-chaussée. On s'y place comme à la fenêtre. Il y a là moins de monde et beaucoup plus de bruit; plus de bruit, non pas à cause que ces galeries supérieures sont l'asile des femmes, mais parce que tout le tumulte des voix qui causent, parlent ou crient dans le bas, repoussé par le plafond, vient s'engouffrer et bruire dans ces galeries. Mettons-nous à la fenêtre, je vais commencer mon rôle de *cicerone*. Et observez bien, je vous prie, pour que vous me sachiez gré de ce que je vais vous dire, que vous verriez la Bourse de vos propres yeux, que vous n'y comprendriez rien. L'aspect de la Bourse ne dit pas plus ce qu'elle est ni ce qu'on y fait, qu'un équipage ne fait soupçonner un débiteur saisi, ou une chaîne de montre un filou. Une cohue d'hommes assemblés causant entre eux, mais qui pourraient parler littérature aussi bien qu'affaires, rien de vraiment caractéristique. Mais nous sommes à la fenêtre, procédons. Remarquez à l'extrémité de la salle cette enceinte réservée. Elle consiste en une grille circulaire et à hauteur d'appui, ouverte par quatre côtés : trois de ces côtés ont de simples portes qui communiquent avec l'enceinte générale; au quatrième, l'ouverture s'alonge en couloir comme serait la queue d'une raquette, et va jusque dans la salle particulière des agens de change. Au centre de cette rotonde il s'en trouve une seconde, qui laisse entre elle et la première, un espace libre d'une toise à peu près. Cette circonférence inscrite dans la première, s'appelle la corbeille. Tout autour se placent les agens de change le visage tourné au centre, s'appelant et se répondant les uns aux autres. Le total de l'enceinte a nom parquet, sans doute de ce qu'elle est parquetée, tandis que le reste de la Bourse n'est pavé que de marbre. Ceci est d'une haute précaution; en effet si l'agent de change s'enrhumait, il faudrait que la France se mît au lit. A l'un des bords de la circonférence extérieure est un cadre soutenu en l'air par un pied en bois; dans ce cadre est écrite la somme que la caisse d'amortissement consacre dans la bourse du jour au rachat des rentes; à côté du tableau, un petit marche-pied, où de temps en temps se dresse le crieur du cours. Ce cours, bien qu'il dépende de celui du jeu qui est le vrai cours de la Bourse, n'est crié que toutes les fois qu'il se fait un marché réel. Voilà pour la décoration. Une heure et demie sonne, la scène va commencer. Les agens de change sont dans leur sanctuaire; je dis sanctuaire, attendu que nul homme, fût-il Aguado, fût-il Rotschild, ne peut mettre le pied sur la planche qui parquette l'enceinte réservée, si cet homme n'a pas été sacré agent de change. Il ne faut pas compter pour quelque chose les garçons en uniforme qui vont et viennent autour des prêtres du lieu, gens sans importance, gens si petits qu'ils n'ont pas de mesure près de la grandeur financière de l'agent de change, ni par conséquent de danger pour les secrets de l'agio. L'esprit qui les laisse circuler dans le tabernacle est le même qui faisait qu'autrefois une grande dame qui n'eût pas mis son bracelet devant un gentilhomme attachait ses jarretières devant son laquais. Le laquais n'avait pas qualité d'homme pour elle, le garçon de bureau n'a pas qualité de spéculateur pour l'agent de change, ni l'un ni l'autre n'existent.

Une heure et demie est donc sonnée, la Bourse commence. Les agens de change rangés autour de la corbeille ont un premier moment de silence et d'attente pleine d'anxiété. Personne ne veut parler le premier, soit qu'il ait à offrir ou à prendre. Il ne s'agit rien moins que d'attacher le grelot. Les jours où la vente se tient bien, c'est-à-dire où il n'y a pas grands mouvemens de hausse ni de baisse, ce premier mot n'est pas d'une importance bien considérable; mais lorsqu'il y a menace de quelque catastrophe, ce mot peut être le *sauve qui peut* de la Bourse, et commencer la déroute; aussi ce premier moment est le plus curieux de tous. Enfin, une voix se décide. — Je prends six mille à 75. — Bon; — Douze mille, — Bon; — Vingt-quatre, — Bon; — Quarante-huit, — Bon, Assez. Voilà un marché conclu. Les deux agens de change qui ont échangé ce peu de paroles, d'un bord de la corbeille à l'autre, en prennent note sur leur carnet. Il vous semble que c'est une grande affaire; vous calculez que c'est un capital de douze cent mille francs qu'on vient de mettre en mouvement. Rassurez-vous, ceci est un jeu, comme dirait Arnal, et s'il y a quelques billets de cinq cents francs d'engagés de côté et d'autre, c'est tout au plus. Mais tandis que nous causons, voilà la Bourse qui continue, car à peine le signal a-t-il été donné que ces paroles, Je prends. — Je donne, se répètent à l'infini dans le parquet, s'appelant et se répondant en tous sens, sans jamais se confondre. C'est un feu croisé de paroles qui arrivent toujours à leur but et reçoivent toujours leur réponse. J'ai cependant entendu l'autre jour un certain agent de change qui, à travers ces interpellations rapides, sourdes, multiples, élevait de temps à autre une voix plaintive, disant : J'ai des piastres... j'ai des cortès... j'ai des miguels : nulle âme ne répondait : Je prends. Il se taisait alors, et comme il n'avait pas de temps à perdre, il rentamait à voix posée : — J'offre quinze cents trois pour cent, prime dont, un... — Je prends. — J'offre six mille. — Je prends. — Douze mille. — Je prends. Assez. Ledit agent de change écrivait sur son carnet, puis, par un nouvel effort de pitié pour quelque client engravé dans l'emprunt péninsulaire, et d'un accent non moins plaintif, il se récriait à nouveau : — J'ai des cortès. — J'ai des miguels. — J'ai des piastres. *Vox in deserto.*

Le fonds du joueur est particulièrement le trois, le cinq est peu suivi, les rentes étrangères sont redoutées, les variations en sont quelquefois si subites qu'elles dépassent toutes les prévoyances. Cependant ce dialogue de marchés continue deux heures durant, pendant lesquelles vous voyez circuler dans les groupes quelques hommes qui écrivent sous la dictée d'un joueur, deux mots sur un petit carré de papier blanc. Ce bulletin est un ordre, celui qui l'écrit est presque toujours un associé ou un commis de l'agent de change. L'ordre est transmis de la main à la main par-dessus la balustrade ou par l'intermédiaire du garçon qui le remet à l'agent de change. Un moment après un bulletin est retourné au joueur; bulletin bref qui porte en substance : — Exécuté; ou : — Impossible. Du reste, pour rendre cette correspondance entre le public et le parquet plus facile, les agens de change affectent ordinairement un endroit fixe, et leurs commis ou associés se posent en dehors à la place correspondante. Ceux-ci occupent en outre les abords des trois portes de l'enceinte, et y possèdent même une espèce de refuge protégé par une barrière. Du reste, le syndic des agens ou l'un des adjoints doit toujours assister à la Bourse; et lorsqu'il a une communication à faire, il sonne, et tout le monde se tait à l'instant. Comme nous le disions, tout cet aspect n'a rien de curieux. Ici le drame n'est pas en dehors, comme autour d'une table de jeu. La solution n'est jamais ni assez instantanée ni assez complète pour produire ces grands mouvemens qui bouleversent les physionomies. Mais les caractères, les classes, les individualités qui y prennent part méritent d'être observées.

Et d'abord, il y a le coulissier. L'origine de son nom vient que dans l'ancienne Bourse il se tenait dans un passage si étroit qu'il s'appelait la coulisse. Le coulissier joue à la rente, mais sans passer par l'intermédiaire de l'agent de change. Il fait son marché de joueur à joueur, ou, s'il n'est pas encore connu et en crédit, il cherche et trouve un marron qui, moyennant le demi-droit de commission, devient pour lui l'agent de change nécessaire. Le coulissier, en général, ne fait pas ses affaires à la Bourse, tout se traite chez Tortoni, entre midi et une heure. Le marché se conclut au café; le tout se décide à la Bourse. Il y a tel malin de la coulisse qui fait pâlir les plus habiles du parquet. Les deux marchands de salade G.... ont souvent empêché de dormir le grand faiseur A.... — Le coulissier se tient dans les bas côtés de la Bourse, c'est là que domine dans toute sa splendeur l'argot du métier; c'est là que vous entendrez ces paroles sacramentelles : — Le trois se tient. — Naples a fléchi. — Le report est tendu. — Le trois 77 20 demandé. — Le quatre et demi 98 05 très offert.

—Qu'avez-vous fait?—Trois mille, prime, dont un. Et vous? — J'ai reporté six mille. Nous expliquerons plus loin tout ce que ceci veut dire. C'est aussi là que se débitent, que se savent, que s'inventent toutes les nouvelles qui peuvent influer sur le cours. — Oporto est pris. —J'achète du miguel. — Napier a capturé trois vaisseaux. — Je prends des pèdres. — On assemble les cortès, Martinez quitte le ministère.—Diable! cela portera un coup à l'emprunt royal.—Il y a eu une fuite.— Qui ça?—V.... — C'est le troisième. — Voyez donc aux galeries ce petit D.... il n'ose pas descendre. — Est-ce qu'il n'a pas payé ses différences?—Non... C'est un bon garçon, a-t-il toujours la petite G..... de l'Opéra? — Toujours. — Dites donc! Rotschild vient d'entrer, il cause avec Aguado.—C'est lui qui fait vendre en masse.—Au contraire, c'est lui qui achète.—Un bon tour!— Qu'est-ce donc?—Voici : D.... avait en main tout l'emprunt belge, il en fait jeter quelques coupons sur la place. Vingt mille tout au plus(1), et il les laisse tomber à soixante-quinze. B.... qui croit que la baisse vient de ce que la place est inondée,

---

[1] Toutes les fois que nous nous servons de cette locution : deux mille, vingt mille, un million, cela veut dire : vingt mille francs de rente, un million de rente.

vend fin de mois un million à 78 50. D.... achète. A la liquidation le belge était à 76. B...., enchanté, s'attendait à toucher une différence de 2 50. Pas du tout.. Voilà l'agent de change de D..... qui exige livraison. B.... cherche de l'emprunt, il n'en trouve nulle part, ou il en trouve si peu qu'il ne peut satisfaire. Cependant, D.... le presse, et l'agent de change de B.... est trop heureux d'acheter le million de rente à D.... lui-même, qui l'a tenu à 81 50. C'est 3 fr. de perte au lieu de 2 50 de bénéfice.

Cette manière de procéder est facile, attendu que les agens de change ne disant jamais au nom de qui ils opèrent, et n'opérant qu'entre eux, les joueurs ne savent jamais à qui ils ont affaire. Ceci est, du reste, une des ruses les plus communes pour donner cours à un emprunt qui éprouve de la difficulté à s'en aller. Et il est remarquable que les imprudens ne manquent jamais à ces sortes d'opérations. Une fois un coup aussi décisif porté à un emprunt, il est facile de le placer entièrement, attendu que tout le monde en veut dès qu'il paraît très demandé. Ceci, du reste, n'est pas une affaire de coulisse, c'est de la haute bourse. Mais nous l'avons mise en cet endroit, parce que c'est parmi les coulissiers que nous en avons entendu parler.

En outre des coulissiers, il y a aussi ceux qui *carottent* le trois pour cent. Ce sont quelques petits rentiers qui viennent tous les jours à la Bourse, et qui, dans l'espace de deux heures, règlent leurs pertes et leurs bénéfices. Ceux-là entrent à une heure et demie, vendent au cours d'ouverture, livrable à trois heures, s'ils croient à la baisse; et achètent de même s'ils croient à la hausse. Exemple : vous pensez que le ministère Persil fait baisser les rentes (simple supposition), vous arrivez à la Bourse. La rente est à 75, vous vendez trois mille à 75; je suppose que vous ayez bien calculé, la rente est tombée, à trois heures, à 74. Vous offrez de livrer à 75 ce qu'à l'instant même vous pourrez acheter 74, vous avez 1 franc de bénéfice. Mais au lieu de faire réellement la transmission de la rente, pour laquelle il faudrait un capital considérable, votre acheteur vous paie la différence, et tout est dit. Au contraire, le ministère Persil fait hausser la rente (autre supposition), et, à trois heures, elle est cotée 76. Votre acheteur vous demande à 75 ce qu'il peut revendre à l'instant 76. C'est à vous à payer la différence, et vous avez été pincé. Voilà ce que c'est que d'avoir mauvaise opinion du ministère Persil.

La plus curieuse et la plus inexplicable des

classes de joueurs qui fréquentent la Bourse, ce sont les femmes. Un règlement de police les a reléguées dans les galeries supérieures. La galanterie des garçons de service leur avait procuré des tabourets, l'indignation de M. Ganneron les a replacées debout. L'homme qui fourmille en bas est volontiers enserré entre le banquier et le marchand lampiste. La femme qui joue en haut part de la duchesse, et descend jusqu'à la laveuse de vaisselle. Des commis d'agens de change vont et viennent sans cesse pour prendre leurs ordres, et les transmettre à leurs patrons. Elles se classent en joueuses proprement dites, et en tricoteuses. La joueuse est la dame à chapeau, à pelisse, à châle, qui opère sur les fonds d'une manière large, et avec des capitaux respectables. La tricoteuse est la femme en bonnet, à robe d'indienne et à bas de laine noirs, qui, selon l'expression des farceurs de l'endroit, haricote la piasse (la piastre). Ici peut se dessiner bien plus nettement le véritable esprit du jeu. Qu'un homme en habit de Staub cause avec un homme à col de crinoline, cela ne frappe point les regards; l'habillement des hommes n'emporte pas avec lui une distinction assurée de fortune : mais que la femme en velours parle à l'ouvrière en indienne! c'est une chose qui m'a vivement surpris quand je l'ai vue. — Ah! madame, ma chère dame, le miguel va mal! — Bah! j'en suis très chargée. — Aussi, j'ai lâché le mien. — Merci, ma chère! La dame à chapeau, ainsi avertie par la ravaudeuse, se penche à l'arcade, fait un signe imperceptible: un galant commis s'élance, et en un instant est près d'elle. — Comment! miguel a fléchi, monsieur? — Ce n'est rien, madame, un faux bruit; avant la fin de la bourse il sera remis. — Ah! le miguel est trop chanceux! Vendez, et achetez-moi des ducats. — A l'instant.

Une chose remarquable, c'est que les femmes, les tricoteuses surtout, ne jouent guère que sur la rente étrangère, dont les variations sont graves, capricieuses, presque toujours sans raison qu'on puisse prévoir.—Est-ce que l'énormité de l'intérêt dû, par rapport à la faiblesse du capital coté, les séduit? — Est-ce pénurie de capitaux qui les oblige à chercher des chances plus considérables de différence, parce qu'elles ne peuvent pas opérer sur des masses puissantes de rentes? — Est-ce le besoin d'émotions vives, rapides, profondes, qui les pousse à confier leur fortune à des fluctuations énormes?—Est-ce cet amour de fébrilité qui poussait à Rome les femmes au Cirque, et qui les jette en Espagne au combat de taureaux, qui leur fait rechercher le jeu dans l'extrême de ses émotions ? Est-ce ignorance du danger qu'elles courent? Il est difficile de le décider. Nous avons constaté le fait, c'est tout ce qui nous est possible.

Voilà, en somme, l'aspect de la Bourse dans un jour ordinaire. Les fins de mois, où véritablement tout se décide, sont en général plus animées. C'est le moment de la liquidation. C'est le moment où se réalisent les pertes et les bénéfices; les figures deviennent plus attentives, les cris se multiplient, les commis ne suffisent plus aux ordres, les uns vendent à foison, les autres achètent à force. Mais, ce qui fait de ce spectacle assez insignifiant, un vrai drame actif, passionné, ce sont les momens de crise politique, c'est la Russie qui entre à Varsovie, qui fait pâlir ce marron, atterre ce banquier, et réjouit son camarade. C'est Lyon qui se révolte, et qui tue aux Terreaux la fortune d'un capitaliste de la rue Laffitte. Alors tout s'émeut, tout s'anime, les conservations se mêlent; on discute, on nie, on affirme; et de temps à autre on s'arrête pour écouter le crieur. — Combien? — 73. — Oh! un franc de baisse. Vendez.— Bien! si nous pouvons.

La conversation reprend. A-t-il vendu... n'a-t-il pas vendu?

—Ah! vous voilà! Eh bien?—Le temps d'aller au parquet nous étions à 72 50. — Eh bien! il fallait vendre. — Vous aviez dit 73. — Vendez à 72 50. Non : attendez! écoutons.

Le crieur dit :

—Soixante-douze.

—Soixante-douze!—Vendez à soixante-douze, vendez à tout prix, allez. Multipliez cette scène par mille, et vous aurez l'aspect de la Bourse. Quittons cependant cette superficie pour nous occuper de la raison d'existence de cette vaste maison de jeu.

Les agens de change ont été institués pour acheter ou vendre de la rente pour le compte des particuliers. Leur mission est celle de notaires financiers; il reçoivent une somme quelconque, achètent de la rente pour la valeur de cette somme et font transférer le titre de la rente du vendeur à l'acheteur dont le nom remplace sur le grand-livre celui du vendeur. Le ministère de l'agent de change consiste à certifier la validité du titre possédé, et de la juste possession de ce titre. Cela fait, et le transfert opéré, il reçoit une commission de un 10e % pour les soins qu'il s'est donnés, et tout est fini. Voilà les attributions légales de l'agent de change; en les restreignant dans ce cercle, on conçoit la rigueur de l'article du Code qui les condamne aux travaux forcés pour faillite, car il n'y a dans ces sortes d'opérations aucune chance qui puis se amener une perte justifiable. Cependant, ces jours passés, un cas s'est présenté où un agent de change a subi une perte réelle sur une opération de ce genre; mais son imprudence en a été la première cause. Voici le fait : un individu se présente porteur d'un titre de 6,000 francs de rente trois pour cent; cet individu dit être la personne dont le nom est inscrit sur le titre. L'agent de change vend la rente à 75, je suppose; il va au bureau des transferts, fait inscrire la rente au nom de l'acheteur, le vendeur signe le transfert, et l'agent de change lui paie 150,000 francs, montant de la vente. Mais il arrive bientôt que le véritable propriétaire du titre qui avait été soustrait ou trouvé, se présente et réclame. L'agent de change a eu beau dire qu'il avait cru que le porteur du titre en était le vrai propriétaire, il a été puni de sa négligence à ne pas constater l'identité du porteur avec le nom inscrit sur le titre, et il a été obligé de restituer au titulaire réel une rente égale à celle qu'il avait vendue. En cette circonstance, le vendeur du titre soustrait avait dû faire un faux en signant un nom qui n'était pas le sien. Ceci est un cas bien rare, et que l'agent de change eût évité s'il avait rigidement accompli son devoir. Donc, comme nous l'avons dit, la faillite est une chose impossible pour lui s'il ne fait que ce qu'il doit faire.

Les agens de change vendent aussi, et achètent ce qu'on appelle les rentes au porteur. Mais ils ne courent aucun risque avec celles-ci. Les rentes au porteur sont de vrais billets de banque, celui qui les tient les possède. Tant pis pour ceux qui les perdent ou se les laissent voler.

Cependant, ces opérations réelles, les seules reconnues par la loi, entrent à peine pour un trentième dans la masse des opérations faites par les agens de change. Aussi, à l'époque de l'empire où le jeu de la rente n'existait pas encore, les agens de change étaient-ils beaucoup moins nombreux qu'aujourd'hui, et leurs charges ne valaient pas plus de 60,000 francs. C'est la multiplicité et l'énormité des emprunts faits par la restauration qui a créé le jeu de la bourse, et donné aux agens de change l'importance qu'ils ont acquise. Ce jeu a trois manières de procéder, qui englobent à peu près toutes ses combinaisons. Le marché ferme, le report, la prime.

Le marché ferme est le jeu naïf, et dans toutes ses chances. Dans ce jeu, comme dans les autres, la rente est une vraie marchandise; on la vend fin de mois, à un taux qu'elle atteint, qu'elle dépasse, ou au-dessous duquel elle demeure. C'est en grand, et à termes éloignés, le même mécanisme que celui dont nous avons parlé à propos des carotteurs. Ainsi, vous vendez le 1er mars, livrable le 30, cinq francs de rente cent francs. Le terme venu, si la rente est à 99, vous avez droit de livrer à cent francs une marchandise qui ne vous coûte que quatre-vingt-dix-neuf francs : il y a un de bénéfice. Si au contraire la rente est à cent un, vous avez à livrer pour cent francs une marchandise qui va vous coûter cent un francs : vous perdez un franc. Ceci est le fond du marché à terme, de quelque manière qu'on le retourne. C'est un jeu basé sur des chances d'évènemens politiques, commerciaux, ou autres. A Paris, on a pris la rente pour matière; à Bordeaux, on joue sur les trois-six (c'est-à-dire les eaux-de-vie). Dans le marché ferme on court la chance de toutes les variations de la rente; cependant on peut toujours arrêter sa perte, en offrant de prendre livraison de la rente dans le courant du mois, si on prévoit un mouvement exorbitant. Mais cette ressource n'est ouverte qu'aux capitalistes fort riches, qui peuvent au besoin réaliser leurs marchés, et non aux joueurs, qui le plus souvent ne possèdent que le capital d'une différence de deux ou trois francs.

Le marché à prime a l'avantage de limiter la perte à une somme donnée au moment où on le passe : c'est le jeu des habiles. Le report est une manière de placer ou d'obtenir de l'argent. Si nous voulions faire ici un cours d'agio, nous pourrions expliquer toutes les chances et toutes les finesses de ces divers marchés; mais nous désespérerions de renfermer lucidement dans un article de peu d'étendue, ce qui a fourni la matière de plus d'un volume in-octavo. Laissons ce soin aux financiers. Ce qu'il nous convient d'observer, c'est l'existence de cette compagnie privilégiée pour braver la loi, et dont chaque membre paye cinq cent mille francs le droit de mériter la prison vingt fois par jour.

Ceux qui disent que le jeu de la Bourse est une merveilleuse chose, qui soutient le crédit, ont-ils raison; alors réformons la loi, car la loi est absurde. La loi, au contraire, est-elle juste, et le jeu de la Bourse est-il un délit; alors poursuivez le délit, et punissez-le. Mais ne laissez pas vivre dans notre société des hommes à qui le mépris des lois est chose permise, profitable, honorable même : sans cela nous sommes un peuple stupide.

En vérité notre siècle a des prétentions à la civilisation qui font rire. Supposons qu'on raconte ceci à nos descendans dans quelque mille ans. Un savant de l'époque est au milieu d'une assemblée. Il dit :

« Nos pères étaient à ce point gangrenés de vices en mil huit cent trente-quatre, c'était une telle époque de désordre, que les lois étaient tombées dans le mépris de tous. Il y avait une disposition de leur Code qui condamnait à la prison tout individu qui se livrait à ce qu'on appelait le jeu de la Bourse. Eh bien ! la rage de ce jeu était tellement effrénée, que non seulement on ne punissait pas les joueurs, mais que même on laissait vivre ostensiblement les gens qui leur servaient d'entremetteurs pour le jeu. Ces hommes avaient une existence avouée, ils étaient reçus partout ; on a donné la croix d'honneur à quelques uns, d'autres étaient capitaines dans la garde nationale ; ils étonnaient Paris de leur luxe, et mariaient leurs filles aux plus élevés du pays. »

Probablement, à ce récit, les auditeurs répondraient en haussant les épaules :

« Que voulez-vous ! il faut en accuser la barbarie du temps. »

Et ils auraient raison.

Ajoutez aux agens de change, l'Opéra-Comique, et il ne manquera rien au mépris de la postérité pour nous. Ne soyez pas du dix-neuvième siècle, ne soyez pas Français, ne soyez pas Parisien, et figurez-vous qu'il existe un théâtre où deux acteurs dialoguent en prose. Il s'agit d'une déclaration d'amour : on en est au moment le plus chaud, les paroles se succèdent avec la rapidité de la foudre.

L'ACTRICE.

Je ne vous comprends pas, monsieur.

L'ACTEUR.

Ah! madame!

L'ACTRICE.

Eh bien! monsieur?

L'ACTEUR.

Eh bien! madame...

(L'acteur se tait. L'orchestre enfile une ritournelle de trois minutes. L'acteur remonte la scène avec l'actrice; ils se demandent de leurs nouvelles, crachent chacun de leur côté pour se dégorger la voix, redescendent la scène ensemble, arrivent sur la rampe, et se posent; l'acteur croise les mains, et dit :)

Oui, je vous aime
D'amour extrême,
Et mon cœur
A trouvé son vainqueur, etc.,

Et toutes les bêtises imaginables et rimées que comporte l'opéra-comique. Et après cela riez des mystères du treizième siècle et du théâtre chinois... Pauvres Parisiens! pauvres Français! pauvre dix-neuvième siècle!

Mais revenons.

Le trafic de la Bourse, outre son illégalité, a cela de décevant, qu'il donne à la rente une valeur factice, et qu'un besoin un peu pressant de réalisation ferait tomber à un taux misérable. Pour le joueur qui ne possède pas, cette valeur n'est qu'un mot auquel il ne se laisse pas prendre ; il joue sur de la rente à vingt-cinq comme sur de la rente à cent dix : mais pour le capitaliste qui place ses fonds sur l'État, c'est un mensonge qui peut amener sa ruine. En effet, le jour où il achète de la rente à cent francs sur la place, il s'imagine que toute la rente vaut cent francs. Qu'un malheur arrive, que la défiance prenne, que la rente abonde, et ce qu'il possède n'a plus que la moitié de sa valeur. Cependant l'État est solvable et paye exactement les intérêts. D'où vient cette dépréciation? De ce que la rente qui veut se convertir en capital reprend sa vraie valeur. La rente a valu cent dix francs : il a été fait alors pour des milliards d'affaires entre les joueurs ; il n'a pas été peut-être vendu réellement un million de rente à ce taux. On rit des dupes. Est-ce que jamais les fripons ne deviendront plaisans?

Ce qu'il y a de non moins déplorable, c'est qu'à ce jeu personne ne tient les cartes, si ce n'est quelquefois les ministres, qui en usent, dit-on. Le commerce le nie ; mais cela est si vrai, qu'il a ses télégraphes et ses estafettes, pour savoir aussi vite que les Tuileries les nouvelles qui influent sur le cours. Entre eux c'est une affaire de course : tant mieux pour ceux qui savent les premiers que le roi d'Espagne est mort : il y a des millions dans cette nouvelle. Si demain j'étais ministre, et que j'apprisse par estafette que l'empereur Nicolas a été étranglé, je donnerais ma démission pour me faire millionnaire. En outre de ces nouvelles vraies, qui n'appartiennent qu'aux sommités financières, il y a les nouvelles fausses que l'intrigue sème, et dont elle tire profit. Une des plus hardies que je sache a été la publication dans divers journaux, d'un manifeste de la Perse déclarant la guerre à la Russie, au moment où l'attitude de cet empire donnait des inquiétudes à la France. L'heureuse diversion qu'on espéra de cette attaque de la Perse fit monter les fonds de trois francs ; il en est résulté quinze faillites et deux suicides. L'inventeur, qui était un malheureux, gagna deux cent mille francs.

Une des fortunes les plus considérables de

France vient d'un coup de bourse; d'un seul; mais sur une échelle assez princière, comme on va voir.

Il s'agit d'un homme qui était ambassadeur en Autriche. Il y avait alors — ceci est vieux — il y avait sur la place française un misérable emprunt belge dont les arrérages n'étaient plus payés. L'ambassadeur charge ses gens d'affaires de l'acheter prudemment, et au bas prix auquel il est coté. Tout se passe fort bien; les coupons étaient offerts à qui voulait les prendre. Une fois notre diplomate bien nanti de ces mauvaises valeurs, il s'adresse à la cour d'Autriche; et, dans le traité qu'il lui impose — c'était du temps de l'empereur — il force cette puissance à garantir le paiement de l'emprunt belge. Napoléon, qui ne savait rien du tripotage financier, trouve cela juste et honorable. — L'empereur François signe, et le prince... — j'ai failli écrire son nom — le prince se trouve possesseur de quelques millions de rente qu'il a eus pour rien, et qui ont décuplé de valeur en moins d'un mois.

Ce n'est pas cela qui fait que ce prince ne passe pas pour honnête homme.

Si de l'institution nous passons aux individus, la question change totalement. L'agent de change, de sa personne, est un honnête homme qui ne se figure pas qu'il fasse mal. Il est dans la position du prêtre du ix⁰ siècle, qui remettait un assassinat pour un écu d'or, croyant plaire au ciel. Les mœurs actuelles le dominent; il y vit sans comprendre l'anomalie de son existence avec le droit, le juste et le bon. Il est utile à l'État en ce qu'il lui fait trouver de l'argent, et ne s'aperçoit pas qu'il remplit près de lui l'office de l'usurier qui ruine le jeune homme de famille, en l'aidant à s'endetter. En général, l'agent de change est un homme comme il faut. Il a une bonne maison, une femme gracieuse; il rivalise le faubourg Saint-Germain aux Italiens et à l'Opéra. Il mène le tilbury supérieurement, et se connaît en chevaux. Il est peu artiste, ne peint point, ne lit presque pas : il y en a qui jouent de la flûte.

Pour être joueur à la Bourse, il faut être prudent, audacieux, actif, patient. Il faut se connaître aux choses et aux hommes; savoir l'opinion publique et ne pas en avoir; calculer à un centime près l'effet d'une loi, d'une nouvelle, d'un protocole, d'une ordonnance; il faut ne rien ignorer de ce qui se passe dans l'Europe, de ce qui se dit à Tortoni; il faut avoir de la finesse, de la présence d'esprit; ne s'étonner point d'une perte, et peu s'enivrer d'un succès : enfin, pour être un bon joueur de bourse, il faut toutes les qualités d'un grand homme.

Tout cela est inutile pour être agent de change.

F. SOULIÉ.

LE PALAIS-ROYAL.

Il y a quelques années, c'eût été pour moi une bonne fortune réelle que de me constituer votre *cicerone* dans ce splendide bazar du *Palais-Royal*, où se voyaient alors tant de belles choses : c'est à savoir les plus beaux magasins de Paris, les plus grands escrocs de Paris, les plus grands badauds de Paris, les plus belles filles de Paris. — Pour ce qui est des magasins, tout brillans qu'ils y sont encore, ils ont des rivaux ailleurs. Les cafés de Foi, Lemblin, Valois, n'ont plus de couleur réellement tranchée en politique. Ce sont tout bonnement des cafés éclectiques où l'on joue aux dominos — je me trompe : le domino a été proscrit du café de Foi — des cafés où l'on prend des bavaroises et des glaces, comme ailleurs, comme au café Anglais, comme chez Tortoni, comme chez Procope. Ils n'ont plus le privilége exclusif de la foule, ils n'accaparent plus la vogue, ils vivent de la vie commune, ils se passent de popularité. C'est le bon parti dans un siècle comme le nôtre, où toutes les popularités se nivellent l'une après l'autre sous la houssine moqueuse de Tarquin.

Quant aux badauds et aux escrocs, l'espèce ne s'en est pas perdue. On en trouve encore au Palais-Royal. Mais les nymphes décolletées qu'on y allait voir autrefois ne s'y promènent plus. M. Mangin, et, avant lui, M. de Belleyme, le créateur des sergens-de-ville, ont tué le Palais-Royal.

Tel qu'il est pourtant, ce célèbre *bazar* mérite bien de fixer un instant votre attention et la mienne. C'est, pardieu! la plus rare collection de lieux communs qui se puisse imaginer de nos jours, où l'on imagine tant de choses communes. Vous y voyez d'abord la Rotonde, puis la fameuse gerbe, puis la grande galerie vitrée, ou d'Orléans, à votre choix ; puis les Galeries de Pierre, les péristyles Valois et Montpensier, les éternelles devantures des bijoutiers et des horlogers, toutes luisantes et chatoyantes à l'œil; les étalages soyeux des tailleurs, les immuables transparens des restaurateurs à quarante sous, les vitraux moirés et bariolés d'Irlande, les sucreries étagées de Berthellemot, les marbres friands de Chevet, le tableau de Corcellet, les illuminations des cafés, des estaminets, des maisons de jeu, antres infernaux qui ont trois portes, à ce que dit le quatrain; les inspecteurs du lieu, avec leur uniforme, les beaux dîneurs et ceux qui ne dînent pas; les premiers consommant bravement un cigare, ceux-ci mâchant un curedent; les escrocs dont nous avons fait mention tout-à-l'heure, les flâneurs indigènes et les provinciaux : toutes choses et toutes gens sur lesquels on a tout dit, et qui séduisent pourtant encore, de temps à autre, nos La Bruyère de l'*Entr'Acte* et nos Mercier du *Livre des Cent-et-Un*.

Certes le champ serait beau pour recommencer ici les observations de ces habiles devanciers. Mais, outre l'inconvénient de la redite, une telle contre-épreuve aurait le désavantage, infiniment plus grave, de ne pas remplir l'attente du lecteur, qui réclame de nous une personnification animée du Palais-Royal, plutôt qu'un plan topographique et linéaire de ce lieu; une revue philosophique, plutôt qu'un inventaire; un aspect, plutôt qu'une inspection.—Occupons-nous donc du Palais-Royal, non comme palais, non comme bazar, mais comme individu, comme abrégé de ville; essayons de le résumer dans un seul homme : Chodruc-Duclos, par exemple; l'étrange promeneur, au regard fier, à la barbe sordide, aux haillons éternels. — N'est-ce pas que cet homme est bien fait pour cet édifice, et qu'il existe entre eux je ne sais quelle sympathie mystérieuse où se rencontrent tous les extrêmes, où se fondent et s'amalgament toutes les couleurs les plus disparates, tous les élémens les plus opposés!—Chodruc-Duclos, c'est le démon familier du Palais-Royal, c'en est le gnome, sinon le Trilby. Vous songez nécessairement à l'un en voyant l'autre, car le palais et l'homme c'est tout un.

Quelle hôtellerie cependant pour un pareil hôte! quelle *Notre-Dame* pour ce Quasimodo!— Mais les lazzaroni, vous le savez, s'attaquent de préférence aux palais, dont ils concourent à compléter la physionomie. Otez cet homme, c'est comme si vous ôtiez à Naples ses lazzaroni, à Venise ses gondoliers. — Vous appauvrissez le palais dont il est l'emblème, le *Superbe*, avec son existence mi-partie richesse et pauvreté, richesse hier, pauvreté aujourd'hui; avec son cynisme tout de contraste, son mouvement perpétuel, de long en large, les mains derrière le dos, comme Bonaparte; son regard assuré, sa tête haute, son port ferme et hardi : moitié gueux, moitié gentilhomme, aristocrate profond que Juillet avait paré d'une rosette tricolore, et qui laissa long-temps, par dédain, cette rosette à son chapeau, comme chose futile à arracher : problème ambulant, ensemble indéfinissable, qui a figure humaine, et nom : *Chodruc-Duclos*.

Nous appellerons dorénavant le Palais-Royal *Chodruc-Duclos*, si vous voulez bien.

Je ne vais jamais voir Chodruc-Duclos sans me sentir saisi, au même instant, d'un indicible besoin de flâner. Vous dire quel gaz enivrant et malin domine dans l'atmosphère un peu lourde de ces longues galeries, je ne le puis. Un fait certain, c'est qu'on y respire le *far niente* par tous les pores. Cela vous attire, vous happe, vous enveloppe, vous confisque, — et c'en est fait d'un homme pour toute une journée. La vérité de cette assertion était bien plus frappante du temps qu'il y avait un roi au Palais-Royal; un roi :

c'est-à-dire, une cour, un entourage, des valets écarlates, des courtisans, des voitures de ministres et des parades, et quelquefois des fanfares militaires, et quelquefois aussi des émeutes chantant *la Marseillaise* et criant *vive la république* sous les fenêtres du château. Un honnête homme n'avait pas assez de sa journée pour suffire à la contemplation de tant de choses qui réclamaient son attention depuis le Perron jusqu'à l'Horloge, c'est-à-dire depuis les pieds du géant jusqu'à sa tête, qui, depuis la fusillade des Trois Journées, s'était empanachée d'un drapeau tricolore. A ce propos, nous remarquerons que les évènemens ont singulièrement marché depuis trois ans, et que tout a marché au pas des évènemens. Les petites circonstances ont disparu, tant les grandes se sont multipliées; et je maintiens que vous ne trouveriez plus un badaud qui consentît, comme autrefois, sous la Restauration, à s'oublier, deux heures durant, devant le seul canon du Palais-Royal[1]. Du jour où un incendie de chaises eut calciné le piédestal de l'Apollon de bronze (or, cela date du séjour du roi de Naples à Paris, et de la fête que lui donna le duc d'Or-

---

[1] Il s'y oublierait d'autant moins qu'il n'y a plus de canon au Palais-Royal.

léans, maintenant roi des Français), dès lors, disons-nous, le règne des petites choses fut passé, sinon des petites gens ; dès lors, il ne fut plus possible à un employé, tel bonhomme qu'on nous le fît d'ailleurs, d'accorder, je ne dirai pas même une heure, mais dix minutes d'attention soutenue à la gerbe et aux poissons rouges du bassin, non plus qu'aux myriades d'oiseaux qui s'abattent et s'ébattent journellement sur les vertes pelouses du jardin du Palais-Royal. C'est qu'en vérité cela eût senti son homme désœuvré à faire peur aux plus badauds. Loin de là : l'incendie des chaises fut comme l'aurore de nos Trois Jours. Tout s'agrandissait sous l'influence de ce je ne sais quel instinct populaire qui pressentait la victoire du peuple. L'art du flâneur s'agrandit, comme le reste, et vint un jour où l'on ne flâna plus que le sabre ou le pistolet au poing; alors le Palais-Royal fut vide, et son canon se tut devant celui de la Grève.

La Semaine du peuple achevée, le Palais-Royal se repeupla, et il est devenu ce que vous le voyez aujourd'hui : leste et pimpant comme un garde national à cheval. Il ne lui souvient plus de l'incendie des chaises, ni de l'autre incendie qui noircit et gâta toute une rangée de colonnes dans le quartier de M. Chevet, l'estimable marchand de comestibles, alors voisin du libraire Dauthereau. Le Palais-Royal est habillé de neuf; le voilà debout sur toutes ses colonnes, paré de toutes ses modistes, étincelant de tous ses bijoutiers, ambré de tous ses parfumeurs. La seule chose qui lui manque, c'est cette belle épingle de jabot qui reluisait hier pour tout le monde, à travers les rideaux cramoisis de la cour d'honneur. C'est la couronne, c'est le sceptre, c'est la main de justice; hélas! oui, ce sont ces *hochets royaux* dont le jeune Palais-Royal n'a joui qu'un instant pour les restituer aux vieilles Tuileries.

Cet éclat tout nouveau que le Palais-Royal semble avoir emprunté de la royauté de juillet, sa locataire d'un jour, n'est toutefois pas exempt de taches, comme on peut s'en convaincre en traversant le jardin qu'une nuée de polissons infeste quotidiennement, au grand déplaisir des promeneurs. Ce sont autant d'apprentis aigrefins, de petits vagabonds oisifs, qui s'exercent entre eux, ne pouvant mieux faire, et qui, tout le jour au Palais-Royal, font le soir le courtage des contremarques à la porte de nos théâtres : les plus honnêtes vendront un jour des cannes en fer creux, des crayons métalliques ou des chaînes de sûreté. Leur quartier-général est au milieu de l'allée de droite, vis-à-vis l'Apollon; c'est là que ces messieurs jouent à la *pigoche* (c'est l'*écarté* du gamin), depuis midi jusqu'à cinq heures, gênant, obstruant, insultant quelquefois, quand d'aventure on se hasarde à traverser ce qu'ils appellent leur *société*. Autour d'eux, dans le jardin, rôdent çà et là des hommes étranges, des hommes douteux, de ces hommes qu'on rencontre toujours avec un sentiment de malaise indéfinissable et une envie démesurée de les fuir; figures anonymes qu'on a vues partout et qu'on n'a remarquées nulle part; impitoyables gens qui s'accrochent à vous, dînent avec vous, et ne vous quittent pas sans emporter quelque chose de vous. Ces gens-là sont les naturels du pays, les nécessaires du Palais-Royal; ils y vivent et en vivent. Il y en a de décorés. La plupart sont vieux.

Les plus vénérables se font les piliers de quelque maison de jeu : non pas qu'ils y jouent, mais ils y donnent des avis à ceux qui jouent, et c'est pour eux comme s'ils jouaient. Ils joueraient, d'ailleurs, pour peu qu'on les en priât, car ils ont tous des plans superbes, des procédés infaillibles, à l'aide desquels, aidé d'un peu d'argent, on doit *mathématiquement* arriver à *faire* un million.... mais les pauvres diables n'ont pas d'argent.

Oh! la maison de jeu! De tous les ulcères que le Palais-Royal étale avec un cynisme effronté, celui-ci est peut-être le plus sale et le plus honteux, car il est le plus doré. La maison de jeu!... rien ne vous la désigne d'abord, rien ne vous avertit de tout ce qu'on y perd. Pas d'enseigne à la maison de jeu, rien qu'un numéro flamboyant qui se balance à sa porte, un numéro sinistre qui rayonne dans l'ombre, comme le cadran de l'Hôtel-de-Ville, et qui vous apprend que *c'est là*. — Puis, si vous entrez, voyez comme cela se remue de façon hideuse tout autour de vous. Il semble que la maison de jeu ait, ainsi que la prison, ses habitudes à elle et son odeur particulière. Elle a ses porte-râteaux comme l'autre a ses porte-clefs : gens également durs, également vulgaires, également sinistres. Elle a son guichet tout usé où l'on dépose son chapeau en entrant, à la vue de deux gardes municipaux. Elle a ses tortures, ses impatiences poignantes, ses joies et son deuil, et surtout sa laideur. Cela se dresse ou s'accroupit devant vous, comme ferait une forme monstrueuse de phoque ou de chien de mer réveillé en sursaut sur son île de glace. Cela jappe et s'alonge en tous sens, et se retire en ramassant votre or avec des serres d'oiseau de proie, avec des antennes qu'on appelle des râteaux, qui se lèvent toutes, à temps égaux, quand l'animal aboie. Or cet aboiement fait mal à entendre, tant il est rauque et monotone; c'est un cri bizarre étrangement accentué; c'est une sorte de langage à part, langage d'argot, pauvre et borné, qui tourne invariablement autour des mêmes mots comme la boule d'ivoire lancée dans le fatal cylindre, et qui décrit éternellement les mêmes cercles autour des mêmes numéros. Les hommes qui, fascinés par le regard flamboyant de la maison de jeu, entrent pour consulter le sphinx, pour étudier de près la bête apocalyptique, abdiquent, sur le seuil, jusqu'à leur qualité d'homme. Pour quelques instans les voilà devenus *pontes*: c'est l'appellation générique dont on enveloppe indistinctement tout ce qui s'asseoit autour d'un tapis vert. Un *ponte*, c'est un joueur. Le ponte par excellence demande souvent à *monsieur de la chambre* des cartes et de la bière; il pique beaucoup et joue peu. C'est un prudent, c'est un habitué.

Si je ne me trompe, nous voilà descendus bien bas dans la topographie morale que nous nous étions proposé de faire du Palais-Royal. Descendons toujours, puisque nous y sommes; et en avant les vices en sous-ordre, les déshonneurs subalternes, les turpitudes à bon marché! descendons plus bas, — jusqu'aux mouchards sans plaque, jusqu'aux prostituées sans brevet qui prennent l'air sur des chaises, les soirs d'été, dans le jardin; — plus bas encore, jusqu'à ce que nous nous heurtions à ce sordide colporteur qui vend, sous le manteau, des petits livres et des images obscènes, d'immondes recettes, des jouets et des secrets licencieux : ordures mignonnes qu'il vous propose à demi-voix, comme un mendiant honteux; littérature fangeuse qui a des cabarets où elle s'élabore, une librairie occulte où elle se débite, des *gens de lettres* qui l'exploitent, un public qui l'achète !....

Or, nous ne saurions fouiller plus avant dans le bourbier de l'ignoble. Retirons-nous, et parlons d'autre chose.

S'il y a des contrastes au Palais-Royal, il y a aussi des souvenirs : Bonaparte par exemple ! Bonaparte dis-je, et non Napoléon; Bonaparte encore général de brigade, attendant sa fortune qui lui venait; et en l'attendant, vivant au jour le jour de ce que lui prêtaient Bourrienne et le Mont-de-Piété. Alors Bonaparte inconnu lisait comme vous, comme moi, son journal au Palais-Royal. Il se promenait ou s'asseyait, lisant ainsi pour un sou les nouvelles politiques; maigre, jaune, méditatif, en culottes de peau et en bottes à revers; fiévreux de sa gloire à venir, cherchant une trouée pour se précipiter en avant : ne la voyant que là-bas, — en Orient, — il rêvait déjà son Orient, — tandis qu'elle était pour lui à deux pas, en France, à Paris, sur les marches de Saint-Roch; tandis qu'il ne lui fallait, pour se la pratiquer large et belle, que le canon de vendémiaire et le poitrail d'un bon cheval!

Il y a loin, sans doute, de ce lourd parapluie autour duquel s'amoncela si long-temps la foule curieuse des politiques en plein vent; il y a loin de ce hangar de toile aux kiosques élégans qui brillent maintenant aux deux angles Vivienne de la pelouse de Diane : l'un précisément en face Véry, l'autre presque en regard du café Lemblin. Les vicissitudes et la pluie ont fouetté bien des années sur la fragile toiture de Pérussault, qui enfin un jour se retira des affaires plus carré sur sa base qu'un munitionnaire enrichi. Son parapluie se vendit comme un cabinet d'agent de change; et maintenant, transformation complète! — Voilà la chaumière de Beaucis devenue temple! voilà le parapluie devenu pagode! le voilà surmonté de fers de lances et de boules d'or, comme la grille du Carrousel, avec la flèche transversale et l'indication des quatre vents cardinaux, ni plus ni moins qu'un château ducal ou royal. C'est un pavillon, cela, c'est un kiosque, c'est une tente, c'est tout ce que vous voudrez; ce n'est plus un parapluie.

Mais c'est toujours le rendez-vous de ceux qui se donnent rendez-vous au Palais-Royal. Le matin aux journaux, l'après-midi à la Rotonde. La Rotonde, c'est le chef-lieu du Palais-Royal, qui, lui-même est le chef-lieu de Paris, qui lui-même au dire de bien des gens, est le point central de l'Europe civilisée. Vous êtes en peine d'un de vos amis qui a disparu il y a dix ans : vous le retrouvez là, se chauffant au soleil. Vous l'aviez cru mort, il a fait le tour du monde, puis il est revenu à ce point central, *la Rotonde*, où tout homme, de quelque nation qu'il soit, a dû attendre, au moins une fois dans sa vie, l'heure du dîner. En cas de pluie, vous le rencontrez dans la galerie vitrée, dans la galerie d'Orléans, celle qui a remplacé ces vilaines galeries de bois... — Ainsi le mauvais temps rapproche ce qui semblait le moins fait pour être réuni : le Palais et le Perron, la tête et la queue du Palais-Royal, le zénith et le nadir, le mémorable petit coin de terre où Bonaparte lisait le journal, et le balcon des Trois Jours où Louis-Philippe embrassa Lafayette...

A ce propos, nous remarquerons que la renommée, qui devrait s'attacher surtout à l'illustration des grandes choses, s'attache de préférence aux hommes qu'elle grandit selon son caprice, et souvent en raison inverse des services qu'ils ont rendus. Certains noms privilégiés usurpent trop souvent dans l'histoire la place des évènemens qui les ont enfantés. Il serait juste pourtant que ceux-ci eussent leur tour, et que les choses prissent enfin, à côté des hommes, si ce n'est plus haut, le rang qui leur est dû.

Le Palais-Royal, par exemple, à fouiller en pleines annales, ne serait pas célèbre à cause de tels hommes, ducs, ou rois, ou généraux, qu'il aurait vus ou logés. Ses plus beaux titres seraient les deux grandes luttes politiques dont il a été le berceau, si ce n'est le théâtre. C'est qu'en effet il semble que nos révolutions aiment à dater de là. Le Palais-Royal est comme un nid de prédilection où l'opinion publique aime à venir déposer ses œufs. Elle y couve, elle y séjourne, elle y échauffe sa colère, et le temps venu, c'est de là qu'elle part avec sa famille d'aiglons pour remuer le monde. C'est un foyer lumineux d'où la liberté rayonne en tous sens. Le Palais-Royal commence : Paris achève. Regardez Paris en 89 ! — Paris est comme enfermé dans le Palais-Royal, Paris se presse autour de Camille Desmoulins; chaque chaise est une tribune, chaque feuille d'arbre est une cocarde. On s'agite, on s'exalte, on crie : *A la Bastille* !... Et bientôt la révolution est commencée, car la Bastille est prise.

Et Paris en 1830!... — Le voyez-vous, tranquille encore pendant la matinée du 27 juillet, s'inquiéter du Palais-Royal, qui déjà s'échauffe, lui, aux premiers feux de midi, bourdonnant de questions, de plaintes, de menaces; retentissant des cris des colporteurs et des juremens étouffés des gendarmes; s'amoncelant autour d'un journal, et demandant des armes pour commencer l'œuvre des Trois Jours! — On charge cette multitude, on la refoule au-dehors, on ferme les grilles : — trop tard! — Le Palais-Royal a fait son office : la révolution est commencée.

Maintenant, monseigneur, faites peindre par Horace Vernet, par Devéria, par Steuben, par Delacroix, par d'autres dont les noms m'échappent, par l'Académie de Rome et par l'Institut de France; par l'une et l'autre écoles, par les pinceaux classiques, par les brosses romantiques; faites peindre à grands traits, pour votre galerie, les fastes du Palais-Royal, depuis Mazarin et Richelieu, jusqu'à vous, monseigneur; depuis l'arrestation des princes de Condé, de Conti et de Longueville, jusqu'au bal où votre aïeul se cassa la jambe; depuis la Fronde jusqu'aux Cent-Jours;

tableaux d'intérieur, tableaux de famille, qu'on voudrait bien faire passer pour de la peinture historique; faites peindre, monseigneur, et n'omettez que deux dates dans cette chronologie à l'huile : deux dates qui, à elle seules, valent toutes les autres : 89 — 1830. — N'oubliez que cela. — Ce sont les deux plus beaux fleurons de votre ancienne couronne ducale; les deux plus belles pierres de vos fastes de marbre. Ces dates retranchées, pas un souvenir dans tout ce palais, pas une illusion : rien. — Un bazar, comme nous l'avons dit en commençant, un vaste bazar en forme de carré long, où trafiquent toutes sortes de gens, mais où vous chercheriez en vain un épicier, un boulanger, un pharmacien et un marchand de meubles; un monotone parallélogramme d'arcades à pilastres éclairées le soir au gaz, et garnies de petites grilles fermant à clé; un quadruple alignement de tailleurs, de bijoutiers, de limonadiers, de restaurateurs, parmi lesquels il convient de citer honorablement — je parle des restaurateurs — Véry, Véfour, Prévôt, et surtout et toujours la classique et inaltérable constellation des *Trois frères Provencaux*; — un édifice multiple enfin, avec une façon de jardin au centre, quatre maisons de jeu collées le long de ses flancs, un château debout à sa tête, une rotonde assise à ses pieds, et que sais-je encore? quatre théâtres éparpillés çà et là vers les deux extrémités, et complétant ce grand ensemble dont chacun d'eux essaie de tirer, le soir, quelque lambeau à soi. De ces quatre théâtres, le premier, le plus important, le plus *lyrique*, est enfoui sous terre : c'est le café des Aveugles; le second, le plus *dramatique*, le mieux et le plus despotiquement dirigé, c'est le spectacle du sieur Séraphin, vulgairement dit : *Ombres chinoises*, après lequel il n'y a plus que le théâtre Montansier, qui va mal, et le Théâtre-Français, qui ne va pas du tout.

CORDELLIER- DELANOUE.

LES NOMS DES RUES.

Nous avons vu percer des rues là où s'entassaient les maisons, ici où verdoyaient les jardins; de nouvelles rues ont donné du jour et de l'air aux vieux quartiers; de nouvelles rues larges comme des voies romaines se sont ouvertes dans des quartiers tout neufs; chaque année la grande ville, qui déborde son enceinte de toutes parts, multiplie les mille détours de son labyrinthe boueux, et la naissance d'une rue n'est guère plus remarquée que celle d'un enfant.

Ce n'est pas tout de naître : encore faut-il être baptisé en pays chrétien; et de même que les cloches de paroisse, sous les auspices d'un parrain, toute rue naissante reçoit un nom, avec autorisation de la municipalité, nom splendide ou obscur qu'elle porte écrit au front en lettres rouges ou blanches; c'est une sorte de registre de l'état civil qui constate aux yeux des passans ce nom que la pluie et le soleil n'effaceront pas, mais peut-être les révolutions : la rue née *Charles X* est dédiée maintenant à *Lafayette*.

Quant à la rue elle-même, elle vivra et vieillira ainsi qu'un homme; elle aura des rides à ses murailles noires et décrépites; elle assistera immobile au passage de bien des générations et de bien des évènemens; à peine perdra-t-elle quelques cheminées que lui emporteront les ouragans; mais ses pavés auront beau se soulever et les tuiles pleuvoir de ses toits, elle gardera son nom, pourvu qu'il ne soit ni politique ni religieux, car les saints, aujourd'hui, sont aussi peu stables dans leurs niches que les rois sur leurs trônes, et la république française les avait chassés impitoyablement des rues de Paris comme les lépreux du moyen âge.

Cependant ces noms de rues, que donne ou consacre tous les jours la préfecture, n'ont la plupart aucun retentissement, aucune sympathie dans le peuple qui les adopte avec indifférence et qui les respecte par habitude.

Avant la révolution, prendre un nom de terre, ne fût-ce qu'un champ de betteraves ou bien un bouquet d'arbres, c'était la gloriole de la noblesse; maintenant on se fait honneur de graver son nom à l'angle d'une rue : la vanité devient populaire : en fait de *parrainage*, autant vaut avoir une rue qu'un sot pour homonyme; d'ailleurs on se rapproche par là de la royauté, qui pose toujours la première pierre d'un monument qu'elle ne construira pas, et qui se réserve de marquer à son coin une place d'armes avec une statue qu'on fondra plus tard en canons ou en gros sous.

Les rues que la ville fait ouvrir pour salubrité ou commodité publiques tiennent souvent leurs noms de la flatterie administrative : c'est un chef de division, un membre de commission, un député, un pair de France, qu'on attache à ce pilori au-dessus de la borne, et le glorieux parrain paie les dragées du baptême. Tout préfet de la Seine, après trois mois d'exercice, doit laisser en souvenir de lui au moins un nom octroyé à quelque cul-de-sac, quoiqu'on ait tranché la querelle des mots *impasse* et *cul-de-*

sac en les supprimant tous deux par arrêté de la voirie, sinon de l'académie.

Il fut un préfet d'honnête et paterne mémoire lequel parsema sa famille et ses amis dans toutes les rues tracées de son temps : on peut dire à son éloge qu'il n'est pas de nom plus connu des cochers de fiacres.

Tous les baptiseurs de rues ne sont pas préfets : il y a des banquiers et des marchands ; ces derniers ne se contentent plus de nommer les passages qu'ils entreprennent à grands frais : ils achètent des terrains, ils bâtissent, ils dépensent, ils se ruinent, et tout cela pour se pavaner devant l'écriteau d'une rue, comme ils faisaient devant leur enseigne au bon temps de leur commerce. Ah ! si l'opinion publique avait encore le droit de baptiser les rues !

Le dix-septième siècle avait nommé force rues royales où le grand roi montrait le bout de l'oreille ; le dix-huitième fit des rues littéraires et philosophes ; le dix-neuvième a commencé le baptême des rues par des victoires ; mais à présent c'est l'argent seul qui baptise nos rues, nos places et nos boulevards : or l'argent se nomme Véro ou Dodat.

Ce serait une belle pensée que d'illustrer chaque rue par un nom illustre qui éveillât dans l'esprit le plus sourd un écho de gloire et d'admiration : on pourrait résumer les annales des arts, des lettres, des sciences, du crime et de la vertu, avec des noms d'homme inscrits à la tête des rues, aussi noblement que sur les tables de bronze du Panthéon. Les *Piliers des Halles* où naquit Molière, accepteraient avec orgueil le nom de ce grand comique; Lekain lèguerait son nom à la rue de *Vaugirard* où il mourut; la rue de *Bièvre* qu'immortalisa le séjour de Dante, la rue du *Marché-Palu* où demeurait le poète Martial d'Auvergne, la rue *Béthisy* où fut massacré Coligny, la rue des *Fossés-Saint-Germain-l'Auxerrois* où fut empoisonnée Gabrielle, la rue de la *Tixeranderie* où logeait Scarron, la rue de l'*École-de-Médecine* où Charlotte Corday poignarda Marat, la rue du *Coq-Saint-Honoré* où Jean Châtel tenta d'assassiner Henri IV, la rue *Saint-André-des-Arts* où était la maison du traître Périnet Leclerc, la rue *Marivaulx* où Nicolas Flamel exerçait son métier d'écrivain : toutes ces rues revendiqueraient les noms des hommes célèbres qu'elles ont possédés autrefois; plusieurs d'elles néanmoins seraient mal famées et désertes à cause du nom que leur imposerait la tradition inexorable, on n'oserait plus passer qu'en tremblant dans les rues Marat et Ravaillac.

Voilà pourtant comme nos ancêtres entendaient les noms des rues de la Cité, Ville et Université de Paris : ces noms étaient une récompense ou bien une punition, un éloge ou une infamie; souvent le caractère moral de la rue avait part au sobriquet que lui attribuait la voix du peuple; ordinairement elle énonçait dans son titre, ou son aspect physique, ou son genre de commerce, ou l'enseigne la plus remarquable de ses boutiques; quelquefois les bienfaits d'un riche paroissien se trouvaient rémunérés après sa mort par le legs de son nom fait à la rue encore pleine de sa mémoire : le peuple avait seul le privilége de nommer ses rues, de même que la noblesse nommait ses hôtels.

Pendant des siècles, les rues ne portèrent pas de noms précis. On les distinguait entre elles à des indications plus ou moins vagues et plus ou moins prolixes. On disait : « la rue qui va du Petit-Pont à la place Saint-Michel » (vis-à-vis une chapelle de Saint-Michel qui existait dans la rue de la *Barillerie*) pour désigner la rue de la *Calandre*; il y avait seulement la rue du Petit-Pont et celle du Grand-Pont qui traversaient la Cité; les autres, peu nombreuses il est vrai, étaient désignées de diverses manières, tantôt par le nom de l'église la plus proche, tantôt par le nom du principal bourgeois, tantôt par quelque particularité locale, un puits, une fontaine, une tour, une notre-dame, un crucifix, que tout le monde connaissait d'enfance; car, en ces temps-là, on naissait, on vivait, on mourait dans la même maison et dans la même rue.

La formation des rues avait été lente et progressive, depuis qu'aux cabanes rondes et grossières de la primitive Lutèce eurent succédé les maisons plus vastes et plus commodes du Paris des rois francs : ces maisons, d'abord basses et séparées par des cours ou des celliers, tendirent toujours à se rapprocher les unes des autres et à s'exhausser à l'envi, jusqu'à ce que la rue, pressée de chaque côté par les habitations qui l'envahissaient, déroula péniblement ses replis sinueux dans une atmosphère sombre et fétide : la population manquait d'espace et de jour dans son berceau de la Cité.

Quand la Cité déversa ce trop-plein d'habitans sur les deux rives de la Seine, les maisons semblaient sortir de terre; et bientôt deux jeunes villes poussèrent au nord et au midi de l'ancienne, comme ces rejetons vigoureux qui ombragent la tige maternelle.

Alors les rues naissaient au hasard, sans ordre, sans lois, et presque sans but : une maison s'épanouissait, un matin, au soleil, toute blanche du plâtre de Montmartre et des pierres d'Issoire ; elle s'entourait d'une treille, d'un verger, d'un champ de roses, d'une étable et d'un appentis : aussitôt une seconde maison venait s'ébattre joyeusement en face de la première venue, qu'elle attristait de son ombre ; puis, une troisième maison se plantait auprès de ces deux voisines, parfois entre elles, comme pour leur disputer l'air qu'elles respiraient ; ensuite une quatrième accourait à l'appel de celle-ci ; une cinquième approchait cherchant compagnie, une sixième, une septième, et le reste, germaient, grandissaient et prospéraient à l'entour, chacune gagnant du terrain pied à pied, se déployant et se haussant de toutes ses forces aux dépens des autres pour avoir la meilleure part de soleil.

Voici la rue qui se forme suivant le caprice des propriétaires, obligés de se réserver mutuellement un chemin pour arriver chez eux, à moins qu'un plus puissant, *familier* de la maison de l'évêque, de l'abbé ou du prince, un simple marguillier peut-être trônant au banc d'œuvre de la paroisse, ne s'avise d'arrêter les progrès de cette rue en se jetant au travers : ainsi la rue sera close à son extrémité, et s'appellera *rue sans chef.*

Les rues n'avaient pas encore de nom, ou

plutôt elles prenaient tous les noms qu'on voulait bien leur donner, et n'en gardaient aucun de préférence ; car elles n'appartenaient point encore au roi, ni même à la ville, puisque les habitans avaient le droit de s'opposer au passage des voitures et des piétons, en défendant l'entrée de leur rue par une barrière, par des portes qu'on fermait la nuit, même par des tourelles et des fossés.

Certes l'aspect de ces rues du onzième siècle ne ressemblait guère au Paris moderne : elles se développaient tortueusement, étouffées entre des murs couleur de suie faisant le ventre et surplombant de toute leur hauteur ; ces maisons, qui avaient les pieds dans la fange et la tête dans la fumée, se détournaient de la voie publique comme pour éviter un objet désagréable, et leur étroite façade coiffée d'un pignon pointu, n'avait à chaque étage qu'une fenêtre unique obscurcie de treillis de fer, et de petits vitraux plombés ; le jour ne pénétrait jamais par là.

Quant à ces rues ténébreuses et méphytiques où les pourceaux grognaient parmi les immondices, où les canards gloussaient dans les mares, où les chiens hurlaient en s'arrachant des lambeaux de charogne, elles n'étaient que les avant-cours des maisons et les sentines du peuple :

çà et là des cloaques infects, des égouts délétères, que l'on devine avec horreur à leur nom générique de *trou punais*; un cimetière côte à côte avec un marché; un dépôt d'animaux morts en putréfaction; des *places aux chiens* et *aux chats*, où les petits enfans allaient jouer à la *cline-musette*; enfin des gueux en haillons accroupis à la porte des hôtels, attendaient les reliefs de la table, ou, couchés sur les montoirs de pierre, dormaient à l'odeur de la cuisine.

Ce hideux tableau changea du moment que Philippe Auguste, mieux conseillé que ses devanciers, par la puanteur qui avait offensé son odorat royal, commanda que ces rues fussent pavées de *grès gros et forts :* la voirie étant instituée pour présider à ces travaux d'assainissement, les noms de rues commencèrent à se fixer, par suite des listes qui furent dressées à cette occasion, et qui servirent de base à toutes les opérations du voyer. Cependant une même rue était encore citée sous plusieurs noms différens dans le peuple, dans les cartulaires des églises, dans les registres de la prevôté : ainsi le peuple choisissait un nom indécent ou trivial; le rédacteur ecclésiastique un nom de saint ou de sainte; le greffier municipal, le nom que l'ancienneté légitimait à ses yeux.

Souvent même le déplacement d'une lettre dans le nom originaire produisait une consonnance différente qui se modifiait à l'infini en passant de bouche en bouche ; de sorte que le sens de ce nom devenait inintelligible, ou s'éloignait de son étymologie par des transformations successives.

Car les noms de rues étaient aussi mobiles que l'à-propos de leur création. Un *caiman*, ivre, demandant son pain de porte en porte, pouvait imposer un nom déshonnête ou burlesque à la rue la plus recommandable par la condition de ses habitans et par la virginité de ses mœurs ; la protection d'un Bienheureux, si puissante au ciel, était impuissante ici-bas contre le *blason* injurieux, impie ou ordurier que la fantaisie populaire attachait à une rue chaste, pudique et dévote jusque là : or, il en était des rues comme des hommes; on les jugeait sur l'étiquette, leur surnom devait être le signe infaillible de leur naissance, de leur naturel, de leur état, en un mot tout leur portrait physiologique.

A coup sûr pourtant les désappointemens et les erreurs étaient alors moins graves et moins fréquens qu'aujourd'hui : l'étranger qui aurait cherché des roses dans la rue *Champfleuri*, et du raisin dans la rue des *Vignes*, n'y eût rencon tré que des ordures et des filles publiques; on aurait couru risque de battre tous les quartiers de Paris, avant de découvrir la rue *Tirouanne*, qui se nommait aussi *Pirouette*, *Petonnet*, *Tironne*, *Perronnet*, *Therouanne*, *Pierret de Terouenne*, etc.; mais chaque classe de marchands ayant sa rue spéciale, on était sûr de trouver les tisserands rue de la *Tisseranderie*, les corroyeurs rue de la *Corroyerie*, les drapiers rue de la *Draperie*, les lingères rue de la *Lingerie*, les orfèvres rue *Saint-Éloi*, les bouchers rue des *Boucheries*, les tonneliers rue de la *Tonnellerie*, les poissonniers rue de la *Poissonnerie*, les verriers rue de la *Verrerie*, les armuriers rue de la *Heaumerie*, les changeurs au *Pont-au-Change*, les potiers rue de la *Poterie*, les mégissiers quai de la *Mégisserie*, les pelletiers rue des *Fourreurs*, les blanchisseuses rue des *Lavandières*, les tabletiers rue de la *Tabletterie*, les fromagers rue de la *Fromagerie*, les charrons rue de la *Charronnerie*, les cordonniers rue de la *Cordonnerie*, les cordiers rue de la *Corderie*, les parcheminiers rue de la *Parcheminerie*, les jongleurs rue des *Ménétriers*, les usuriers rue des *Lombards*, les fripiers rue de la *Friperie*, les écrivains rue des *Écrivains*, etc.

Allez donc à présent, sur la foi des noms, vous

loger rue *Gracieuse* dans le faubourg Saint-Marceau, cueillir des cerises rue de la *Cerisaie*, voir l'heure rue du *Cadran*, vous coucher sur l'herbe dans la rue *Verte*, attendre l'arrivée de la marée dans la rue *Poissonnière*, acheter du fourrage rue du *Foin*, et admirer des merveilles dans une des trois *Cours des Miracles*, où le fumet du Grand-Coësre n'est pas même resté, où les truands et les cagoux sont remplacés par de dignes héros de la garde nationale !

Il faut l'avouer, presque tous les noms de rues ont été revus et corrigés : un conseil de prud'hommes, pénétrés de la haine que Voltaire professait pour l'ignoble mot de cul-de-sac, a nettoyé la ville, des sales et malhonnêtes dénominations qui n'offensaient pas les oreilles de nos naïfs aïeux : la rue *Tireboudin*, qui avait déjà subi une variante notable dans sa terminaison, par respect pour Marie-Stuart, a pris le nom de cette reine de France, qui avait rougi en l'entendant nommer; la rue *Merderel* n'a pas seulement changé de nom en devenant rue *Verderet*. Toutefois, l'antiquaire le plus dépourvu de préjugés ne saurait se plaindre que la rue *Breneuse* soit métamorphosée en rue *Pagevin*.

Adieu bien des origines singulières, bien des légendes et des faits historiques qui ne reposaient plus que sur un nom de rue, détérioré par les années comme ces médailles frustes rongées de vert-de-gris, à travers lequel on peut encore apercevoir une empreinte et deviner une inscription à grand renfort de lunettes et d'imaginative! adieu vos lettres de noblesse, ô rues, ruelles et culs-de-sac du Paris si puant, si pittoresque et si fantastique de nos pères!

Le vieux Paris n'existe déjà plus; tous les jours il disparaît sous le nouveau; et çà et là quelques auvens en saillie, quelque tourelle avancée, quelque voûte surbaissée, quelque boutique noire et profonde, quelque ogive oubliée, se montrent à peine à nos regrets, ainsi que dans une tempête, le navire qui sombre disperse au gré des vagues ses débris, auxquels se suspend un malheureux, tandis que le faîte des mâts se dresse au-dessus de l'abîme. Les débris du vaisseau, ce sont les noms des rues; les mâts, ce sont les tours de Notre-Dame; et nous, pauvres archéologues, attachons-nous aux débris de ce grand naufrage.

Il ne s'agit pas ici de ressusciter les noms de rues défunts, ensevelis dans le tombeau archéologique du vieux Paris, ou de les arranger symétriquement tels que des os de morts dans les Catacombes; il faut les laisser dormir en paix parmi les recherches de Sauval et de Jaillot jusqu'au jugement dernier de l'histoire de Paris. Mais les rues vivantes, séculaires ou nouvellement nées, dont la généalogie a été reconnue et admise par les archivistes de la préfecture, toutes rues ayant écriteaux, bornes et réverbères, peuvent être classées aussi exactement d'après leurs noms, que les plantes d'après leurs genres et leurs familles en botanique. C'est la seule ressemblance possible entre une rue et une fleur.

On doit reconnaître d'abord les noms de ces rues communes à la plupart des villes du moyen âge : les rues attribuées aux bains, aux juifs, et à la débauche; car les *femmes folles* et les juifs surtout, étaient toujours séparés du reste de la population; et les rues qu'ils habitaient par ordonnance royale ou communale étaient infâmes comme eux. On craignait la contagion morale non moins que la peste et la ladrerie. Les lépreux demeuraient hors des villes, où ils n'entraient qu'en évitant de toucher et même de regarder les passans dans la rue; les pestiférés étaient isolés dans leurs maisons, dont ils ne sortaient pas, sous peine de mort. Quant aux juifs, signalés à la malédiction populaire par la rouelle de drap jaune qu'ils affichaient sur leurs habits, ils couraient risque d'être battus, dépouillés, peut-être massacrés, en se montrant dans les rues. Les filles publiques qu'on surprenait hors de leurs *clapiers* en plein jour, ou parées d'étoffes de soie, de fourrures de prix, de bijoux d'or et d'argent, encouraient l'amende et la prison. Nul chrétien ne voulait être confondu avec les juifs; nulle honnête femme, avec les *damoiselles d'amour*.

La rue de la *Juiverie*, dans la Cité, qui avait ce nom sous la dynastie mérovingienne, fut la première retraite des juifs, qui s'y maintinrent malgré les persécutions, et y continuèrent leur commerce après la ruine de leur synagogue. Ils envoyèrent, de là, leurs colonies dans la rue des *Juifs* et la rue *Judas*, qu'ils n'abandonnèrent jamais entièrement, quelques rigueurs que les rois inventassent pour les expulser de France, et anéantir leur race; ils se vengeaient de tous ces affronts en centuplant leurs usures.

Les rues affectées à la prostitution que l'on entrevoit encore à travers les métamorphoses pudibondes de leur nom, étaient la rue du *Petit Musc* ou *Pute-y-Musse*, c'est-à-dire qui cache des filles; les rues du *Grand* et du *Petit Hurleur*, ainsi nommées des bruyantes orgies qui s'y faisaient; la rue *Transnonain*, autrefois *Trousse-Nonain* et *Trans-Putain*; la rue *Tiron*, la rue du *Fau-*

connier, la rue *Trousse-Vache*, qui a conservé son ancien nom en dépit de celui de *La Reynie* que lui a imposé un scrupule de police; la rue du *Pélican* dont la république avait fait une rue *Purgée*; la rue *Brise-Miche*, du *Bon Puits*, de la *Vieille Boucierie*, *Chapon*, *Fromentel* ou Froimanteau et plusieurs autres dans lesquelles s'est perpétuée une sorte de tradition de débauche malgré la perte de leur nom aussi expressif que l'enseigne du *Gros Caillou* qui pendait à l'entrée d'un mauvais lieu et qui a désigné depuis un quartier qu'on estime autant que s'il avait un saint pour patron.

Il ne reste plus que deux rues des *Vieilles Etuves*, quoique les bains à la vapeur fussent autrefois d'un usage si journalier, même parmi le peuple, que la plupart des rues avaient des *étuves à femmes* et *à hommes*. Ces établissemens, tenus par la corporation des barbiers, étaient ouverts en toute saison, matin et soir; on s'y rendait au cri de l'étuviste annonçant que les bains étaient chauds, et les plus pauvres gens ne s'en faisaient pas faute pour deux deniers. On a peine à comprendre cette propreté du corps en même temps que cette saleté permanente des rues pleines de *fiens* et d'eau croupie.

On distingue encore les rues qu'on fermait la

nuit avec des portes ou des barrières : la rue de la *Barre*, intitulée depuis rue *Scipion*, trois rues des *Deux Portes*, une des *Douze Portes*, et une des *Trois Portes* attestent les anciens droits de leurs habitans qui se retiraient la nuit dans ces espèces de places fortes où les voisins n'apportaient pas leur tribut d'immondices, où les gueux ne cherchaient point un asile, où les voleurs ne pénétraient pas aisément; une rue était close par mesure de sûreté ou de salubrité publiques, lorsque sa position reculée et mystérieuse invitait les passans à s'y arrêter, les larrons à s'y cacher.

La féodalité, qui avait mis les puits et les fours sous la haute main des seigneurs, taxant la cuisson du pain et l'eau des sources, n'existe plus que dans quelques noms de rues : celles du *Puits*, du *Puits l'Hermite*, du *Puits qui parle*, du *Puits Certain* ne font désormais aucun tort aux porteurs d'eau; et les boulangers ne vont pas exprès cuire leur fournée dans les rues du *Four Saint-Germain* et du *Four Saint-Honoré*. La révolution, qui a détruit les châteaux, n'a pas laissé debout dans la rue Saint-Eloi le *four de madame Sainte-Aure*, où se cuisait tout le pain de la Cité sous le roi Dagobert.

Paris a été fortifié à diverses époques, depuis

le siége de Jules-César jusqu'à celui de Henri IV ; des trois enceintes successives qui l'ont entouré pendant la domination romaine, sous Philippe-Auguste et sous Charles V, on retrouve à peine quelques pans de murs masqués de maçonnerie moderne, quelques tourelles enfouies dans les arrière-cours et les jardins, mais on tracerait presque les limites de la dernière clôture en se guidant d'après les rues des *Fossés-Saint-Victor*, des *Fossés-M.-le-Prince*, des *Fossés-Saint-Germain l'Auxerrois*, des *Fossés-Montmartre*, des *Fossés du Temple*, de la *Contrescarpe*, du *Rempart*, etc. Qui est-ce qui salue, en traversant la rue *Traversière*, l'endroit où la pucelle d'Orléans, qui sondait avec sa lance l'eau du fossé dans l'espoir de passer jusqu'au mur avec les troupes de Charles VII, eut les deux cuisses percées d'un trait d'arbalète ?

Les rues qui prirent le nom d'une enseigne de boutique ou de maison (car la plupart des maisons eurent long-temps des enseignes avant le numérotage, qui ne remonte pas au-delà du xviie siècle), n'ont rien conservé de ces enseignes célèbres que la bourgeoisie et la *marchandise* regardaient comme leurs armoiries : ce sont les rues de *l'Arbalète*, de *l'Arbre-Sec*, du *Battoir*, aux *Biches*, de la *Boule-Rouge*, de la *Calandre*, des *Canettes*, du *Chaudron*, de *Saint-Claude*, de la *Clef*, *Cloche-Perce* (ou Percée), du *Coq*, du *Cœur Volant*, du *Cygne*, des *Cinq Diamans*, de la *Croix-Blanche*, de *l'Echarpe*, des *Deux Écus*, de *l'Epée-de-Bois*, du *Gril*, de la *Harpe*, de *l'Hirondelle*, de la *Huchette*, de la *Lanterne*, de la *Licorne*, du *Petit-Moine*, des *Oiseaux*, du *Paon*, de la *Perle*, du *Saint-Pierre*, des *Trois Pistolets*, du *Plat-d'Étain*, des *Précheurs*, des *Quatre-Fils Aymond*, des *Rats*, du *Renard Saint-Martin*, des *Champs*, du *Sabot*, de *Saint-Sébastien*, du *Trognon* etc. La rue du *Cherche-Midi* avait une enseigne proverbiale représentant des gens qui cherchaient midi à quatorze heures, et la rue de la *Femme-sans-Tête* faisait injure aux femmes par cette devise ajoutée à son enseigne : *Tout en est bon.*

Quelques rues ont gardé des noms de fiefs et de maisons : celles de *Cocatrix*, des *Trois Carottes*, des *Ciseaux*, des *Coquilles*, de *Glatigny*, des *Fuseaux*, des *Marmousets*, de la *Salle-au-Comte*, etc.

D'autres tirent leurs noms d'une croix, d'une notre-dame, d'une image de saint : les rues *Vieille Notre-Dame*, des *Deux Anges*, du *Demi-Saint*, de *Saint-Jérôme*, du *Crucifix*, de la *Croix*, etc.

Certaines rues semblent rappeler la religion

des druides qui n'élevaient pas d'autres temples à leurs dieux Hésus et Teutatès que des pierres colossales, isolées ou superposées sans architecture : les rues de *Pierre-Assis*, de *Pierre-au-Lard*, de *Pierre Lombard*, de *Pierre-Sarrasin*, de *Pet au Diable* (Pierre au Diable), ont peut-être vu debout ces cromlecs et ces dolmen, masses informes et grossières, que la superstition populaire des chrétiens attribuait au culte des fées et des esprits malfaisans.

Les hôtels des princes, des évêques et des seigneurs, ont donné leur nom aux rues dans lesquelles ils étaient situés, ou bien ouvertes depuis sur leur emplacement : il suffit de citer les rues d'*Antin*, d'*Avignon*, *Barbette*, du *Bec*, des *Barres*, du *Petit-Bourbon*, de *Cléry*, de *Cluny*, de *Condé*, de *Duras*, *Gaillon*, *Garancière*, de *Jouy*, *Lesdiguières*, *Neuve* du *Luxembourg*, de *Mâcon*, *Mézières*, *Montmorency*, de la *Reine-Blanche*, de *Rohan*, du *Roi-de-Sicile*, du *Temple*, de *Touraine*, des *Ursins*, etc.

Ici les couvens et les communautés de femmes ont nommé les rues des *Anglaises*, des *Audriettes*, des *Capucines*, des *Carmelites*, des *Filles-Dieu*, des *Hospitalières*, des *Nonandières*, (Nonains d'Hières), des *Ursulines*, etc., trois abbesses de l'abbaye de Montmartre ont été marraines des rues *Sainte-Anne*, *Bellefond* et *Rochechouart*; la rue de la *Tour des Dames* s'est appelée ainsi d'un ancien moulin appartenant à cette fameuse abbaye.

Là les ordres monastiques masculins n'ont pas disparu tout entiers, puisque leurs noms sont restés aux rues des *Grands* et des *Petits-Augustins*, des *Barrés*, des *Blancs-Manteaux*, des *Bernardins*, des *Capucins*, des *Carmes*, des *Célestins*, des *Billettes*, des *Jacobins*, de l'*Observance*, des *Saints-Pères*, des *Petits-Pères*, des *Récollets*, etc.

Les noms de chapelles et d'églises, détruites ou encore existantes, sont encore nombreux : les rues *Sainte-Avoie*, *Saint-Benoît*, *Saint-Bond*, *Saint-Christophe*, *Sainte-Croix*, *Saint-Eustache*, *Saint-Gervais*, *Sainte-Geneviève*, *Saint-Hilaire*, *Saint-Honoré*, *Saint-Hippolyte*, *Saint-Jean-de-Latran*, *Jacob*, *Saint-Joseph*, *Saint-Julien-le-Pauvre*, *Saint-Lazare*, *Saint-Laurent*, *Saint-Paul*, *Saint-Landry*, *Saint-Leufroy*, *Saint-Louis*, *Saint-Magloire*, *Saint-Marcel*, *Sainte-Madeleine*, *Saint-Merry*, *Saint-Nicolas-du-Chardonnet*, *Notre-Dame*, *Saint-Nicaise*, *Saint-Pierre-aux-Bœufs*, *Sainte-Opportune*, *Saint-Thomas-du-Louvre*, etc. Avant la révolution, chapelles, églises et couvens poussaient des rejetons dans le fertile terroir de l'archevêché de Paris : la Cité comprenait seule quatorze paroisses. Que reste-t-il de tant d'édifices bâtis et enrichis par la dévotion des rois et des reines de France, respectés pendant des siècles, remplis de tombeaux et de poussières illustres, resplendissans des merveilles de l'art, peuplés de statues, rayonnans de vitraux et protégés par une auréole de miracles ? que reste-t-il de tout cela aujourd'hui ? des noms de rues, de passages et de marchés.

Les particuliers qui ont laissé leurs noms aux rues qu'ils habitaient jadis, n'avaient pas d'autre moyen de passer à la postérité : c'étaient des marchands, des propriétaires, des échevins, des magistrats, de dignes bourgeois ayant pignon sur rue, notables de leur confrérie et bienfaiteurs de leur paroisse ; ainsi, depuis deux, trois et quatre siècles, ces bourgeois, dont le seul mérite fut peut-être une grande fortune, ont pour épitaphe le nom des rues de *l'Anglade, Baillet, Baillif, Barouillère, Bertin-Poirée* (Bertier Porée), *Bordet* (Bordelles), *Coquillière, Courtalon, Dervillé, Frépillon, Geoffroy-l'Asnier, Gît-le-Cœur* (Gilles le Queux), *Gracieuse, Grenelle* (Quesnelles), *Grenier-sur-l'eau* (Garnier), *Guillaume, Guillemin, Jean-Lantier, Jean-beau-Sire, Jean-Hubert, Jean-Pain-Mollet, Jean-Robert, Jean-Tison, Joquelet*, des *Maçons* (Masson), de la *Mortellerie* (le Mortellier), *Pagevin*, *Pastourel*, *Portefoin* (Portefin), *Quinquempoix* (Kiquenpoit), du *Renard* Saint-Denis, *Simon-le-Franc* (Franque), *Scipion* (Scipion Sardini), *Taranne* (Tarennes), *Triperet* (Tripelet), *Troussevache* (Trossevache), de *Versailles* (de Verseille), etc., etc.

Ce sont des marchands qui ont nommé les rues de *l'Arche-Marion*, *Aubry-le-Boucher*, *Jean-de-Beauce*, *Charlot*, du *Mouton*, *Tiquetonne*, etc.; la rue de *Lappe* porte le nom d'un jardinier, et la rue *Saint-Jean-de-Beauvais* celui d'un libraire.

Des officiers de la ville ont nommé les rues d'*Albiac*, *Boucher*, de *Fourci*, *Mercier*, *Thévenot*, etc.; des officiers du parlement et du roi, les rues *Bailleul*, *Béthizy*, *Férou*, *Jean-de-l'Épine*, *Meslay*, *Montigny*, de *La Planche*, *Popincourt*, etc.

Dans le siècle dernier et dans celui-ci, cette méthode d'appliquer un nom d'homme à une rue atteste le désir de remplacer au moins un monument par un souvenir qui peut braver le marteau et le temps. On s'est attaché à signaler les lieux marqués par le passage du génie en tous genres : on détruisait un hôtel, une église, un couvent; on ne conservait qu'une pierre pour y graver un nom.

L'abbaye de Saint-Germain-des-Prés a disparu, mais à sa place les rues *Félibien*, *Lobineaux*,

Clément, *Sainte-Marthe* et *Montfaucon* nous parlent des travaux immortels des bénédictins ; la vieille basilique de Sainte-Geneviève est tombée, mais les rues *Clovis* et *Clotilde* nous empêchent de fouler sa cendre sans revenir par la pensée à l'époque de sa fondation.

Construisait-on un théâtre de tragédie et de comédie ? les rues *Molière*, *Voltaire*, *Racine*, *Corneille* et *Crébillon* naissaient à ses côtés. Etait-ce une salle d'opéra-comique ? les rues voisines recevaient les noms de *Favart*, *Grétry*, *Lully*, *Marivaux* et *Rameau*.

Autour de la cathédrale, les rues *Bossuet* et *Massillon* survivent au cloître Notre-Dame, qui en s'écroulant n'a pas renversé ces grands piliers de l'église.

Voici des familles nobles et anciennes : rues d'*Aligre*, d'*Aumont*, de *Ventadour*, de *Vendôme*, de *Breteuil*, de *Choiseul*, de *Lesdiguières*, de *Grammont*, de *Guéméné*, de *Matignon*, de *Ménars*, de *Miromesnil*, etc. Voici des ministres et des chanceliers de France : rues d'*Aguesseau*, de *Birague*, *Boucherat*, de *Harlay*, de *Lamoignon*, *Richelieu*, *Mazarine*, *Necker*, etc.

Voilà des lieutenans et des préfets de police, des prevôts des marchands et des maires de Paris : rues d'*Argenson*, *Bailly*, *Bignon*, *Chabrol*, *Saint-*

Florentin, *Guénégaud*, de la *Michodière*, de *Sartines*, de *Varennes*, de *Viarmes*, etc. Voilà des savans et des philosophes : rues de *Buffon*, de *Cassini*, de *Descartes*, de *Vaucanson*, de *Montgolfier*, de *Franklin*, de *Montesquieu*, de *Montaigne*, de *J.-J. Rousseau*, etc. Voilà des artistes : rues *Pierre-Lescot*, *Jean-Goujon*, *Pigale*, *Soufflot*, etc.

Toutes ces rues ne datent pas d'un siècle; quelques unes seraient magnifiques si elles avaient des maisons.

Quant aux rues nées en même temps que les enfans des rois, elles sont peu nombreuses : la plus ancienne est la rue *Françoise*, qui remonte à François Ier; les rues *Christine*, d'*Anjou-Dauphine*, *Dauphine*, datent du règne de Henri IV; les rues *Palatine* et *Thérèse*, du règne de Louis XIV; les deux rues *Royale*, *Dauphin*, *Valois*, du règne de Louis XV et Louis XVI, etc., etc. On a vu que dans les changemens de dynastie le nom du roi déchu cédait la place à celui du nouveau roi sur l'écriteau d'une rue, de même que sur les monnaies et dans le calendrier.

Louis XIV aimait à retrouver les provinces de son royaume dans les rues de sa capitale, surtout dans le quartier du Marais que son aïeul avait commencé, et qu'il acheva de bâtir en s'occupant du nettoyage de toutes les rues de la capitale, mesure de police tellement négligée jusqu'alors, que la boue de Paris était passée en proverbe : le xvii° siècle entendit nommer les rues d'*Angoulême* (Angoumois), d'*Anjou*, d'*Artois*, de *Beaujolais*, de *Berry*, de *Forez*, de *Bourgogne*, de *Beauce*, de *Bretagne*, de *Limoges*, du *Perche*, de *Poitou*, de *Saintonge*, etc., etc.

Un grand nombre de rues conservent le nom du territoire qu'elles ont traversé ; les rues *Beaubourg*, *Bourg-l'Abbé*, *Bourtibourg* (Bourg Thiboud), *Boutebrie* (Bourg de Brie), de la *Ville-l'Évêque*, désignent des petits hameaux anciennement séparés de la ville ; les rues du *Champ de l'Alouette*, *Beaurepaire*, *Beauregard*, *Belle-Chasse*, *Carême-Prenant*, *Copeau*, *Culture-Sainte-Catherine*, des *Petits-Champs*, de la *Ferme des Mathurins*, de la *Folie-Regnauld*, de la *Folie-Méricourt*, *Grange-Batelière*, *Galande* (Garlande), de *Long-Pont*, de *Lourcine*, de *Marivault* (Marivas), *Perrin-Gasselin*, de la *Roquette*, de *Courcelles*, etc., ont pris leurs noms de terres cultivées en vigne ou en prés, de fiefs nobles et roturiers attirés successivement dans l'immense rayon de Paris. Les rues d'*Argenteuil*, de *Picpus*, de *Suréne*, de *Neuilly*, de *Sèvres*, du *Roule*, etc., étaient les chemins qui conduisaient à ces villages.

Il y a une foule de noms que l'usage populaire a fait prévaloir; les rues du *Chemin-Vert*, des *Noyers*, des *Figuiers*, des *Saussaies*, des *Amandiers*, des *Acacias*, des *Lilas*, des *Ormeaux*, du *Poirier*, du *Sentier*, des *Trois-Bornes*, de la *Bourbe*, du *Jardinet*, des *Marais*, etc., nous donnent presque une description de leur état primitif. Les rues portant des noms de Collèges supprimés, sont les rues d'*Arras*, des *Bons-Enfans*, des *Chollets*, des *Irlandais*, de la *Marche*, de *Reims*, de *Rethel*, etc. Celles avec des noms d'hôpitaux, sont les rues des *Enfans Rouges*, de la *Santé*, de la *Trinité*, des *Capucins*, de la *Charité*, etc.

Parmi les rues dont le nom s'est le plus éloigné de sa source, il faut citer les rues *Saint-André des Arts* (de Laas), des *Grès* (des Grecs), *Cassette* (Cassel), *Courbaton* (Col de Bacon), aux *Ours* (Oues, oies), aux *Fers* (Fèvres, *Fabri*, ouvriers), de la *Jussienne* (l'Egyptienne), des *Jeûneurs* (Jeux-neufs), du *Jour* (Séjour et maison de plaisance de Charles V), de *Perpignan* (Pampignon), des *Ecouffes* (Ecoufles, oiseaux de proie), des *Postes* (Pots), etc. Le seigneur Caritidès, dans Molière, demande au roi l'inspection générale des enseignes de Paris ; quelque savant moins grec que français ne manquerait pas de travail pour corriger les noms de rues barbares et inintelligibles.

Les anciens lieux de supplice ont retenu leurs noms ; on pendait dans la rue de *l'Echelle*; on donnait l'estrapade dans la rue de *l'Estrapade*; on faisait bouillir dans l'huile les faux-monnayeurs rue du *Bouloi* et rue de *l'Echaudé*; on perçait les langues et on coupait les oreilles dans la rue *Guillery* (Guigne oreille); on écartelait à la *Croix du Trahoir*.

La rue du *Mail* et la rue des *Poulies* doivent leurs noms à ces jeux qui furent long-temps en vogue, et dont le second nous est inconnu.

Dans la rue du *Chevalier-du-Guet* demeurait ce chef du guet à pied et à cheval, *assis* et *dormant*; dans la rue *Aumaire*, siégeait le maire ou juge de Saint-Martin des Champs.

La rue de l'*Université* se nomme ainsi à cause de sa construction dans le Pré-aux-Clercs, qui appartenait à l'université ; la rue du *Fouarre* où étaient les écoles des Quatre-Nations, garde quelque chose du *Feurre* ou paille qui la jonchait pour faire une litière aux écoliers.

Les hôtels royaux de Saint-Paul et des Tournelles sont encore représentés par les rues *Saint-*

Paul et des *Tournelles*, des *Jardins*, de la *Cerisaie*, *Beautreillis*, des *Lions*, du *Parc-Royal*, du *Foin*. On croit, à ces noms seuls, voir ces deux châteaux embrassant une vaste étendue de terrain dans leur clôture hérissée de tours rondes et carrées, contenant chacun plusieurs grands hôtels, avec des parcs, des vergers, des treilles, des ménageries, et des jardins que les rois de France cultivaient de leurs mains.

La rue *Censier* était d'abord un cul-de-sac ou *sans chef*; de là son nom; la rue aux *Fèves* se nommait anciennement rue au *Fèvre*, parce que saint Eloi, ministre et orfèvre du roi Dagobert, y avait logé, ou du moins y avait eu sa forge.

Le nom de la rue du *Ponceau* vient d'un petit pont jeté sur un égout qui coulait à travers la rue Saint-Denis; le nom de la rue de la *Planche-Mibray*, d'un pont de planches sur lequel on passait le *mi-bras* de la Seine. Dans la rue du *Haut-Moulin*, il y eut un moulin à eau; et dans la rue des Moulins, sur la butte Saint-Roch, des moulins à vent.

La rue des *Martyrs* est la route que suivirent saint Denis et saint Eleuthère pour aller se faire trancher la tête à Montmartre, si toutefois ils y allèrent jamais; la rue du *Martroy* (*martyrium*), qui conduit à la Grève, atteste les exécutions dont cette place fut le théâtre jusqu'à ce que le peuple l'eut conquise sur le bourreau en juillet 1830.

Dans la rue de *Jérusalem* logeaient les pèlerins qui partaient ou revenaient de la Terre-Sainte ; dans la rue des *Frondeurs* la Fronde commença les barricades du 16 août 1648 ; dans la rue *Hautefeuille* on vendait les feuillées vertes qui tapissaient en été les salles des gens riches ; dans la rue des *Arcis*, les maisons furent *arses* ou brûlées par les Normands qui assiégeaient Paris ; dans les trois rues des *Francs-Bourgeois*, on ne levait aucune taxe sur les bourgeois ; dans la rue des *Orfèvres*, ce corps de métier avait sa chapelle et son hôpital ; dans la rue d'*Enfer*, le diable s'était, dit-on, emparé du château de Vauvert, d'où le chassèrent les pères Chartreux, du temps de saint Louis.

La rue de la *Saunerie* doit son nom aux sauniers ou marchands de sel ; la rue de l'*Aiguillerie*, aux cordonnières qui cousaient les *petits souliers de basane*; la rue de la *Bûcherie*, au port aux bûches ; la rue des *Prouvaires*, aux prêtres (prévoires) de Saint-Eustache ; la rue des *Gobelins*, aux farfadets qu'on appelle ainsi et qui fréquentaient les environs ; la rue *Poissonnière*, aux arrivages du poisson de mer ; la rue des *Grands-*

Degrés, à un escalier menant au bord de l'eau; la rue du *Colombier*, au colombier abbatial de Saint-Germain-des-Prés; la rue *Clopin*, à la rapidité périlleuse de sa pente; la rue *Serpente*, à ses replis de serpent; la rue de *Seine*, à un ruisseau, à présent desséché, nommé la Petite-Seine; la rue des *Sept-Voies*, aux sept rues qui viennent y aboutir; les rues de la *Monnaie* et de la *Vieille-Monnaie*, aux vieux hôtels des monnaies; les rues du *Plâtre*, à d'anciennes plâtrières; la rue du *Marché-Palu*, au sol marécageux (palus) du marché qui s'y tenait dès les premiers temps de Lutèce; la rue des *Lombards*, aux banquiers juifs déguisés sous le titre de Lombards; la rue du *Bac* au bac qui servait à traverser la rivière en cet endroit avant la construction du Pont-Neuf, etc.

Enfin les rues, dont le séjour était désagréable et le passage dangereux à cause des mœurs de leurs habitans, ne se recommandent guère davantage par leurs noms actuels. Les *truands*, les gueux et les gens de la *Vallée-de-Misère* occupaient la rue de la *Truanderie*; les narquois, ou gens de l'argot, la rue des *Mauvaises-Paroles*; les tireurs de laine, la rue *Tirechape*; les larrons et meurtriers, les rues des *Mauvais-Garçons*, *Mauconseil*, *Mondétour* (Mau détour), etc.

Ainsi, en cet âge de naïveté où les argotiers avaient néanmoins inventé tant de ruses contre la bourse et la vie des honnêtes gens, ces rues-là ne trompaient personne ; il est vrai que les patrouilles du guet étaient fort rares et fort peureuses ; que les rues étaient à peine éclairées par quelques lampes brûlant devant des notre-dames, et que le couvre-feu rendait la ville plus déserte qu'un bois : sous le règne du *grand roi*, on assassinait encore toutes les nuits dans Paris et même devant le Louvre ; mais un nom de rue tenait lieu de police et de réverbères ; un nom de rue mettait en fuite une compagnie de garde bourgeoise.

Ce fut sans doute pour aguerrir les Parisiens avec la guerre et les victoires que Napoléon baptisa avec son épée, les rues de *Damiette*, d'*Arcole*, des *Batailles*, du *Pont-de-Lodi*, de *Mont-Thabor*, de *Marengo*, d'*Ulm*, du *Caire*, etc. Napoléon, qui aurait voulu que le bâton de maréchal de France devînt le bâton de vieillesse de tous ses soldats, appendit comme des trophées les noms de ses généraux à des rues où devait surgir pour ses desseins une génération militaire. Les rues de *Castiglione*, de *Rivoli*, de *Desaix*, de *Kléber*, etc., sont aussi retentissantes de sa gloire que le bronze de la Colonne.

La restauration ne débaptisa pas ces rues, mais elle leur opposa les rues de *Bayard*, de *Poitiers*, *Neuve-d'Angoulême*, *Neuve-de-Berry*, de *Ponthieu*, de *Madame*, etc., comme pour faire un appel aux illusions de la monarchie de quatorze siècles : la courtisanerie tenait les rues sur les fonts. La rue *Charles X* n'est plus qu'une ombre; mais on projette déjà la rue *Louis-Philippe* sur les ruines de Saint-Germain-l'Auxerrois !

Cependant les entrepreneurs, propriétaires, architectes et agioteurs s'étaient approprié des rues tracées à leurs frais, au milieu des préoccupations sanglantes, victorieuses et jésuitiques de la restauration, de l'empire et de la république : on vit, sans y prendre garde, s'établir les rues *Borda*, *Bourdon*, *Buffault*, *Cadet*, *Caumartin*, *Chauchat*, *Duphot*, *Dupont*, *Etienne*, *Lacuée*, *Lacaille*, *Papillon*, *Richer*, et vingt autres bien alignées, bien pavées, bien bâties, mais dont les noms ressemblent à une liste électorale.

L'histoire morale et physique de Paris est liée à celle de ses rues; on doit étudier leurs noms modifiés par la routine, réformés par arrêté municipal, changés par les évènemens, comme une langue morte qui se corrompt, qui se perd de jour en jour, et qui n'aura bientôt plus un seul interprète.

P.-L. JACOB, BIBLIOPHILE.

LE PROPRIÉTAIRE.

La grande famille parisienne se divise naturellement en deux classes distinctes, et jusqu'à un certain point ennemies, les propriétaires et les locataires, ceux qui logent les autres et ceux qui logent chez les autres, sans parler d'une troisième classe, encore bien plus ennemie des deux premières, que les deux premières ne le sont entre elles, celle des gens qui ne logent personne et ne logent chez personne, véritables scythes ou bédouins de la société, fort désagréables à rencontrer la nuit, au coin d'une rue déserte.

En France, partout ailleurs qu'à Paris, on est propriétaire dès qu'on possède maison, château, ferme, bois, vignes ou prairies. A Paris, le propriétaire est essentiellement et exclusivement l'homme qui possède une ou plusieurs maisons. L'élément constitutif du propriétaire étant reconnu, nous savons à qui ce titre appartient : maintenant il s'agit d'en trouver le type, il s'agit de découvrir l'individu en qui se résument et se réfléchissent les traits les plus saillans, les plus caractéristiques de l'espèce entière.

Voyons, cherchons; qui nous représentera le vrai, le pur, le natif propriétaire, le propriétaire-modèle, la propriété faite homme? ce ne sera ni le spéculateur aventureux, achetant une maison, comme il achèterait du trois ou du cinq, sans autre chance de la payer que celle de la revendre le plus tôt possible avec bénéfice; ni le hardi bâtisseur, entassant moellons sur moellons, étages sur étages, dans l'espoir qu'à peine achevé, son édifice tentera la concupiscence de quelque capitaliste regorgeant d'or, ou que la population fera des progrès assez rapides pour que sa maison se trouve indispensable, précisément à l'heure où les maçons ne le seront plus; ni l'heureux et indolent héritier d'une fortune colossale, dans l'inventaire de laquelle gisent pêle-mêle, avec des actions de Banque, des actions sur les canaux, des actions sur les chemins de fer, avec de bons contrats hypothécaires, de bons contrats de terres labourables, quelques titres d'immeubles magnifiques, situés rue du Mont-Blanc, rue de Rivoli et boulevard des Italiens; ni enfin le magistrat, l'avocat, le négociant assez occupé, l'homme de lettres assez insouciant, l'homme du plaisir assez frivole pour conclure l'acquisition d'une maison sans l'avoir vue, si ce n'est par les yeux de son architecte, et pour se délivrer, sur un fondé de pouvoir ou sur un principal locataire, du soin d'en toucher périodiquement les loyers.

Non sans doute; arrière tous ces hommes, qui n'ont de propriétaire que le nom, qui ne nous en offrent pas plus l'esprit sérieux que les habitudes sédentaires et les principes immuables! arrière tous ceux qui traitent la propriété comme un jeu de hasard, ou la regardent comme une sinécure; car il ne faut pas croire que le vrai propriétaire soit un oisif : il ne faut pas que l'économie politique s'avise de le ranger dans la catégorie de ses frelons ! Pour l'observateur exact, le vrai propriétaire, c'est l'homme qui, ayant conquis sa propriété par l'exercice d'une profession lente et laborieuse, s'en fait une profession nouvelle, s'y consacre avec zèle, avec amour, n'existe plus désormais que pour veiller à la sûreté, à l'ordre, à la propreté de sa maison, et rend le dernier soupir en méditant les clauses d'un bail, en rédigeant un congé, ou en signant une quittance.

Personnifions un peu notre homme. Il se nomme Bernard, Lefebvre ou Duhamel; le nom est indifférent, prenons Bernard. Il a cinquante-huit ans sonnés, à moins que vous ne préfériez qu'il en ait cinquante-neuf ou soixante; la différence n'est pas grande, mettons cinquante-huit. Pendant trente ans de sa vie, il a été marchand de drap, rue de la Ferronnerie; si cependant vous l'aimez mieux, pendant vingt-huit ans il aura été passementier rue aux Fers, ou quincailler rue Saint-Antoine pendant vingt-neuf : qu'importe, pourvu que le propriétaire soit sorti de la chrysalide du boutiquier, si bien décrit par Michel Masson, notre confrère et ami? M. Bernard a donc été drapier; s'étant établi dans le bon temps, c'est-à-dire dans celui où il ne se vendait pas à Paris cinq cents aunes de drap ailleurs que dans la rue de la Ferronnerie, quand plus tard ce commerce émigra, s'éparpilla, comme tous les autres, M. Bernard ne se sentit pas d'humeur à le suivre. De là vint qu'il acheva sa petite fortune beaucoup moins rapidement qu'il ne l'avait commencée. S'apercevant que chaque année n'apportait plus à ses capitaux qu'une augmentation insignifiante, il prit le grand parti de la retraite. Avec les cent et quelques mille francs qui lui restèrent bien clairs et bien nets, il acheta une maison située Vieille rue du Temple, rapportant de cinq à sept mille francs, suivant les circonstances, et dont il se réserva le troisième étage pour son habitation personnelle. Ce ne fut pas une petite affaire que de s'y installer, que de s'acclimater dans un nouveau domicile, que de s'habituer à l'atmosphère épaisse de l'appartement, après avoir respiré si long-temps l'air libre du magasin. Enfin la chose est faite et parfaite; M. Bernard a subi la transformation opposée à celle du ver à soie; de papillon qu'il était, il s'est fait chenille. Vous croyez peut-être qu'il habite sa maison : du tout, c'est sa maison qui habite en lui. Si vous regardez bien, vous la découvrirez à côté du cœur, sous sa mamelle gauche.

Ah! c'est qu'une maison, qui renferme en elle seule le fruit de tant de travaux, de tant de calculs, de tant de jours passés dans une pénible impatience à attendre le chaland, de tant d'efforts, y compris les mensonges gros et petits, employés à le retenir, à le rappeler, une maison qui renferme, outre les bénéfices commerciaux, la modeste dot apportée par madame Bernard, et la légitime plus modeste encore échue à M. Bernard à la mort de ses parens, une maison sur laquelle repose l'espoir d'opulence de trois enfans, une fille mariée à un greffier de justice de paix de la banlieue, deux garçons, l'un employé aux finances, l'autre notaire à Nogent près Paris; une telle maison, qu'on y pense bien, cesse d'être d'une valeur appréciable! Ce n'est plus un froid et sec amas de pierres, liées avec de la chaux et du ciment; ce n'est plus un immeuble passif; c'est un être sensible, animé, qui profite et qui pâtit, pour ne pas dire qui jouit et qui souffre; c'est une personne chérie, dont la conservation, la santé se rattachent essentiellement à la vie et au bonheur d'une autre personne. Tous les matins, M. Bernard, en se levant, regarde sa maison, comme dans son jeune temps il regardait sa femme : il brûle de savoir comment elle a passé la nuit; il cherche avec anxiété si elle a bon visage; il lui tâte le pouls; il se réjouit ou s'alarme, selon qu'elle a plus ou moins bien supporté les attaques d'un ouragan nocturne, l'invasion d'une pluie battante ou la périlleuse surprise d'un dégel soudain.

Evidemment, si la maison de M. Bernard n'était pas la fille de ses œuvres, s'il l'eût héritée et non acquise, elle lui serait moins chère et moins précieuse : il ne la regarderait plus qu'avec des yeux de beau-père ; il aurait pour elle de l'amitié, de l'estime, mais point d'enthousiasme, point d'amour : il saurait au besoin rendre un compte détaillé de ses avantages, mais il ne manquerait pas d'y joindre la liste de ses défauts.

Si M. Bernard possédait plusieurs maisons, ses affections se diviseraient, et l'on sait ce que c'est qu'une tendresse partagée. Peut-on comparer l'attachement du meilleur des musulmans pour ses quatre femmes légales à celui d'un bon chrétien et Parisien pour la seule femme que le code civil lui permette ! Le propriétaire de plusieurs maisons a donc quelque chose du pacha et du sultan : il en a le dédain superbe, et la satiété nonchalante, et les préférences capricieuses. Il a aussi quelque chose du cosmopolite, qui va de pays en pays, sans en aimer aucun, sans se souvenir jamais qu'il a une patrie. Le propriétaire d'une seule maison est le naturel, l'indigène, qui pousse ses racines dans le sol, s'y implante le plus solidement qu'il lui est possible, ne se souciant de vivre que là où il doit mourir, de mourir que là où il aura vécu!

Si la maison de M. Bernard était située dans un quartier central, dans une de ces rues privilégiées où l'on se dispute les logemens, où les nouveaux locataires, dans la joie d'une possession contestée, se chargent toujours de les décorer fraîchement et de les remettre à neuf, M. Bernard s'assimilerait complètement au rentier qui touche ses rentes à jour fixe, et ne conçoit jamais d'inquiétude sur la rentrée de son revenu. Le propriétaire qui ne connaît pas les non-valeurs, les chômages de deux ou trois termes, n'est qu'une variété de l'espèce vulgaire et végétative des créanciers de l'état inscrits au grand livre de la dette publique : ce n'est qu'une variété de l'espèce des oisifs, et rien de plus.

Enfin le propriétaire qui n'habite pas sa maison, n'est pas non plus le propriétaire franchement et nettement dessiné, tel qu'il se présente à notre pensée ; c'est plutôt une sorte de bâtard, de métis, d'amphibie, participant également du propriétaire et du locataire, recevant ici, payant là, imposant des lois qu'il subit à son tour. En s'exilant de sa propriété, et en allant camper dans la propriété d'autrui, tandis qu'il pouvait se fixer à perpétuité dans la sienne, il s'est soustrait sans doute à une multitude de tracasseries, d'importunités de toutes les heures, de tous les instans; mais il a dégradé la pureté de son caractère, compromis la dignité de sa position : quelle opinion le monde aurait-il d'un souverain qui, pour gouverner plus paisiblement son royaume, et se mettre à l'abri des émeutes, irait se faire humblement sujet d'un royaume voisin?

M. Bernard n'a pas commis cette faute; il a compris ses devoirs, et il a senti qu'à leur plein et courageux accomplissement serait aussi attachée sa récompense, ne fût-ce que la certitude d'être affranchi désormais : 1° du congé, cette insolence extra-judiciaire et timbrée; 2° du déménagement, ce fléau tellement destructeur qu'il a donné lieu au proverbe que *deux déménagemens équivalent à un incendie*. Depuis son mariage, M. Bernard n'a déménagé qu'une fois; il n'a quitté la rue de la Ferronnerie que pour se rendre Vieille rue du Temple, et il ne quittera la Vieille rue du Temple, il ne quittera sa maison que pour se rendre où personne ne peut se dispenser d'aller, pas même le propriétaire;

>Linquenda tellus, et *domus*, et placens
>Uxor....

« Il faut quitter la terre, et *sa maison*, et son
« aimable femme, » a dit le poète latin Horace :

bien entendu que de ces trois choses, ce n'est ni la terre, ni sa femme que le propriétaire éprouve le plus de peine à quitter.

Le système féodal, aboli dans l'Etat par la révolution de 89, subsiste encore dans les maisons de la capitale, et ce système, on le sait, n'est autre chose que la guerre organisée. Le propriétaire est le suzerain seigneur. Chaque locataire relève de lui comme vassal, et, moyennant la prestation trimestrielle du loyer, dispose en maître de l'appartement qu'il occupe. Le propriétaire n'exerce de domination absolue que sur le portier, qui est à la fois son ministre de l'intérieur et son ministre de la police, ministre doublement responsable, car, en cas de mécontentement, le propriétaire le chasse, ou les locataires lui suppriment ses étrennes. Souvent même le portier est appelé à remplir les fonctions de ministre de la guerre dans l'innombrable série d'hostilités, de collisions qu'entraîne la position respective du propriétaire et des locataires. Qui pourrait spécifier les mille et une causes de colère accidentelle ou de rupture décidée, qui surgissent entre eux? Le propriétaire, nous avons commencé par l'établir, a pour ennemis naturels ses locataires, et, bien plus encore, les domestiques, les enfans, les chiens de ses locataires, redoutables fléaux de la propriété urbaine. Tantôt c'est une voiture de bois qu'on prétend décharger dans la cour, au risque d'enfoncer les pavés et d'ébrécher les bornes, ou bien un bal qu'on donne au quatrième étage, au risque de descendre au troisième; tantôt c'est une bonne qui secoue son tapis ou qui vide sa cuvette par une fenêtre donnant sur la cour; c'est un écolier en congé qui casse les carreaux, endommage la toiture avec sa balle, ou creuse les dalles du vestibule en jouant aux billes; c'est une serrure que l'on change, un tableau qu'on accroche, une cloison que l'on perce. Tout à l'heure nous considérions la maison comme un être sensible, animé, par rapport au propriétaire; changeons le point de vue : autant qu'un homme, qu'une créature vivante peut se métamorphoser en pierre de taille, moellon, tuile, ardoise, le propriétaire devient pierre de taille, moellon, tuile, ardoise. Comme dans la forêt enchantée du Tasse, où chaque arbre recélait une chair palpitante sous son écorce, frappez la maison, blessez-la, et vous en verrez jaillir du sang de propriétaire!

Vient ensuite l'interminable chapitre des réclamations adressées par le vassal au suzerain seigneur. M. Bernard s'est plus d'une fois félicité d'avoir reçu de la nature une tête solide et un cœur ferme; il en a besoin pour ne pas s'émouvoir à la quotidienne dénonciation d'une cheminée qui fume, d'un plafond qui se lézarde, d'une croisée qui clôt mal, de latrines qui infectent l'escalier. S'il écoutait ses locataires, il aurait chez lui en permanence le maçon, le menuisier, le serrurier, le fumiste, le couvreur, et autres industriels, dont le moindre talent n'est pas celui de se tailler réciproquement de la besogne. Quand l'un est venu quelque part, on ne peut se dispenser de convoquer successivement tous ses confrères, chacun d'eux travaillant sous l'empire de la maxime charitable : *il faut que tout le monde vive*, sans songer que l'application illimitée de cette maxime réduirait le propriétaire à mourir de faim.

M. Bernard a porté dans le gouvernement de sa maison l'expérience acquise dans l'administration de son commerce. Il n'a pas son pareil pour allécher le locataire; il se souvient du temps où il séduisait la pratique : seulement il a changé l'objet et quelques mots de son jargon. C'est merveille de l'entendre vanter comme un délicieux appartement de garçon celui que vient récemment d'habiter une famille entière; et *vice versâ*, comme fait exprès pour une famille de cinq ou six personnes, un appartement à peine assez grand pour un garçon! c'est merveille d'ouïr sa rhétorique de comptoir se dérouler sur le mérite d'une exposition au nord-ouest ou à l'est, qu'il affirme gravement avoir reconnue pour la plus saine et la plus agréable en toute saison! Si le futur locataire trouve la distribution mauvaise, M. Bernard lui démontre avec une excessive facilité qu'au contraire elle est excellente, et que le plus léger changement en détruirait la parfaite symétrie. Le locataire se laisse convaincre : il donne au portier le denier-à-dieu : son intention n'est que de louer au terme ; mais M. Bernard a pris des informations ; il a su que le locataire, offrait par sa moralité, par son aisance, une garantie plus que suffisante de solvabilité : il insiste donc pour que le locataire contracte un bail de trois, six ou neuf. « On ne sait qui vit ou qui meurt, dit » M. Bernard ; après moi que feront mes héri- » tiers? je l'ignore, mais enfin ne serait-il pas pé- » nible d'être réduit à déménager au bout de trois » mois? Ce que j'en dis est entièrement dans l'in- » térêt de ceux qui me font l'honneur de venir » loger chez moi. » Le projet de bail est arrêté : M. Bernard se frotte les mains en pensant à la nouvelle occasion de déployer l'étendue de sa prévoyance dans la rédaction du bail, et l'érudition de son style descriptif dans celle de l'état de lieux. Si au contraire les informations ont été défavorables, soyez tranquille, M. Bernard a sous la main un frère, un cousin, un ancien ami, qui, tombant chez lui à l'improviste de Marseille, de Bordeaux, réclamera la préférence pour l'appartement en question. M. Bernard est désespéré; mais que faire? Ainsi l'aspirant locataire est éconduit, et ne saurait se plaindre, moyennant toutefois le remboursement du denier-à-dieu: quand le portier a déjà consommé la somme, M. Bernard la fournit de sa bourse : c'est une dépense utile et qu'il ne regrette pas.

Voulez-vous voir un grand spectacle? la propriété aux prises avec le malheur. Un procès fond tout-à-coup sur l'honnête Bernard, et nous ne parlons pas ici d'un de ces procès qui attaquent le droit fondamental, qui menacent d'enlever sans recours l'immeuble chèrement payé, loyalement payé, mais sur lequel pesait une hypothèque résultant d'un douaire coutumier, ou un privilége de vendeur, dont nul symptôme ne révélait l'existence; en présence d'une imminente éviction, nous renonçons à peindre le propriétaire, et nous lui voilons la face. Dans notre procès, le débat ne roule que sur la mitoyenneté d'un mur, sur la faculté réclamée par le voisin d'y appuyer des constructions nouvelles, de supprimer une servitude d'eaux et de jours, dont jouissait M. Bernard. La fatale question d'être ou de ne pas être, le *to be or not to be*, n'est donc pas posée pour lui; qu'il perde sa cause, il ne perdra pas sa maison, mais sa maison perdra de sa valeur. Il y a dans cette perspective de quoi justifier les alarmes, les insomnies du pauvre Bernard. Le voilà feuilletant nuit et jour le code civil, aux titres de la Propriété et des Servitudes, rapprochant, brouillant les articles, et en tirant des conséquences tout-à-fait imprévues du législateur. M. Bernard couche par écrit ses idées, ou ce qu'il prend pour des idées. Il noircit une main de papier, qu'il intitule ambitieusement *Mémoire*; il en fait lithographier des copies pour son avoué, pour son avocat, pour ses juges. Cicéron a écrit un magnifique plaidoyer *Pro domo suâ*. M. Bernard a du moins cela de commun avec l'orateur romain, qu'il plaide pour sa maison. Le jour du jugement arrive : une visite d'experts est ordonnée, le péril se multiplie; Bernard ne craignait que les préventions des juges, il va lui falloir encore combattre celles des experts. Il leur expédie à chacun son mémoire, bien que son avocat l'ait prié de s'en abstenir ; il les invite à dîner pour le jour de l'expertise, mais ceux-ci refusent ; l'avocat et l'avoué viennent seuls. Pendant deux heures de séance, on ne parle que de l'affaire ; s'il y a indigestion, ce sera du procès. Enfin le rapport est déposé, le jugement définitif sera rendu dans deux jours. A force de supplications, Bernard a obtenu du vice-président de la cinquième chambre, qu'il vînt incognito, le matin même du jugement, jeter un coup-d'œil sur les lieux. Quelle épreuve pour Bernard ! le vice-président est venu, a vu, et n'a rien dit. On se rend à l'audience ; Bernard gagne sa cause, dépens compensés ; le voisin déclare qu'il en appellera ; les avocats proposent une transaction : Bernard se hâte d'accepter ; il ne se sent pas de force à supporter une seconde anxiété aussi poignante, aussi vive. Il y a des gens que les procès amusent ; depuis qu'il est retiré du commerce, M. Bernard les craint bien plus encore qu'un feu de cheminée, ou qu'une grosse réparation.

Nous savons quelles sont les occupations, les tribulations, les calamités du propriétaire, passons à ses plaisirs. Le jour de sa fête n'est pas seulement celui où sa femme, ses enfans, ses parens et amis la lui souhaitent ; le propriétaire a huit jours de fête par année, lesquels reviennent tous les huit et les quinze de chaque trimestre; les huit, échéance des petites locations, époque des paiemens rarement complets, souvent difficiles; les quinze, époque des recouvremens, qui se font généralement sous la forme d'une visite. Entre onze heures et midi, M. Bernard, les quittances non en main, mais à fleur de poche, descend chez les locataires du second et du premier. A peine les préliminaires de la conversation sont-ils épuisés, qu'il en vient à son fait par une transition assez gauche, accompagnée d'un sourire qui ne l'est pas moins. Quelqu'un des locataires de la première ou de la seconde classe a-t-il manqué à son devoir, sans excuse valable, le lendemain il reçoit une sommation, et un congé, s'il n'a pas de bail. L'expulsion, chez M. Bernard, a toujours suivi impitoyablement le congé; en cas de résistance, il a invoqué l'assistance du commissaire de police, la dernière raison des locataires récalcitrans. Dans la prévision de cette nécessité, il s'en est fait un commensal, un ami; de temps en temps il le convie à un banquet de famille, de compagnie, avec le juge de paix, arbitre suprême des difficultés locatives.

Deux fois, au début de sa vie de propriétaire,

M. Bernard s'est laissé attendrir par deux petits locataires de sa maison. L'un était un musicien de la Gaieté, qui, au bout de trois termes, fit disparaître la nuit, par la fenêtre, son lit et sa commode, et emporta le lendemain dans sa boîte à violon le reste de son mobilier. L'autre était une jeune et pauvre ouvrière en couture, jolie et sage, travaillant beaucoup, gagnant peu ; elle avait donné sa parole d'honneur de payer les deux termes qu'elle devait, le premier lundi d'un mois de mai. Au jour fixé, M. Bernard se présente ; la clef était sur la porte, il entre ; la malheureuse fille s'était asphyxiée : il y avait quinze francs sur sa table, pas tout-à-fait la moitié des trente-six francs, formant le total de sa dette : n'ayant pu se procurer davantage, elle avait mieux aimé mourir que de souffrir une tache à son honneur. Depuis ces deux évènemens, M. Bernard s'est fait un cas de conscience de laisser ses locataires s'arriérer, sous peine de passer dans le quartier pour un nouveau M. Vautour.

M. Bernard n'est pas marguillier ; il ne figure pas le dimanche matin dans l'œuvre de sa paroisse : faut-il le dire ? il hésite même à rendre le pain bénit, quand son tour l'y appelle : les marguilliers et le pain bénit s'en vont comme tant de choses. Il n'est pas de la garde nationale ; pour s'en exempter, il s'est prévalu de la dispense facultative que lui donnent ses cinquante-cinq ans sonnés. D'ailleurs il est propriétaire, il tient à quelque chose, et il trouve tout simple que ceux qui n'ont pas de maison se hasardent un peu pour défendre et protéger ceux qui en ont une.

En revanche M. Bernard est électeur : sa maison lui confère le droit de concourir à l'élection de l'un des quatre cent cinquante-neuf députés de la France, et M. Bernard use de ce droit suivant sa conscience et son intérêt. Ne craignez pas qu'il remette les destinées du pays en d'autres mains qu'en celles d'un propriétaire; ne craignez pas qu'il envoie à la chambre des députés un mandataire légèrement suspect de tendance républicaine, surtout depuis qu'il a entendu de ses oreilles un chef de club, cherchant à se disculper de vandalisme politique, dire les propres paroles que l'on va lire ici : « On nous accuse de vou-
» loir attenter aux propriétés : c'est plus qu'une
» erreur, messieurs; c'est une calomnie. Nous
» respecterons les propriétés; seulement nous
» changerons les propriétaires. » A ces mots, vous eussiez vu M. Bernard pâlir et rougir; ses jambes lui manquèrent; il tomba sur un siége, incapable d'en entendre davantage. Revenu à lui, il s'élança hors de l'antre, plus mort que vif.

Pendant plusieurs jours, il frissonnait de terreur, chaque fois que les foudroyantes paroles lui revenaient en mémoire. Cependant, au bout d'une quinzaine, en y repensant par hasard, il se mit à sourire, et il se dit tout bas pour se rassurer, qu'une secte dont les chefs disaient de telles naïvetés ne pouvait être une secte bien dangereuse.

M. Bernard n'a jamais été grand liseur : il préfère les auteurs du dernier siècle aux auteurs de celui-ci, et cette préférence tient uniquement à son tempérament et à ses goûts, puisqu'il est reconnu que la littérature actuelle paye son loyer plus régulièrement que l'ancienne. Il n'est abonné ni au *Journal des Connaissances utiles*, ni au *Magasin pittoresque* : il vient tout récemment de souscrire au journal intitulé *la Propriété*, à raison de vingt francs par an : voilà pour ses lectures du soir : *le Constitutionnel* suffit amplement à celles du matin.

La vie morale de l'homme a le même but que sa vie physique, le repos : d'une part la propriété, de l'autre la mort. Parvenu au premier de ces deux termes, M. Bernard ne laisse pas de penser quelquefois au second : après lui que deviendra sa chère maison ? comment ses trois enfans en jouiront-ils ? par indivis ? cela n'est pas probable : alors ils la vendront, et, dans l'amertume que provoque en lui cette idée, M. Bernard est presque tenté d'admirer l'antique droit d'aînesse et des substitutions, qui lui aurait garanti la transmission intacte de sa maison dans sa famille. D'ailleurs le goût de la propriété le tient si bien, qu'il veut encore posséder quelque chose après sa mort. Il a acheté un terrain au Père-Lachaise : il prépare lui-même son épitaphe, et aux mots sacramentels : « Il fut bon père, bon époux, bon citoyen, » il regrette que l'usage ne l'autorise pas à ajouter, « et propriétaire. »

Edouard MONNAIS.

LES AVOCATS DE PARIS.

« Les écrivains se battent pour la gloire : les
» avocats se battent pour la gloire et pour la
» soupe. »

Voici comment un écrivain peu charitable
parlait des avocats de son temps, et ces paroles
de Mercier ne valent guère l'honneur d'être
citées que comme un témoignage assez curieux
de rivalités anciennes, dont le temps n'a pas entièrement effacé la trace.

Depuis lui, cependant, les choses ont changé : si les avocats se battent encore pour la soupe, les écrivains, en revanche, ne se battent plus pour la gloire : elle est devenue à trop bon marché pour cela.

D'ailleurs les vieilles haines de métier vivent toujours : la plume garde à la robe une rancune obstinée, et les dix ou douze révolutions dont nous sommes témoins depuis cinquante ans ont presque toutes été signalées par des recrudescences d'hostilités contre le barreau.

Depuis quatre ans surtout, n'est-il pas à peu près convenu dans tous les partis, de faire bon marché des avocats ? Condamnés à défrayer tous les mécontentemens et toutes les colères, ils ont été le point de mire inévitable des récriminations officielles et des sarcasmes de l'opposition.

Que d'indignation vertueuse vous avez faite, Fabricius vendus, Catons prêts à vous vendre, sur les accommodemens de leurs consciences, et sur le scandale de leurs apostasies, comme s'ils avaient eu le monopole de la bassesse et le privilége de la trahison!

N'aurait-on pas dit, à tant de plaintes amères, que le 29 juillet avait ouvert pour eux comme une ère nouvelle, et que les avocats n'étaient, à proprement parler, que des parvenus?

Si pourtant, comme le disait Loysel en 1602, *l'ordre des aduocats commence à descheoir... car auparuant l'estat d'aduocat était la pépinière des dignités...* il faudra bien reconnaître que *l'ordre des aduocats* avait perdu ses titres, et que MM. Barthe et Persil les ont retrouvés.

L'histoire du barreau de Paris vaudrait la peine d'être lue, si, jusqu'alors, elle n'avait pas été gâtée par tous ceux qui l'ont écrite; on y trouverait dans un cadre étroit quelques traits inaperçus de la physionomie générale.

Catholiques fervens et bourgeois de Paris, les avocats prirent une large part à ces troubles de la Ligue, auxquels notre siècle a restitué leur caractère véritable : ce nétait rien moins que le levain démocratique qui déjà fermentait dans la grande cité.

Et lorsque vint Henri IV, roi spirituel et brave, ingrat et adroit, comme un roi né pour la couronne, achetant avec une messe Paris qu'il payait comptant, les bourgeois de Paris furent bientôt pour le roi bourgeois, huguenot défroqué, qui savait oublier avec un si rare bonheur ses anciens amis, ses vieux serviteurs, et ses premiers sermens.

Les avocats n'eurent garde de tremper dans les querelles de la Fronde, petite pièce après la grande, parodie trop fine pour le vulgaire, sorte d'émeute à l'usage des gens comme il faut : le bel air qu'ils auraient eu, avec leurs tristes et sévères figures, à côté de M. le Coadjuteur, du grand Condé, de M. de Larochefoucauld, de mesdames de Longueville, de Lafayette, et de toutes ces adorables femmes, qui se firent de la Fronde un délicieux passe-temps.

Puis, sous Louis XIV, après le coup de fouet reçu par le parlement, lorsqu'il n'y eut plus de place nulle part pour les agitations politiques, ils se réfugièrent avec ardeur dans l'exaltation religieuse, seul aliment alors laissé aux âmes énergiques.

Ils dûrent être dédaignés et méconnus ces hommes de mœurs pures, de foi ardente, qui vivaient isolés au milieu d'un monde de grandeur, de magnificence et de séduction.

Combien de fois n'a-t-il pas dû vous arriver de reporter vos souvenirs avec regret sur ces existences pieuses et tranquilles!

On se figure les avocats habitant quelque sombre et petite maison de la cité ou du quartier Saint-Jacques; levés avant le jour, guidés à l'audience par la lanterne d'une servante, ils restaient là jusqu'à midi, débattant leurs causes en de longues et savantes plaidoiries.

Ensuite le dîner, la prière, le travail, la promenade avec quelques amis, et voilà comme s'écoulaient dans l'étude et dans le repos ces journées qui nous paraîtraient si longues. Ils se retiraient, aux vacances, à leur maison des champs, asile modeste, entouré d'un jardin, tout planté de vieux arbres et de grands buis, comme on en peut voir encore quelques uns dans certaines provinces éloignées. Ils y trouvaient de chastes loisirs dans la lecture des livres saints et des grands chefs-d'œuvre de la littérature antique.

Quand l'âge venait avec les infirmités, la plupart allaient ensevelir en une sainte retraite leur existence commencée et finie dans le travail et les bonnes œuvres.

Le xviii° siècle, qui devait tout changer, va changer le barreau : Voltaire s'indigne de la barbarie du palais, et à sa voix Thémis parlera le langage des Muses. C'est à peu près dans ces termes qu'il trouvait le moyen de féliciter je ne sais quel avocat obscur, écrivant en style de Dorat, des mémoires judiciaires. Voici le tour d'Élie de Beaumont, de Loiseau, de Mauléon, hommes médiocres, dont les noms furent encadrés richement dans les grandes querelles de cette époque. Gerbier lui-même, avec son talent si vanté, et sa science incomplète, n'est cependant qu'un collatéral des illustres et savans avocats du xvie siècle.

Les hommes du barreau, littérateurs à la suite, écrivains *in partibus*, croyaient remplacer par des caprices littéraires les études sévères et hardies des jurisconsultes éminens qui les avaient précédés : c'était le temps des instructions morales, des vertus champêtres et des rosières. Target entrait à l'académie en tenant par la main la rosière de Salency.

La condition des avocats était d'ailleurs assez douce, et plus d'un chemin, aujourd'hui fermé, s'ouvrait devant eux.

Les plus habiles ou les plus heureux avaient accaparé les bénéfices glorieux des audiences du parlement; ensuite venaient les avocats vulgaires, qu'on est convenu d'appeler honnêtement avocats utiles, véritables serfs des procureurs, condamnés aux travaux forcés des petites affaires, plaidant à l'audience de sept heures, prenant les *défauts* pour un écu de trois livres, qu'ils recevaient des mains du clerc, et trouvant ainsi le secret de moissonner en détail une récolte assez abondante.

D'autres s'étaient voués exclusivement à la rédaction des mémoires; quelques uns étaient secrétaires de magistrats, dépouillant le dossier, faisant les recherches, préparant le rapport, et recevant les épices des parties.

Enfin les avocats au parlement et en parlement avaient encore une retraite certaine dans les juridictions de toute espèce, ecclésiastiques, administratives, financières, que la révolution a renversées.

Leur nombre, d'ailleurs, était beaucoup plus considérable qu'on ne semble le croire ordinairement, si l'on s'en rapporte au dernier tableau dressé en 1790, où figure Tronchet comme bâtonnier.

On y lit près de 600 noms d'avocats inscrits, au milieu desquels apparaissent des noms appelés bientôt à tant de fortunes diverses : Billaud-Varennes, Bellart, de Sèze, Chauveau-Lagarde, Bigot-Préameneu, Lacretelle, Henrion de Pansey, Lepoitevin, etc.

Tous habitaient encore à cette époque les étroites rues du quartier Saint-Jacques et de la Cité, livrées entièrement aujourd'hui aux compositeurs d'imprimerie et aux étudians.

On retrouve aussi là quelques unes de ces vieilles traditions patrimoniales pour les avocats qu'il est peut-être permis de rappeler, quoique l'explication en soit devenue pour nous comme une énigme.

Que veulent dire aujourd'hui les douze bancs de la grand'salle du Palais: celui de la Prudence, de l'Épée Herminée, du Saint-Esprit et du Soleil-d'or, de Sainte-Véronique et de l'Annonciation, du Lion-d'or, de l'L couronnée, de la Bonne-Foi, de la Providence, etc.? A peine si le souvenir en est resté dans le cœur de quelques anciens, qui seraient peut-être fort embarrassés pour donner le secret de ces antiques splendeurs de leur ordre.

La révolution a passé là-dessus, charriant dans son cours les avocats, les greniers à sel, les eaux et forêts, avec la monarchie de Louis XIV, la religion de saint Louis, la noblesse, les parlemens et le clergé; la vieille France avait été mise tout entière à la fonte; le nom d'avocat, tout imprégné de privilége et d'ancien régime, fut rayé du dictionnaire, et dut céder la place au mot nouveau que le siècle avait inventé, celui de défenseur officieux.

On tint boutique à procès, brevetée, patentée, plaidant, écrivant, discutant, le tout à juste prix, sans que les choses en allassent beaucoup plus mal.

L'ordre des avocats, compagnon de la monarchie, de la noblesse et du clergé, ne revint d'exil qu'avec eux, et comme un corollaire de l'ancien régime; l'empire, qui se crut obligé de le reconstituer, craignit les avocats, sans beaucoup s'en occuper : c'est un tort qu'ils ne sont pas encore tentés de lui pardonner.

M. Dupin l'aîné, dans une occasion toute récente, a mis le public dans la confidence des dispositions assez étranges de l'empereur contre les avocats : il ne s'agissait que de leur couper la langue, lorsqu'ils parleraient contre le gouvernement; c'était dans ces termes que le grand homme en écrivait à M. de Cambacérès; Louis XIV n'eût pas mieux dit, et les avocats pouvaient garder rancune à moins; aussi les vit-on, pour la plupart, se ruer devant la restauration, ivres d'enthousiasme et de fidélité légitimes; la restauration ne fut pas ingrate, et les noms de MM. Lainé, de Serres, Martignac, Corbière, Peyronnet, attestent assez les emprunts souvent heureux qu'elle a su faire au barreau.

L'opposition des quinze ans y recrutait ses champions les plus valeureux et ses candidats avoués. M. Dupin aîné poursuivait de sa vive parole et de ses sarcasmes plébéiens, toutes les tentatives stériles de ravaudage aristocratique et sacerdotal. M. Mauguin, Isocrate judiciaire, avec plus de pensée qu'Isocrate, à la parole harmonieuse, au geste cicéronien, avocat à talons rouges, se livrait, dans des causes privées, à des considérations générales pleines de hardiesse et d'éclat. M. Mérilhou, pesamment armé, n'en portait que de plus rudes coups. M. Chaix d'Estange escarmouchait avec bonheur. M. Berville, tout à la fois timide et audacieux, marquait le pas avec beaucoup de vigueur, lorsque l'occasion lui en était offerte. C'était aussi le temps où M. Barthe donnait en gros sous des arrhes à la liberté.

Ne vous étonnez donc plus que le nombre des avocats se soit si prodigieusement accru, comme si chacun d'eux eût espéré prendre sa part dans le butin de gloire et de fortune que l'avenir préparait au barreau.

En 1812, 300 avocats à peine étaient inscrits au tableau, tandis qu'on en compte aujourd'hui 800 au moins, sans parler des stagiaires, dont le tour viendra. Le plus grand nombre, pourtant, a renoncé de fort bonne grâce à l'exercice utile de la profession. Quelques uns s'occupent *d'affaires*, sans égard pour les prohibitions formelles du règlement. Les plus jeunes, soldats pleins de zèle et de courage, dépensent à la cour d'assises leur sensibilité et les espérances de leur talent; d'autres, après avoir eu l'inappréciable avantage d'être clercs d'avoué, se campronnent obstinément au mur mitoyen, et meurent dans les incidens de la saisie immobilière. Il en est même qui n'ambitionnent, après trois ans d'étude et trois ans de stage, que la satisfaction inoffensive d'attacher à leur nom, sur une carte de visite, le titre d'avocat à la cour royale, qu'on pourra faire valoir ensuite, s'il le faut, pour être nommé conseiller d'État, préfet, secrétaire-général, directeur de spectacle, ou suppléant du juge de paix.

Puis vient la cohorte d'élite, véritable phalange macédonienne, au sein de laquelle il est difficile de faire invasion. Là prennent place tous les hommes de sens et de pratique, auprès desquels les révolutions passent, sans effleurer leurs robes, peu jaloux des apothéoses quotidiennes, et du retentissement ingrat des procès politiques, que le public connaît à peine, et que recherche à grand prix la confiance des cliens. M. Dupin jeune paraît être dans l'ordre le plus élevé, le type véritable de ces avocats exclusivement consacrés au culte des affaires particulières, et que ne peut atteindre le besoin des théories abstraites et des considérations générales; auprès de lui, se place M. Delangle, qui semble avoir recueilli dans l'héritage de M. Tripier le secret de la logique judiciaire. Le nombre des avocats, en possession des grandes causes civiles est singulièrement restreint, et ces Hercules du palais s'en vont même quelquefois en emportant leurs armes.

La révolution de Juillet a mis en relief des noms que l'estime publique n'a pas tardé d'adopter; MM. Marie, Dupont, Bethmont, Moulin, semblent être le noyau d'une petite armée qui se recrute chaque jour, et qui combat avec mesure, comme avec talent, pour la cause des idées nouvelles; on peut citer au premier rang, quoique n'appartenant pas au barreau de Paris, M. Michel, de Bourges, talent plein de vigueur et d'originalité, qui vient de marquer sa place parmi les grands orateurs.

Le barreau de Paris, mélange de tant de conditions et de fortunes différentes, ministres, députés, magistrats, avoués, négocians, propriétaires, journalistes, vaudevillistes, faiseurs d'affaires, ne ressemble pas mal aux *condottieri* du moyen-âge, que la discipline avait rendus d'assez bons soldats.

Les avocats ont pareillement leur discipline, prude, sévère, inexorable, comme il y a cinquante ans; les membres du conseil, vestales judiciaires, entretiennent le feu sacré de la tradition; d'ailleurs leur pouvoir est à peu près sans limites, et les exemples de la restauration en ont plus d'une fois révélé les dangers.

Aujourd'hui, que l'élection du conseil a été rendue à l'ordre entier, de semblables abus seraient moins à craindre, et les noms honorables qui y figurent attestent assez que l'esprit de parti n'en a pas dicté les choix : pourtant, les plus hardis murmurent tout bas de l'auréole inamovible qui couronne invariablement certains noms, et l'on peut croire que les élections prochaines amèneront au conseil quelques hommes modestes et laborieux que l'estime de leurs confrères y appelle depuis long-temps.

Le conseil, indépendamment de la juridiction disciplinaire qu'il exerce, est encore chargé d'administrer les deniers de l'ordre.

Les avocats de Paris, contre lesquels il s'est élevé tant de reproches de rivalité, de jalousie et d'égoïsme, ont organisé dans leur sein une assurance mutuelle contre les cliens qui paient mal, ou contre les cliens qui ne paient pas.

A cet effet, il ont tâché de créer, au moyen des cotisations annuelles, un fonds commun ouvert aux avocats pauvres, à leurs veuves et à leurs enfans.

400 francs sont le maximum de la retraite, accordée par leurs pairs à ces invalides de la jus-

tice, et néanmoins l'ordre dépense encore près de 25,000 francs par an en secours aussi modiques; on voit par là que le plus court chemin pour aller à l'Hôtel-Dieu, est peut-être le Palais-de-Justice.

On n'a fait qu'une seule exception à la loi rigoureuse des pensions, en faveur de madame la comtesse de L......, fille de l'avocat le plus renommé du barreau français, qui reçut un jour cent mille écus en or, pour honoraires, de la compagnie des Indes; madame la comtesse de L...... reçoit maintenant 600 francs par an des avocats à la cour royale de Paris.

Le palais, dans les dernières années qui viennent de s'écouler, est devenu comme un vaste hôpital, ouvert aux blessés de tous les partis; le ministre d'hier salue en passant le ministre de demain.

On rencontre la politique au barreau, comme on la rencontre aujourd'hui partout, dans les théâtres, dans les églises, dans les salons, dans les rues, et dans les corps-de-garde de la milice citoyenne; mais la politique des avocats offre une physionomie particulière.

Au palais, les opinions vivent toutes en paix, sous la foi d'une tolérance mutuelle et rarement oubliée; c'est quelque chose d'assez singulier, que le petit nombre de discussions politiques qui viennent troubler cet asile de toutes les discussions.

N'a-t-on pas eu l'idée de faire passer les avocats pour des républicains, gens du mouvement accéléré, radicaux qui rêvent la reconstruction de la société! Accusation bizarre, qu'ils ne peuvent pas accepter, en conscience!

Mercier, qui leur dit des vérités très brutales, leur reproche d'être plus que tous les autres corps en arrière de leur siècle; Mercier pourrait bien leur en dire autant à peu près aujourd'hui, sans avoir néanmoins le droit de s'en étonner; la vieille monarchie est restée à Coblentz avec la noblesse; l'ordre des avocats en est revenu, ou plutôt il avait eu le bon esprit de ne pas quitter la France. Pour lui seul, dans notre pays, il n'y a point eu de nuit du 4 août. Brisez vos blasons, déchirez vos parchemins, Montmorency, Choiseul, Larochefoucauld, Lafayette, Noailles, l'avenir ne vous les rendra plus; il faudra vous résigner à n'être que des citoyens.

Les avocats n'ont point brûlé leurs titres de noblesse : la chose était plus sûre pour ceux qui pouvaient être tentés de les regretter un jour.

Aussi maintenant, soyez duc, si la chose vous convient; à vous les grands noms, les grandes qualifications et les grands titres; vous n'aurez qu'à vous baisser pour en prendre; n'ayez garde seulement de vous intituler sans droit *avocat à la cour royale*.

Où sont les médecins d'autrefois, que Molière lui-même ne pourrait plus reconnaître dans le tilbury qui les entraîne, et les procureurs, mine éventée pour les vaudevillistes; il en reste quelques souvenirs à peine. Mais voici les avocats au parlement avec leurs anciennes traditions et leurs anciens préjugés; le nom seul du parlement a changé; ce n'est peut-être pas ce qui plaît le plus à *messieurs* de la cour.

Les avocats sont restés fidèles, dans tous les temps, aux obligations de leur noble origine; la révolution les traitait en aristocrates; l'empire en factieux : ils ont boudé la révolution et l'empire; et s'ils ont pris enfin le parti de rompre avec la royauté légitime, c'est seulement lorsqu'elle a voulu se faire jésuite, grief impardonnable que le jansénisme de la grand'salle a fait payer cher à la monarchie.

Maintenant les avocats appartiennent, en très grande majorité, à l'opinion qu'on est convenu d'appeler le *juste-milieu*; cette transaction entre le passé et l'avenir flatte le scepticisme des uns, dissipe les scrupules des autres, et satisfait aux exigences des plus impatiens; on leur a tant dit, ensuite, qu'ils avaient fait la révolution de 1830, que beaucoup ont fini par le croire; seulement ils ne l'ont pas traitée en enfant gâté.

Les légitimistes forment une minorité imposante, recrutée des magistrats démissionnaires et de quelques jeunes gens qui se sont annoncés par d'éclatans débuts; ils marchent tous du même pas, et comme une troupe disciplinée, à la voix de leurs deux habiles chefs, MM. Berryer et Hennequin.

M. Berryer, orateur ardent et impétueux, plein d'entraînement et de chaleur, négligeant trop souvent les ressources de l'étude et du travail, semble devoir être le tribun de la cause monarchique, qui doit tant à son admirable talent. M. Hennequin, au contraire, s'efforce d'effacer par l'art et par le travail, l'éclat des qualités les plus heureuses et les plus naturelles.

En province, les avocats se ressemblent, médailles frappées au même coin, usées à la fois par les mêmes frottemens.

Avocats au tribunal, avocats à la ville, avocats à la campagne, avocats au salon, au théâtre, dans la garde nationale, au conseil de la commune, ils portent en tous lieux le parfum de l'audience, et la solennité de la robe noire; leur qualité les poursuit, et le peuple en scelle leur nom, comme d'un cachet. D'ailleurs, s'il n'est pas entièrement impossible de retrouver quelque part la gravité cérémonieuse de l'ancien barreau, la simplicité de ses mœurs, et cette sorte d'amour platonique pour la science, dont étaient épris ces bénédictins jurisconsultes, qui consumaient leur vie en d'immenses et obscurs travaux, c'est en province qu'il faudrait les chercher.

Là, comme le théâtre est plus petit, les acteurs paraissent plus grands, et cette considération générale qui les obsède doit imposer à leurs habitudes ordinaires quelque chose de théâtral et d'affecté.

A Paris, qui donc voudrait courir la chance de devenir savant? la science veut du temps, et Paris n'en laisse à personne, surtout à ceux qui pourraient en avoir le plus besoin; ce qu'il faut à Paris, c'est de la science pratique, et qu'on puisse escompter à l'instant même; aussi chacun ne demande pieusement, en ce genre, que le pain de la journée; les plus ambitieux ou les plus riches pensent seuls à la provision du lendemain.

On est avocat à Paris le moins long-temps qu'on peut; le rôle est joué lorsque l'audience est finie.

Maintenant allez au boulevard, à l'académie, à la chambre, au théâtre, vous y verrez l'ami des arts, du monde et des plaisirs. L'avocat a disparu tout entier; vous ne verrez pas même le bout de son rabat.

Les avocats ont à peu près tous abandonné le Marais, le faubourg Saint-Germain et la Cité, sans qu'on puisse assigner d'autre cause à cette émigration volontaire que les caprices de la mode, et les nécessités du bon ton; aucun d'eux cependant ne paraît oublier la réserve modeste que sa profession impose comme un devoir; les plus opulens viennent au palais en *omnibus*; le cabriolet élégant ne prend son cours que le soir, ou dans les jours de loisirs et de repos, quand l'avocat s'évanouit, et que l'homme seul est resté.

Il règne d'ailleurs au barreau beaucoup plus d'union et d'intimité que les gens du monde affectent de le croire, et le tutoiement, sorte d'habitude assez étrange que la révolution y a laissée, ne contribue pas peu à en resserrer les nœuds.

A Paris, on plaide avec une très grande brièveté. La grande quantité d'affaires ne permettrait guère aux avocats le luxe oratoire ou l'attirail scientifique dont les avocats de province peuvent quelquefois encore charger leurs plaidoiries; il semble aussi que chacun ait pris son parti sur l'éloquence, et qu'on veuille transporter au barreau, pour le plus grand agrément des juges, la simplicité de la méthode géométrique; les maîtres du palais ont seuls conservé le privilége de chausser le cothurne dans quelques occasions solennelles. Dans tous les autres cas, ils ont donné les premiers l'exemple, avec une résignation exemplaire, de ces causeries simples et rapides, de ces discussions brèves et lumineuses, qui remplacent décidément l'éloquence dans notre siècle sans façon, et qui vaudront peut-être beaucoup mieux.

Si Dandin vit encore, ce que je ne voudrais pas d'ailleurs affirmer d'une manière plus positive, à coup sûr, *l'Intimé* est mort, ou du moins il n'exerce plus sa profession à Paris; *la famille désolée* dont Racine a eu le courage de rire ferait maintenant rire à peu près tout le monde, et ce n'est même pas ce qui fait le plus d'honneur à la mémoire de Racine : quant au latin, il courrait le risque de n'être pas compris.

Dans ce calme plat où nous voilà tombés, quel serait, s'il vous plaît, l'embarras extrême d'un honnête homme, qui croit sérieusement encore à l'éloquence, avec ses procédés inévitables, l'exorde, la péroraison, etc., et ne manque jamais de répéter, en parlant de l'avocat, la définition fameuse dont Cicéron, dans un accès de belle humeur, enrichissait les sots de l'avenir?

Cherche l'éloquence que tu aimais, cette éloquence aux grands airs, parée dans sa nudité, apprêtée dans son désordre, échevelée avec art.

M. Gerbier n'est plus là, le bel orateur, à la parole étudiée et savante, que le peuple applaudit presque autant que Lekain.

Tu trouveras des hommes qui valent peut-être autant que Gerbier, hommes d'improvisations et d'étude, qui seraient éloquens, si le siècle voulait le leur permettre.

Mais que voulez-vous qu'il fasse, le siècle, de l'éloquence? d'abord l'éloquence sacrée s'en est allée ; elle n'était plus bonne à grand'chose, alors qu'on abattait les églises, et qu'on brisait les croix.

Bonsoir à Bossuet, à Bridaine, à Massillon, à tant d'autres, qui firent retentir de leur parole la voûte sainte. Le prêtre est parti, l'église est fermée, on a mis la clé sous la porte.

Maintenant, hâtons-nous : voici venir le jour de l'éloquence politique; le public est pressé, les décorations sont prêtes, et les costumes tout frais.

Grecs et Romains du xviiie siècle, je vous salue! Le beau temps! l'admirable temps! jours d'illusions, d'espérances et de sublimes erreurs! Alors, la liberté n'était pas déflorée; on n'avait pas imaginé de faire des cartouches ou des cornets à poivre avec la *déclaration des droits de l'homme;* alors on disait tout, et on croyait tout.

Parle au peuple, Mirabeau ! parle aussi longtemps que tu voudras, et de Rome et d'Athènes, et de Gracchus assassiné, jetant de la poussière vers les lieux d'où sortira Marius, Marius moins grand pour avoir exterminé les Cimbres, que pour avoir abattu dans Rome l'aristocratie patricienne !

Et dans tes combats contre les Trente, lorsque tu te verras prêt de ressaisir cette popularité qui te fuit, avec quel audacieux bonheur tu vas rappeler qu'il n'y a qu'un pas du Capitole à la Roche Tarpéienne ! Bravo comte de Mirabeau ! vous nous avez rendu justice; nous avions mesuré la distance; elle est courte.

Si Mirabeau avait le triste bonheur de vivre de nos jours, il n'oserait plus être éloquent de la sorte; nous avons oublié l'histoire romaine.

C'était vraiment alors le temps des belles harangues ! Écoutez Vergniaud, le beau diseur, plus gracieux et plus pur qu'Isocrate, Athénien regrettant le Soleil et le Forum d'Athènes, parlant comme Platon, et sachant mourir comme Socrate : quel parfum d'antiquité dans ses paroles ! Il était alors bien question de toutes les thèses d'économie politique où nous voilà péniblement échoués depuis quatre ans.

Leur liberté, ce n'était pas la liberté à calculs, triste et vieille, parce qu'elle ne règne que sur les peuples vieux et impuissans. C'était la liberté jeune, oisive, élégante, amie des arts et des beaux discours, la liberté grecque qu'ils avaient drapée avec un manteau gaulois.

Epoque gigantesque! jours de grands forfaits, de grandes actions et de grandes paroles! on n'avait pas même le temps de s'ennuyer; la mort était là, toujours prête, comme une péroraison sublime pour un discours mal commencé. On s'en est plaint cependant : on n'est jamais content de rien.

Et puis un jour que la France chancelait, enivrée de cette antiquité grecque et romaine, un homme s'est rencontré assez fort pour la soutenir.

Ce jour-là, l'éloquence politique a été perdue, l'éloquence fougueuse, nue, ardente, qui grelottait sous le ciel brumeux de nos places publiques; l'éloquence avait froid; elle est entrée au bivouac; elle était aux Pyramides et à Fontainebleau, battant la charge à Austerlitz et à la Moskowa, sous les murs de Vienne et de Berlin.

Puis, lorsque vint la restauration, avec la liberté de la presse et la liberté de la tribune, Foy, Constant, Courier, surent chacun être éloquens à leur manière.

En ces temps-là, les choses se faisaient avec délicatesse et coquetterie; le pouvoir lui-même dressait le piédestal.

Depuis, nous avons eu le temps de nous blaser sur les procès politiques : la Cour d'assises n'a plus d'émotions; les procès de la presse se jugent presque à huis-clos; la révolution de juillet a fait aux avocats un tort irréparable.

Ainsi, de compte fait, voilà trois éloquences parties : l'éloquence judiciaire est allée rejoindre l'éloquence sacrée et l'éloquence politique.

Il pourra bien se trouver encore quelques hommes qui demanderont excuse au siècle, d'être parfois éloquens; Lamartine et Béranger l'ont déjà fait pour la poésie; je ne sais pas si le siècle leur a pardonné.

Nous nous passerons d'éloquence comme nous nous passons de religion, d'art et de poésie. Peut-être que le siècle des lumières est celui des causeries, des tableaux de genre, des mimodrames, des vaudevilles historiques et des sermons de M. l'abbé Auzou!

PINARD.

LES CRIS DE PARIS.

Quand le Parisien, qui aspire à la vie champêtre de toute la soif de contrastes innée dans l'esprit humain, satisfait cette passion chez lui un peu éphémère, nulle heure de la journée ne lui offre autant d'étonnemens et de jouissances que le matin, du moins les premiers jours.

Le soleil gravissant sur un firmament libre des mille toits qui l'obstruaient naguère aux yeux du citadin, le calme à peine interrompu par les faibles murmures qui s'élèvent des champs et des bois, comme pour indiquer seulement que cette tranquillité n'est pas le morne repos de la solitude, tout *dépayse* l'homme de la grande ville. Il est étourdi de ce silence avant d'en être charmé : il lui semble avoir perdu l'un de ses sens en doublant tous les autres.

Le brusque passage d'une activité inquiète, d'une existence affairée et remuante à la quiétude de l'âme et du corps, à la contemplation d'une nature paisible, n'est peut-être pas l'unique source de cette impression presque générale : nous y donnerions volontiers un autre motif plus vulgaire et purement physique :

L'absence des *cris de Paris*, de cette clameur éternelle, infinie, qui s'éveille quotidiennement avec l'aube dans les rues encore désertes de la capitale, les fait retentir d'abord sans concurrence, puis se confond le reste du jour au tumulte universel.

Parmi les traits caractéristiques de notre Paris, l'un des plus saillans, sinon des plus aimables, est assurément cette tempête de cris parcourant à la fois toute l'échelle ascendante et descendante de la gamme, discordant sur tous les tons, des notes les plus sourdes aux plus aiguës, des plus rapides saccades au plus traînant et au plus lamentable récitatif : voix grondantes d'hommes, voix perçantes de femmes, voix grêles d'enfans, qui, pénétrant à travers les portes les mieux closes et les fenêtres les mieux calfeutrées, vont relancer *le consommateur* au fond de son alcôve pour lui offrir les services de toute une tribu d'industriels ambulans, véritables prolétaires de la grande nation mercantile.

Si l'antiquité d'origine eût toujours tenu lieu de lettres de noblesse, nulle corporation n'eût pu disputer le pas à cette modeste classe de citoyens, probablement contemporaine de la fameuse *hanse* parisienne. Les *cris* naquirent sans doute avec Lutèce elle-même : ils furent les premiers vagissemens que poussa dans son berceau cette cité parleuse et bruyante. Le moyen âge fut le siècle d'or des *crieries* : quoiqu'elles aient encore aujourd'hui un développement plus intense que le bien de notre tympan ne le comporterait, elles sont moins nombreuses et moins variées que sous le prévôt Marcel ou le bon roi Louis IX : le progrès de la civilisation a fait rentrer dans le domaine des marchands domiciliés et patentés plus d'une branche commerciale jadis abandonnée aux crieurs nomades.

Écoutons à cet égard le témoignage d'un

poète du treizième siècle, Guillaume de la Villeneuve.

> Or vous dirai en quele guise
> Et en quele maniere vont
> Cil qui denrées a vendre ont,
> Et qui penssent de leur mieux fère
> Que ja ne fineront de brère
> Parmi Paris jusqu'à la nuict...
> Oiez qu'on crie au poinct du jour :
> Seignor, qu'or vous alez baingner
> Et estuver sans delaier...
> Tant i a denrées a vendre,
> Tenir ne me puis de despendre,
> Que si j'avoie grant avoir
> Et de chascun voulsisse avoir
> De son mestier une denrée,
> Il auroit moult courte durée [1].

En ce temps-là, il fallait entendre le long cri des *harengs frais* ouvrir tristement la sombre

---

[1] Or je vous dirai de quelle façon et de quelle manière besognent ceux qui ont des denrées à vendre, et qui pensent ne pouvoir mieux faire que de braire dans Paris jusqu'à la nuit close... Écoutez comme on crie dès le point du jour : Seigneur, venez donc aux bains et aux étuves sans délai... Il y a tant de denrées à vendre, que je ne me puis retenir de dépenser mon argent ; mais, quand j'aurais un grand bien, si je voulais seulement acheter un objet de son commerce à chaque marchand, je verrais bientôt la fin de mon *avoir*.

quarantaine de jeûne et d'abstinence ; puis, quand revenait le bienheureux jour de Pâques, *oisons, pigeons, chair salée et chair fraiche* éclater avec une merveilleuse allégresse. *Le bon fromage de Champaigne et de Brie, les chauds gâtiaux, les poissons de Bondies* (amenés des étangs de Bondy), *les échaudés, les oublies*, si en vogue plus tard, sous le règne de Louis XIV ; *le bon vin à trente-deux, à seize, à douze, à huit deniers*, attiraient de toutes parts les chalands. Mais sur l'appel engageant de ces milliers de *crieurs* dominait une lamentation uniforme et infatigable, qui demandait et n'offrait rien, sinon des *patenôtres* et des *ave*.

« Du pain, du pain aux frères de Saint-Jacques, aux frères-mineurs, aux frères de Saint-Augustin, aux frères à Sacs, aux prisonniers, aux écoliers, aux Filles-Dieu, aux Sachettes ! »

Cette plainte lugubre a disparu d'entre les *cris de Paris*, comme les écoliers déguenillés et les ordres mendians, du milieu de ses rues. Les *Rifodés*, les *Narquois*, les *Marcandiers*, les *Mioches*, et les hideux habitans de toutes les provinces du royaume d'Argot ont également cessé de *quémander* dans les carrefours de la capitale ; mais les *cris* compatibles avec nos mœurs foisonnent de plus belle au dix-neuvième siècle, après avoir traversé, sans se taire un seul jour, toutes les époques intermédiaires.

Nous n'oublierons jamais notre premier réveil de provincial à Paris, le lendemain de notre débarquement : ces mille intonations, qui forcent l'attention par leur bizarrerie affectée, et ressemblent souvent à des chants monotones de maniaques, produisent sur celui qui les entend pour la première fois un effet que ne soupçonne pas le Parisien de race, bercé dès l'enfance par ces voix étranges.

Parmi les *cris*, beaucoup sont toute l'année en permanence, et, *faisant au soleil une cour assidue*, comme dirait un poète classique, ne manquent guère à saluer le lever de cet astre, qu'il brille sur un ciel clair de juin, qu'il s'enveloppe de brouillards gris de novembre ou des froides et roussâtres vapeurs de janvier.

Ainsi en tout temps le cri: *A l'eau !* proféré par la rude basse-taille d'un enfant des montagnes d'Auvergne, frappera votre oreille à l'heure où s'entr'ouvrent les portes sous le cordon tiré par la main encore engourdie des concierges: puis roule sous vos fenêtres le haquet du *marchand d'encre, de la bonne encre, première qualité.—Vieux habits, vieux galons !* attire sur vos lèvres les strophes railleuses de notre immortel Béranger, et vous fait songer involontairement à tant de vieux habits adroitement retournés, à tant de royales livrées dont on n'a changé que le galon. Plus loin détonne le *marchand de peaux de lapins*, dont une spirituelle saillie a si bien lié la profession à celle de nosseigneurs les pairs de France, qu'on ne saurait se rappeler l'un de ces deux bouts de l'échelle sociale sans penser à l'autre. Ici un homme à la veste écarlate, au grand bonnet quadrangulaire (car la singularité du costume enchérit aujourd'hui sur celle du *cri* lui-même), proclame la *renommée du brillant cirage français*, et sa rivalité nationale avec la production exotique de M. Hunt, ce puissant démocrate et cet illustre marchand de cirage. Là-bas le cri : *A ramoner les cheminées!* vous avertit de l'approche du petit Savoyard, pauvre émigré d'une patrie où il retournera mourir, et qu'il n'eût jamais quittée, n'était qu'il ne s'y trouve *ni pain, ni argent, ni moyen d'en gagner*. Ce bruit sec et continu, c'est le marchand de baguettes frappant les uns contre les autres ses longs brins d'osier, et répétant par intervalles : *Battez vos canapés, vos habits, vos f......* Le pauvre diable arrondissait jadis plus euphoniquement sa phrase; mais, un jour de malheur qu'il s'était aventuré dans les halles, les dames du lieu, très susceptibles sur l'article des égards dus à leur sexe, prirent feu à l'audition du conseil impertinent qu'on insinuait aux maris, et gratifièrent le crieur d'une leçon tout-à-fait appropriée au sujet. Depuis ce temps, la syllabe malencontreuse lui reste à la gorge, si loin qu'il soit du théâtre de la catastrophe.

Abordez-vous les quais, les ponts, les boulevards, le décrotteur, agenouillé devant sa banquette, vous offre bruyamment ses services pour la bagatelle de 5 à 10 centimes : le marchand de bijoux à 10, à 15, à 25 centimes vous étale emphatiquement ses rubis, ses émeraudes et ses topazes de verre; le marchand de cannes vous assaille obstinément avec ses élégantes tiges d'ébène; la débitante de papier Weynen, au chapeau ciré, au corsage de drap bleu, à la jupe rouge, sort du carton ses *mains* et ses *rames*.

Non contens de vous harceler dans vos courses, dans vos promenades, les *cris* vous poursuivent jusque dans vos cours, jusque sur vos escaliers; ils s'installent sous vos grands'-portes. *A repasser les ciseaux, les couteaux*, chevrote le rémouleur d'une voix aussi aigre que le grincement de l'acier sur la meule; puis monte vers chaque étage l'appel du chaudronnier aux casseroles, aux poêlons et à toute cette famille retentissante d'instrumens culinaires, que, dans nos départemens, le génie turbulent du charivari tourmente en l'honneur de certains *honorables*, et au profit des chaudronniers provinciaux. Ceux de la capitale appellent de tous leurs désirs l'introduction dans Paris d'une coutume aussi favorable au commerce; mais il est peu probable que les intérêts de ces estimables citoyens prévalent sur les vœux contraires de la puissante tribu des gastronomes, indignés de voir les vases sacrés de leur culte détournés pour les rites d'un dieu étranger.

Quoique les *cris* aient souvent agacé vos nerfs jusqu'à l'exaspération, qu'ils vous aient arraché, poète, à votre monde idéal; homme d'affaires, à vos dossiers; négociant, à vos livres et à vos *règles de trois*, ne les maudissez point! — ils sont la providence du peuple : ces rauques clameurs font la joie de l'artisan, lorsqu'elles lui annoncent, sur le midi, *la soupe et les pommes de terre toutes chaudes*, qui le viennent trouver au pont Saint-Michel ou sous la colonne du Châtelet, ses *restaurans*, à lui, restaurans à ciel découvert, dont le chassent trop souvent les intempéries du ciel. Pour réchauffer sa poitrine le matin, le café au lait, *à trois sous, à trois sous la tasse*, fume maintenant sous les hangars des halles : les boutiques ambulantes à trois sous et demi, à cinq sous et demi, à treize sous et demi, lui présentent sans cesse une foule de menus objets qu'il lui fallait jadis attendre de colporteurs errans. La civilisation commence à laisser tomber de sa table somptueuse quelques miettes pour le pauvre: c'est un premier pas vers le temps prospère où elle *se fera toute à tous*, si la perfectibilité de notre espèce peut toutefois atteindre jamais ce résultat!

Outre la multitude des *cris* à peu près invariables, d'autres, plus nombreux peut-être, se succèdent de saison en saison, et, pareils aux oiseaux de passage, ne se font entendre que durant quelques mois.

Chaque époque de l'année a les siens : il en est qui apparaissent avec les premières fleurs. Ceux-là résonnent délicieusement à notre oreille, et semblent tout parfumés des douces émanations du printemps. *Fleurissez-vous, mesdames!* — *Tout ça de muguet pour un sou!* — *Les beaux bouquets de violettes!* Quand ces cris-là s'élèvent sur le Pont-Neuf, soyez sûrs que le ciel est bleu, l'air transparent, et les hirondelles de retour!

Bientôt arrivent les *Mémorency!* — *A la douce!* — *La belle anglaise!* — *Fraise* et *Frambroise!* promettant des jouissances d'une autre nature!

Pendant les jours brûlans de l'été, comme la

foule promeneuse accueille parfois avec une satisfaction impatiente le refrain si connu : — *A la fraîche, qui veut boire?*

Mais *le beau chasselas à la livre*, les *cerneaux*, le cri plus fréquent *A la barque!* chers aux gourmets, déjà reviennent avec le déclin de l'année. Le triste hiver et la froidure ne tardent pas à suivre les *marrons de Lyon* et les *mottes à brûler*, aliment économique du foyer de l'indigent.

En vérité, je vous le dis, les *cris* sont partout et de tous les instans : le soir, entrez-vous au théâtre, ils y étaient avant vous; dans la loge ou dans la baignoire, heureux cavalier d'une belle dame, ils font appel à votre galanterie et à votre bourse, sous la figure d'une vieille femme armée de bouquets et de *beaux portugals*. Modestement assis au parterre, c'est bien pis; le *cri* fait homme vous marche sur les pieds et grimpe sur votre banquette pour présenter à vos voisins sa boîte à lorgnettes ou ses journaux du soir.

Naguère encore, sortiez-vous le dimanche matin, jour de repos pour la plupart des cris de Paris, le *cri* politique faisait éclater au loin dans votre quartier ses rudes intonations mal sonnantes pour l'ouïe délicate de monsieur le préfet et des sergens de ville.

Sous la monarchie de Louis XIV et de Louis XV,

le *cri* politique était livré à des privilégiés, qui, portant à leur boutonnière la médaille, signe du monopole, couraient la ville en criant les édits royaux.

Les *crieurs du roi*, les débitans d'ordonnances gouvernementales et de *superbes discours* tirés à 100,000 exemplaires, aux frais du bon contribuable, ont repris depuis peu cet insigne officiel, et, comme sous Louis XIV et Louis XV, les *crieurs du peuple* ont disparu. Ils semblaient pourtant avoir acquis le droit de bourgeoisie dans la vieille cité de la Ligue, de la Fronde et des deux révolutions. Ils ont jeté leurs cris à travers toutes les périodes orageuses de nos annales, comme l'oiseau marin qui annonce la tempête, ou le coq qui devance l'aurore.

Avant la loi contre les crieurs publics, on remarquait, parmi ceux qui servaient d'organes à la démocratie, les hommes au large chapeau tricolore, à la blouse bleue liserée d'écarlate, annonçant d'une voie grave et accentuée :

Le Populaire, journal rédigé dans l'intérêt du peuple français par M. Cabet, député, aujourd'hui exilé, par suite d'une rigoureuse condamnation.

Près des crieurs du *Populaire* circulaient incessamment ceux du journal *le Bon Sens*, reconnaissables à leurs blouses rouges, qui leur valurent de la part d'un député-magistrat très enclin à l'hyperbole, l'étrange épithète d'émissaires *de Satan*.

La lutte de ces crieurs et de l'administration qui les employait contre des prétentions qu'aucune mesure législative n'avait alors sanctionnées, les a environnés d'une certaine célébrité. L'instant où l'un des directeurs du *Bon Sens*, M. V. Rodde, se montra sur la place de la Bourse, revêtu de la blouse de crieur, et porta un défi audacieux à quiconque voudrait comprimer par la force l'exercice d'un droit légitime, fera époque assurément dans l'histoire des Cris de Paris; mais les scènes scandaleuses et déplorables qui signalèrent le dernier jour des *crieurs*, ont laissé dans la population des souvenirs plus vifs encore.

A l'entrée des passages, sur les boulevards et dans les rues les plus populeuses, on entendait en outre proclamer le supplément de la *Tribune*, les feuilles du soir, et les mille publications lancées dans la capitale par les presses démocratique et par celles de la police. Les grands journaux du soir et les pamphlets bien pensans survivent seuls au naufrage du *cri politique*, ainsi qu'un autre journalisme hebdomadaire, dont les crieurs, dépourvus de signe distinctif, crient presque toujours leurs feuilles avec cette seule indication : — *Le journal d'aujourd'hui,* comme pour laisser le public dans l'incertitude sur la nature de leur marchandise : ce sont les débitans du *Sens Commun* et du *Dimanche*, journaux ministériels.

Nous avons été témoins, il y a quelques mois, d'une petite scène qui peut donner quelques lumières sur la popularité respective dont jouissaient alors les feuilles du dimanche.

Un individu chargé de distribuer *le Sens Commun* à tout venant moyennant cinq centimes, promenait sa denrée dans le quartier avant l'arrivée des gens du *Bon Sens*.

— Voyons donc ça, dit un ouvrier en s'approchant.

— Attends, répond le *crieur* avec un coup de coude et un clignement d'yeux significatif : *ce n'est pas là le bon!*

Les crieurs aux blouses rouges du journal *le Bon Sens* n'ont pas cessé de frapper nos yeux en même temps que leurs voix cessaient de frapper nos oreilles. Si on ne les entend plus, on les voit plus et mieux que jamais, aujourd'hui qu'ils vont frapper silencieusement à toutes les portes pour offrir à domicile la pâture intellectuelle, au lieu de la débiter à grand renfort de poumons sur la voie publique.

Il faut espérer que *les yeux* leur seront plus clémens que *les oreilles*, et qu'on ne bannira point de nos places et de nos boulevards le pittoresque costume des ci-devant crieurs comme on en a banni leurs voix bruyantes.

Nous avons essayé d'indiquer ce qu'ont été les *cris de Paris*, ce qu'ils sont aujourd'hui : ce qu'ils seront demain, nul au monde ne le saurait dire, car ce fond immuable modifie éternellement ses accidens sans nombre. Quoi qu'il en advienne, quels que soient ceux qui doivent s'éteindre, ou ceux qui doivent surgir, les Parisiens ont reçu *les cris* de leurs ancêtres, ils les légueront à leurs derniers neveux : le jour où *les cris* feront silence, on pourra dire le *De profundis* de la grande cité; Paris sera couché dans le cercueil, comme Thèbes et Babylone.

Mars 1834.

Henry MARTIN.

L'INTÉRIEUR
DE
LA CHAMBRE DES DÉPUTÉS.

Ce n'est pas seulement dans la salle à colonnes de marbre blanc, qui fut inaugurée dans l'avant-dernière session, qu'il faut voir la chambre des Députés. Il ne faut pas voir seulement cette assemblée, tantôt distraite et indifférente, tantôt bruyante et tumultueuse, qui vient poser à heure fixe devant le public, devant les journalistes et devant quelques dames élégamment parées qui occupent les tribunes basses. Il ne faut pas la chercher dans les longues pages du *Moniteur*, ni dans les extraits tronqués des autres journaux politiques, ni même dans les épigrammes du *Corsaire* et du *Figaro*. Ce n'est là que son existence officielle, que sa vie d'apparat. Mais si l'on ne veut pas se borner à des généralités vagues et souvent trompeuses, si on ne veut pas risquer de prendre l'apparence pour la réalité, si l'on veut enfin connaître *l'intérieur de la chambre*, il faut la suivre et l'étudier dans les couloirs, à la salle des Conférences, dans les bureaux, dans les commissions, à la bibliothèque, au vestiaire, à la buvette même; car c'est là que se montre sa véritable physionomie, dépouillée de masque et de fard. Nous allons essayer de donner une idée de ces différens points de vue, sous lesquels se présente la chambre.

Le costume des députés a disparu avec la restauration, malgré les efforts de quelques zélés partisans qui ont tenté, à diverses reprises, de remettre en honneur l'uniforme bleu brodé d'argent, et qui ne laissent pas échapper une seule fois l'occasion d'étaler cet habit aux réceptions des Tuileries. Nous avons entendu, à ce sujet, des plaintes éloquentes sortir de la bouche des conservateurs des vieilles traditions, et nous avouons à notre honte qu'elles ne nous ont pas touché le moins du monde. Il en est du respect pour le costume comme du respect pour les noms historiques, pour les titres de noblesse, pour la rédaction du *Constitutionnel*, et pour tant d'autres excellentes choses, auxquelles la révolution de juillet a porté le coup de grâce. Tous les bons usages se perdent, ce maudit siècle ne croit plus à rien. Pour en revenir au vestiaire, la plupart des députés ignoreraient aujourd'hui son existence, s'ils n'étaient quelquefois obligés de traverser la longue file de pièces tapissées d'armoires, qui conduit de la salle des Conférences au bureau de poste attaché au service de la chambre.

Le premier soin d'un député, après avoir déposé son chapeau, sa canne, son parapluie, son surtout ou son manteau, est d'aller à *la distribution*, où il reçoit les projets de loi, les rapports, les amendemens imprimés, relatifs aux objets dont la discussion est à l'ordre du jour, soit pour la séance publique, soit pour les bureaux. Quelquefois les députés, et surtout les ministres, usent de la même voie pour faire distribuer à la chambre les discours qu'ils ont prononcés à la tribune. Les premiers font imprimer ces discours à leurs frais, les seconds aux frais du Trésor, comme de raison. Il y a des gens qui pensent que l'éloquence de messieurs les ministres nous coûte un peu cher.

Nous n'avons point à nous occuper de la séance publique. Nous allons donc prier le lecteur de nous suivre dans les bureaux; et pour que cette visite ne soit pas tout-à-fait dépourvue d'intérêt, nous choisirons de préférence, s'il veut bien le permettre, le 25 du mois. C'est le jour où les bureaux sont renouvelés, et où chacun d'eux doit nommer un président, un secrétaire et un membre de la commission des pétitions.

En 1831, au commencement de la législature actuelle, quand les forces des partis se balançaient à peu près, à cette époque où M. Girod de l'Ain, soutenu de tout le crédit et de toute la puissance de M. Casimir Périer, ne l'emporta que de trois voix sur M. Laffitte pour la présidence, alors les nominations des bureaux offraient cet intérêt dramatique qui s'attache à un combat long-temps disputé et à l'incertitude du résultat; mais aujourd'hui que l'opposition ne compte guère plus de cent vingt à cent vingt-cinq membres, chez plusieurs le zèle a fait place à l'indifférence, et l'ardeur au découragement. Il arrive fréquemment que sur vingt-sept nominations qui ont lieu au renouvellement des bureaux, neuf pour la présidence, neuf pour le secrétariat et neuf pour les pétitions, pas un seul n'appartient à l'opposition. Du reste cela prouve bien moins encore la faiblesse numérique de la minorité que l'intolérance de la majorité. Sous la restauration, M. Laffitte faisait toujours partie de la commission du budget; il en est exclu depuis la révolution de juillet. La majorité de ce temps-là, tout en ne partageant pas les opinions politiques de M. Laffitte, rendait hommage à sa haute probité, à sa vieille expérience, à sa rare capacité, à cette impartialité éprouvée qu'offrent presque toujours les caractères honorables et les esprits supérieurs. La majorité actuelle ne peut pas avoir la prétention de mettre en doute ces qualités chez M. Laffitte; mais elle les compte pour peu de chose, quand elles ne sont pas accompagnées d'un dévouement sans bornes au ministère.

Cependant, malgré cette tiédeur d'une partie de la chambre à se rendre dans les bureaux, qu'il survienne quelque circonstance extraordinaire, quelque projet de loi ou quelque proposition ayant un caractère politique, alors toutes les opinions accourent avec empressement. Le hasard, qui se plaît à des jeux bizarres, donne quelquefois lieu à de telles combinaisons, dans l'opération du tirage au sort, que la majorité s'est trouvée acquise aux membres de l'opposition dans un ou deux bureaux, au grand détriment des autres bureaux, qui en sont tout-à-fait dégarnis. L'on a vu, l'an dernier, le général Lafayette nommé président de celui auquel il appartenait, et cette année-ci, MM. Salverte, Barrot, Auguis, Duboys-Aimé et quelques autres membres de la même opinion nommés commissaires pour la loi du budget. Mais, je le répète, cette circonstance est purement fortuite; elle n'est jamais le résultat d'une concession faite par le parti ministériel.

Une fois en présence, les partis s'observent et se comptent. Ordinairement les membres de l'opposition réunissent toutes leurs voix sur un homme pris dans leurs rangs, quoique sans aucune chance de réussite, et, comme on dit, *pour l'honneur des principes.* Les journaux du lendemain enregistreront leur défaite et le nombre de suffrages obtenus par les vaincus. Quelquefois cependant, et dans les cas graves, le désir d'empêcher le triomphe complet de leurs adversaires donne lieu à des compositions, et, dans l'impossibilité de faire sortir de l'urne le nom d'un membre de la gauche, on se rabat sur un homme du tiers-parti. Il est même arrivé que dans les questions de finances, et plus spécialement pour toutes les demandes qui se rapportent au ministère de la guerre, l'opposition n'a pas craint de faire porter son choix sur des députés connus pour voter d'habitude avec le ministère, mais que l'amour des économies transforme en redoutables contradicteurs du maréchal Soult. Il n'est pas rare que l'on soit obligé de recourir à un second, à un troisième tour de scrutin : le combat s'échauffe par l'incertitude de la victoire : un, deux députés retardataires qui arrivent pendant l'opération du scrutin, changent subitement la face des évènemens, et font pencher la balance du côté auquel ils appartiennent. Les petites ruses de guerre sont même permises dans ce cas; chaque parti va recruter des renforts dans la salle des Conférences, dans les couloirs, à la bibliothèque; et malgré tout ce zèle, ou à cause même de ce zèle, il est quelquefois arrivé que les concurrens avaient égalité de suffrages. Dernièrement M. Georges Lafayette a obtenu dix-huit voix contre M. Piscatory, qui en a aussi obtenu dix-huit, et le premier n'a dû sa nomination qu'à la circonstance qu'il était le plus âgé.

Ces réunions dans les bureaux offrent des particularités qui ne peuvent jamais se produire dans une séance publique. Quoique pour l'ordre de la discussion on demande la parole au président, l'absence de tout appareil enhardit les plus timides et les moins expérimentés. Il n'y a pas là une tribune sur laquelle tous les regards sont dirigés, un président perché à une hauteur prodigieuse, un auditoire de mille personnes, et plusieurs sténographes qui vont recueillir les essais plus ou moins heureux de votre éloquence improvisée. Vous n'êtes pas là en présence de ces violentes clameurs, de ces interruptions peu courtoises, qui troublent tout autre que M. Mauguin ou M. Berryer, de ces cris *aux voix* ou *à l'ordre!* qui ressemblent à l'orage, ou de ce murmure vague, mais incessant, qui ressemble au dédain, ce qui est bien pis. Vous n'entendez pas la voix glapissante de cet huissier à chaîne d'or, qui se réveille en sursaut pour crier *silence, messieurs*, précisément quand personne ne parle : vous ne voyez pas ce jeune pair qui hausse les épaules, ce membre du corps diplomatique qui a braqué sur vous son imperturbable lorgnette, cette femme si jolie et si gracieuse qui vous donne des distractions. Vous ne songez pas avec terreur à l'effet que produira votre discours, rapporté par le fidèle *Moniteur*, sur les électeurs de votre arrondissement. Vous n'êtes pas poursuivi par la pensée que quelques fonctionnaires le trouveront trop hardi, que les petits propriétaires ruraux le trouveront bien flasque et bien mou, que le professeur de quatrième de votre fils dira peut-être qu'il est mal écrit. Vous n'avez point à redouter, dans les bureaux, ces préoccupations si diverses, ni cet horrible cauchemar. Non, vous êtes là comme vous seriez dans votre cabinet, dans votre comptoir, dans votre salon, dans votre chambre à coucher. Le bonnet de soie noire, qui n'ose se montrer à la séance publique qu'avec réserve, d'une manière furtive, et en ayant l'air de vous demander pardon, le bonnet de soie noire se déploie en liberté dans les bureaux; il sait qu'il est là sur son terrain. Aucun article du règlement ne défend même d'y paraître en robe de chambre et en pantoufles; si on n'use pas de cette permission, c'est par pure bienséance.

Une cheminée dont le foyer est assez bien garni en hiver, une grande table ronde sur laquelle sont des plumes, du papier et deux petites urnes, quelques fauteuils autour de la table, une trentaine de chaises rangées le long des murs; tel est le matériel simple et uniforme des bureaux. On voit qu'il n'y a pas là de quoi exalter, ni de quoi effrayer l'imagination des orateurs. *Orateurs* n'est pas le mot, c'est *causeurs* que nous devrions dire; car grâce au laisser-aller de ces conférences, chacun peut y prendre part ; et comme il n'est personne à qui la nature ait refusé d'une manière absolue la faculté de converser, il est peu d'honorables membres qui ne se donnent le plaisir de faire de la politique à huis-clos.

Il y a donc cet avantage attaché à ces réunions, qu'elles permettent à un grand nombre de députés, qui n'ont pas l'habitude de la tribune, d'énoncer leurs idées, de communiquer leurs vues sur un théâtre plus modeste, mais non moins fécond. Par là, les projets de loi arrivent à la discussion publique, nourris de documens et d'améliorations dont ils auraient été privés sans cette discussion préalable. Ce que je dis du travail des bureaux s'applique surtout au travail des commissions; mais cela est vrai de l'un et de l'autre. C'est là surtout qu'on apprend à apprécier les hommes à études spéciales; car les discussions des séances publiques roulent trop souvent dans un cercle de généralités qui se trouvent nécessairement bannies de celles qui ont lieu dans les bureaux. Ceci explique aussi comment il se fait que des hommes presque inconnus du public, parce qu'ils ne communiquent point avec lui par la tribune, exercent néanmoins une grande influence dans les comités. C'est souvent sur eux que se portent les choix pour les commissions. On rend d'autant plus volontiers hommage à leur mérite, qu'on sait qu'il est dépourvu de tout charlatanisme.

Un autre avantage des réunions dans les bureaux, c'est qu'elles n'excluent pas la politesse dans les rapports des députés entre eux. On parle là le langage des salons et de la bonne compagnie. On s'y contredit sans aigreur et sans emportement; et comme il y a plus d'urbanité dans les manières, il y a aussi plus de bonne foi dans les discours. Il est impossible à quelqu'un qui assiste pour la première fois à une séance publique de la chambre, surtout si cette séance est un peu agitée, de n'être pas surpris et affligé du vocabulaire, tout particulier, qu'emploient quelques honorables membres. Il semble que toutes les épithètes sont permises, parce que, au lieu de s'adresser d'homme à homme, ce qui entraîne une responsabilité qui a bien ses inconvéniens, ce sont plusieurs individus en masse, professant une certaine opinion, qui apostrophent une autre masse d'individus professant une autre opinion. Quoique tous les partis soient plus ou moins coupables de ce tort grave, c'est la majorité qui, abusant de sa force et de sa position, a donné les plus fréquens exemples de ce scandale, que la minorité s'est trop souvent empressée d'imiter. Une question bien simple pourrait être faite aux délinquans, quels qu'ils soient : « Use-» riez-vous en particulier, et à l'égard de tel » ou tel de vos collègues, des expressions que » vous ne craignez pas d'appliquer à toute une » portion de l'assemblée ? » La réponse à cette question est dans les habitudes toutes contraires établies dans les bureaux.

Les journaux s'occupent beaucoup des bruits qui courent dans les couloirs de la chambre; ils rapportent les propos, les conversations sérieuses que l'on y tient; ils rapportent même les plaisanteries qu'on s'y permet. Il faut donc dire quelque chose de ces couloirs dont on parle tant, et dont l'influence mystérieuse s'est souvent fait sentir dans le résultat de plusieurs délibérations, et même dans la formation de certains ministères. Les couloirs sont les coulisses de la chambre. Quand un discours éloquent a excité de vives émotions dans l'assemblée, lorsque, après une discussion chaleureuse et une longue attente, un vote quelconque vient de consacrer la décision de la chambre, ou lorsque, dans une grave circonstance, comme dernièrement après les évènemens de Lyon et de Paris, un membre du cabinet a paru à la tribune pour faire une communication du gouvernement, c'est alors que, pressés du besoin de se communiquer leurs idées, leurs sentimens, leurs craintes, leurs espérances; étouffés, pour ainsi dire, par l'air épais et lourd qu'on respire dans la salle des séances, tyrannisés par la sonnette du président, et par les avertissemens des huissiers, qui crient : *En place, messieurs... Silence, messieurs* ; les députés se précipitent à grand flot par les deux portes, et vont dans les couloirs respirer un air plus pur, et donner un libre cours à la volubilité de leur langue et à l'élasticité de leurs jambes. Il y a dans ce premier mouvement qui ressemble à l'invasion de la mer sur le rivage, quelque chose d'impétueux, de désordonné, de capricieux, d'irrésistible, qui échappe à l'observation des journaux, mais qui est digne d'être remarqué par le moraliste politique. C'est là qu'une phrase prononcée à la tribune par un ministre reçoit mille commentaires différens. C'est là que M. Thiers, plus tolérant en cela que ses collègues, peut-être parce qu'il est plus intelligent, ne craint point d'entrer en lutte de conversation avec M. Laurence, M. Bignon, M. Gauthier de Rumilly, et les autres principaux membres de l'opposition. C'est là que M. Odilon-Barrot, avec sa gravité pleine de noblesse, et dans un langage toujours empreint de conviction, porte souvent à ce ministre des argumens imparables. C'est là qu'au milieu d'un groupe qu'il domine de sa tête élégante, paraît M. Mauguin avec sa verve spirituelle, son intarissable facilité, avec cette raillerie qui est toujours piquante, et qui n'est amère que quand il y a nécessité qu'elle le soit, avec ce bonheur d'expression qui décèle le maître de l'éloquence. C'est là que M. Berryer fait entendre de rares paroles, marquées au coin de cette brûlante énergie dont on a perdu le secret depuis Mirabeau. C'est aussi là, mais plus loin, mais à l'écart, que l'on voit les cinq ou six chefs des doctrinaires, tantôt se promenant au fond de la salle que décore la statue de Louis-Philippe, plus souvent assis sur le canapé rouge, que, par une attention délicate pour eux, on vient de placer dans cette salle. Là enfin, daigne quelquefois se produire M. Dupin, quand il veut se délasser des honneurs de la présidence, et se soustraire pour un moment au *joug superbe* où il *vit attaché*. Après avoir cédé le fauteuil à M. Étienne ou à M. de Schonen, il vient mettre en lumière ses bons mots, ses épigrammes et ses calembourgs, qui de là se répandent dans la salle, et sont répétés le lendemain par les journaux.

Si les couloirs ne suffisent pas à la foule des honorables membres qui se pressent l'un sur l'autre, il y a plusieurs moyens d'écoulement pour le *trop plein*; la salle des Conférences est une belle et vaste succursale des couloirs. Il n'est aucun de nos lecteurs qui n'ait entendu parler de la salle des Conférences; c'est le salon de famille de la chambre des députés. Les députés sentent qu'ils sont là chez eux, et à la manière dont ils s'abordent, dont ils sourient, dont ils se touchent dans la main, on voit qu'ils ne sont nullement préoccupés de la fâcheuse pensée que la coupe de leur redingote, l'économie de leur cravate, ou la couleur de leur perruque va fournir matière à quelque trait malin du *Corsaire*, à quelque récit du *Figaro*, ou à quelques portraits de la *Caricature*.

On va ordinairement à la salle des Conférences pour se chauffer, pour faire sa correspondance, pour y lire les journaux, ou bien l'on y va pour se promener, pour causer, ou pour flâner. Vous allez voir que le budget de la chambre et la sollicitude de messieurs les questeurs ont pourvu à ce que ces divers besoins fussent libéralement satisfaits. Trois grandes tables ovales, décorées d'un tapis vert, sur l'une desquelles (celle du milieu) se trouvent les feuilles politiques quotidiennes de toutes les opinions, sans compter les *Petites-Affiches*, tandis que les deux autres offrent une provision sans cesse renouvelée et épuisée de papier, de plumes, d'encre et de pains à cacheter; autour de chaque table neuf à dix chaises recouvertes en cuir; au fond, vis-à-vis, une large, haute et profonde cheminée de marbre, dont l'ardent foyer a le privilége d'attirer un cercle assez nombreux d'honorables membres, au milieu desquels on distingue de loin la blanche chevelure du respectable doyen d'âge de la chambre, M. le marquis de Gras-Préville; enfin, tout autour, un rang de banquettes, qui n'est pas tellement garni de chapeaux et de brochures in-quarto, que l'on ne puisse encore y découvrir une place pour s'y asseoir : voilà ce que l'on trouve dans la salle des Conférences. On ne saurait rien en retrancher, mais on ne sent pas le besoin d'y ajouter quelque chose. Les promeneurs, les causeurs et les flâneurs ont en outre à leur disposition un espace de trente-deux pas de long sur seize de large, dont ils peuvent user en liberté et à leur choix, comme le Malade imaginaire faisait de sa chambre. Ajoutez à cet inventaire une pendule, une carte de France, et trois tableaux de grande dimension, dont l'un représente *la Mort de Socrate*, l'autre *le Président Matthieu-Molé*, et le troisième *les Bourgeois de Calais*; tableaux, certes, qui ont bien leur mérite, mais qui n'attirent guère plus l'attention des députés que les statues placées sur le pont de la Concorde.

A propos de statues, il convient de dire un mot de la statue de Henri IV, qui est depuis quelques mois dans cette même salle des Conférences, à droite en entrant, vis-à-vis la colossale cheminée. Cette royale effigie n'a pas toujours été là. Admirez le progrès des idées et l'instabilité des choses humaines. Dans un temps plus rapproché de la révolution de juillet, on avait mis à cette même place la statue de Mirabeau, Mirabeau tonnant et lançant au grand-maître des cérémonies ces foudroyantes paroles : « *Allez dire à votre maître que nous sommes ici par la volonté du peuple,* » etc... Mais depuis on s'est ravisé, et on l'a mis à la porte; je parle de Mirabeau; c'est-à-dire qu'on l'a relégué dans la pièce d'attente, avec les garçons de salle et les laquais de messieurs les ministres. C'est bien fait. Mirabeau, après tout, n'était qu'un tribun, qui, fils d'un marquis, avait fait écrire sur la porte de son hôtel à Aix: *Mirabeau, marchand de drap,* tandis que Henri IV était non seulement roi, mais roi de France et de Navarre, roi de la bonne roche, roi par la grâce de Dieu. Il fait de terribles vents coulis dans cette salle d'attente, quand les deux portes opposées s'ouvrent à la fois : heureusement la tête de Mirabeau est de marbre, et par conséquent à l'épreuve des rhumes et des catarrhes.

Nous avons dit qu'une des destinations de la salle des Conférences était la lecture des journaux ; mais ce n'est là qu'un accessoire. Il n'y a que les lecteurs pressés ou inattentifs qui lisent les journaux dans la salle des Conférences. Et il faut bien reconnaître en effet que le lieu n'est pas propice au silence et au recueillement. Que de distractions forcées viennent s'emparer de votre esprit, et vous enlever aux affaires du Portugal ou aux séances du parlement d'Angleterre ! Le murmure des conversations, le mouvement des promeneurs qui se croisent, le passage continuel des députés qui vont à la buvette, l'avertissement monotone de l'huissier qui vient crier de quart d'heure en quart d'heure : *Messieurs, on n'est pas en nombre... Messieurs, on va voter*; et, plus que tout cela, l'insupportable bruit des lourdes portes qui roulent sans cesse sur leurs gonds criards ; voilà bien des raisons, vous en conviendrez, pour rendre peu agréables les lectures qui ont lieu dans la salle des Conférences. Aussi les véritables amateurs de journaux, les députés qui ne craignent pas de consacrer plusieurs heures, s'il le faut, à ce délectable passe-temps, vont-ils s'établir à la bibliothèque. Le local de la bibliothèque, par sa position excentrique, par son éloignement de la salle des séances publiques, semble avoir été choisi tout exprès pour les amis de la retraite et du silence. Seulememt, si vous avez la poitrine délicate, ou le chef dégarni de cheveux, ayez soin de vous munir de votre chapeau, avant de quitter la température chaude dans laquelle vous avez séjourné jusqu'alors, pour entrer dans l'atmosphère glaciale de cette longue suite de corridors qui conduit à la bibliothèque et aux bureaux. Mais, une fois entré, vous êtes sauvé. Là, peu ou point de dérangement. Un poêle dans la première pièce, une bonne cheminée dans la seconde; les journaux de Paris dans celle-ci, les journaux étrangers et des départemens dans celle-là; devant vous, sous vos yeux, la vue d'un beau et vaste jardin; un bibliothécaire savant, un sous-bibliothécaire poli; un grand jour et du repos; voilà ce que vous pouvez vous promettre. La Bibliothèque est plus particulièrement fréquentée par quelques habitués, au milieu desquels vous êtes toujours sûr de trouver l'honorable M. L..... de V.... ancien questeur, qui ne fait plus partie de la chambre, mais qui demeure dans le voisinage, et qui vient là comme il irait dans un cabinet de lecture, et parce qu'il est certain d'ailleurs d'être toujours bien venu de ses anciens collègues.

Je n'ai pas besoin de dire qu'on ne va guère à la Bibliothèque pour y lire des livres, proprement dits; mais on y va pour consulter le recueil des *Procès-verbaux* ou la collection du *Moniteur*, ou celle du *Bulletin des lois*. Cette bibliothèque fut fondée par une résolution du conseil des Cinq-Cents en date du 26 pluviôse an IV. Il lui fut assigné pour premier fonds 12,000 volumes, que le comité d'instruction publique avait réunis à l'hôtel d'Elbœuf, place du Carousel. Le conseil des Cinq-Cents siégeait alors aux Tuileries. Lorsqu'il fut transféré au Palais-Bourbon, la bibliothèque le suivit, et fut conservée au Corps-Législatif, qui remplaça ce conseil. Le fonds primitif de 12,000 volumes du comité d'instruction publique fut successivement augmenté d'ouvrages divers, tirés des dépôts des bibliothèques supprimées, d'un exemplaire de chaque nouvelle publication, que les imprimeurs et l'Imprimerie Royale devaient déposer, et enfin d'une allocation de 6,000 francs, qui fut ensuite portée à 10,000 francs. Le nombre des volumes s'élevait à 25,000, lorsqu'en 1814, à la première restauration, la bibliothèque fut transmise à la chambre des députés. Depuis elle s'est toujours accrue, et elle contient aujourd'hui plus de 53,000 volumes, dont 22,000 sont des ouvrages d'histoire. Le reste se compose de livres de théologie, de jurisprudence, de sciences et arts, de belles-lettres; à quoi il faut ajouter des manuscrits, soit anciens, soit modernes, des collections gravées d'œuvres de grands peintres, de médailles, et de cartes géographiques. Messieurs les questeurs ont commencé, dès l'année 1833, à faire dresser le catalogue général de cette bibliothèque. La première partie de ce catalogue, qui comprend seulement la jurisprudence, a été distribuée aux députés pendant la session de 1834.

Nous n'avons pas à parler longuement du secrétariat-général de la questure, où les députés vont, en arrivant, déposer leur acte de naissance et les pièces constatant qu'ils paient le cens d'éligibilité; ni du bureau des archives, où ils se rendent au moins une fois l'an pour chercher la médaille d'argent qu'on leur distribue chaque session. Mais nous devons dire quelques mots de la buvette, pour compléter ce tableau de *l'Intérieur de la chambre des députés.*

C'est une excellente institution que celle de la buvette! Non que nous prétendions exagérer l'importance du verre d'eau sucrée ou de la carafe d'orgeat : c'est sous le rapport moral et politique qu'il faut envisager cette création. Et si vous êtes surpris de voir mêler la politique et la morale à un pareil sujet, faites-nous la grâce de nous écouter un instant. Deux députés se rencontrent à la buvette, l'un furieux ministériel, l'autre un des membres les plus ardens de l'opposition. Ils sont là, côte à côte, se touchant par le coude et n'osant pas se regarder en face. Pendant que l'on verse l'eau de gomme, ou la limonade, celui-ci hasarde quelques mots, d'une manière générale, et de façon à ne pas compromettre sa dignité s'il trouve un interlocuteur peu courtois : celui-là, enchanté qu'on l'ait prévenu, répond avec un sourire obligeant. La conversation s'engage, on finit par s'entendre, sans que cela tire à conséquence pour le vote ; et les deux adversaires, nous voulons dire les deux collègues, rentrent dans la salle en se donnant la main. On ne saurait nier que la buvette n'inspire des sentimens de bienveillance universelle.

Nous avons ouï dire que sous la restauration on ne distribuait que de l'eau sucrée, de l'eau de gomme et de l'eau de groseilles. La révolution de juillet, si elle n'a pas étendu les droits du peuple, a du moins étendu les priviléges des députés. Un de ses bienfaits consiste à avoir beaucoup augmenté la liste des rafraîchissemens que ces messieurs trouvent à la buvette. Ils peuvent y boire de la bière, du rum, du vin de Malaga. On est même venu au secours des honorables membres que leurs courses dans les divers ministères ont forcés de déjeûner trop matin, ou à qui la prolongation de la séance fait craindre de dîner un peu tard. Que les estomacs débiles se rassurent : la buvette, seconde providence, tient en réserve pour eux du pain et du bouillon hollandais. On y consomme chaque jour soixante petits pains d'un sou, ce qui ne fait pas un centime par chaque député. On voit que ce n'est pas cet article du budget de la chambre qui appauvrira la nation.

UN DÉPUTÉ.

L'ÉCOLE DE PEINTURE.

1800 — 1834.

Depuis quarante ans, le monde des arts, comme celui de la politique, est agité par les révolutions et les réactions. Il était en pleine révolution vers 1827, il subit une réaction en 1834. La révolution avait été nécessaire, la réaction était inévitable : j'en dirai les motifs.

Le XIXe siècle a commencé sous l'influence des idées davidiennes. Tout ce qui restait de l'art du XVIIIe siècle, en 1800, s'effaçait devant l'école du régénérateur. Vien avait cherché le premier une route de vérité, au travers des sentiers battus par les Vanloo, les Boucher, les Natoire, les Pierre et les Doyen, gens de valeur dans leur temps, que l'admiration de la cour et de la ville avait encouragés à pousser jusqu'à l'extrême les conséquences du système de fausse grandeur et de maniéré, dans lequel ils étaient entrés pour plaire tout à la fois aux femmes galantes d'une cour dépravée et spirituelle, et aux hommes qui se gonflaient des déclamations — elles ont eu leur utilité réelle — de la secte encyclopédique; Vien était dépassé. Il jouissait d'une considération assez haute parmi les élèves de David, et par conséquent, dans les salons dont les illustres disciples de l'auteur des *Horaces* étaient les oracles; il avait renoncé à peu près à la peinture; il était de l'Institut national, et il vivait de sa gloire sur une banquette du sénat, que Bonaparte lui avait réservée dans un avenir dont le peintre ne se doutait peut-être pas, mais que le général avait réglé le 18 brumaire an 7.

Vincent n'était pas sénateur, mais il était membre de la quatrième classe de l'Institut avec David, Vien, Van-Spaendonck, Regnault, Taunay, Denon, Visconti, Houdon, Moitte, Roland et quelques autres artistes, dont les productions avaient jeté de l'éclat pendant l'ère républicaine ou à la fin de l'ancienne monarchie. Vincent faisait des élèves, mais peu de tableaux; il avait une position acquise et peu de renommée actuelle : il faut le dire, c'était un homme de quelque mérite, et rien de plus.

Regnault, que les premiers ouvrages de David avaient tourné au style, subissait l'influence de la nouvelle doctrine; mais le vieil homme reparaissait toujours sous la forme qu'il cherchait à se donner; il y avait du Pompadour dans tout ce qu'il faisait, quelque peine qu'il prît à enfermer sa pensée dans les lignes sacramentelles du masque davidien. Il n'échappait à ses premières habitudes que pour dessiner *l'éducation d'Achille*, et alors il exagérait en imitant. Regnault est mort âgé, tenant école et faisant de la peinture pour lui, plus que pour le public. Son meilleur tableau, celui qui porte le plus un cachet d'individualité artiste, c'est *le Christ descendu de la croix*, qui figure au musée du Luxembourg. Depuis la révolution de juillet, on a exposé à ce musée une *mort de Desaix*, par Regnault, qui fait peu d'honneur au talent de ce peintre. C'est une chose détestable de tout point.

Au reste, la réputation de Regnault n'est pas la seule qui ait eu à souffrir de cette faveur, que la pensée politique de 1830 a faite à la peinture de l'empire, et à sa sœur aînée du directoire. Les batailles, les prises de villes, les redditions de capitales, les grands évènemens dynastiques, tels que mariages des membres de la famille de Napoléon, naissance du roi de Rome, baptêmes, etc., ont été retirés des greniers où la faiblesse jalouse de la restauration les avait enfermés; et l'on a vu ce que c'était que ces ouvrages pour lesquels il n'y avait pas eu assez d'éloges quand ils parurent, protégés par une juste orgueil national qui s'attachait à la plupart des sujets, recommandés par des amours-propres de généraux et d'officiers dont la peinture consacrait les exploits, et officiellement honorés de l'approbation du consul ou de l'empereur.

Gros est sorti puissant et admiré de cette épreuve, si funeste presqu'à tous les autres; il est resté le grand peintre de l'empire, comme il l'était dans sa jeunesse; le peintre d'expression et de mouvement, le coloriste brillant et fort, le poète qui ne court pas après l'esprit, mais qui s'attache à quelque chose de plus large, qui sent vivement et parle haut, qui s'émeut et sait émouvoir les autres, qui a de l'éloquence, une éloquence simple, énergique, populaire, sans ouvrir une grande bouche, sans faire la grimace pour toucher le spectateur. Il y avait un grand cœur, un génie, une belle faculté chez Gros; chez ceux qui se posèrent ses rivaux, et parvinrent un temps à l'effacer, il y avait du talent, du savoir et de l'esprit, beaucoup trop d'esprit! Aussi Gros est encore Gros; une génération nouvelle est pour lui comme la génération contemporaine de son œuvre impériale; les autres que sont-ils? que restera-t-il d'eux? Nous verrons.

David a été contesté quand la révolution qui s'est appelée *romantique*,—expression sans clarté, comme presque toutes celles par lesquelles les partis et les sectes ont la prétention de caractériser leurs tendances,—a travaillé au renversement des idoles anciennes. On lui a refusé le style, le dessin et la vérité. On a dit qu'il manquait de grandeur, et comme c'était au nom du mouvement et de la couleur que l'on combattait l'école qui avait eu le tort peu modeste d'accepter la dénomination de *classique*, on lui a dénié la vie, l'action, la puissance et le coloris. Et ce n'est pas seulement l'école de la couleur qui a attaqué David, et lui a voulu arracher cette couronne que l'admiration publique avait décernée au peintre de *Brutus*, de *Socrate*, des *Horaces* et des *Sabines*; la petite église de la peinture, les jansénistes de la forme, cette coterie turbulente, qui marche sous l'enseigne de

M. Ingres-le-Pacifique, le regardent comme un dessinateur misérable, qui ne sait pas voir et rendre la nature dans toute sa beauté naïve. Cette double attaque a été impuissante. David est resté debout et il vivra; le temps le vengera de ces mépris des révolutionnaires et des réactionnaires de l'art. David a rendu d'immenses services. Il lutta courageusement contre le mauvais goût de son temps, et, si par haine pour ce qui se produisait aux bruits des acclamations de la foule, il donna à son style très correct un peu de la raideur académique, que nous ne pouvons pas aimer, ce fut sans doute pour frapper plus fortement les esprits, et faire une réforme plus radicale.

Ce qui semble fâcheux chez David, c'est la propension à chercher l'inspiration dans l'antique plus que dans la nature; c'est cette adoration de la statuaire grecque, qui peupla ses tableaux de figures, dont le Romulus des *Sabines* est le type le plus exagéré. Encore cela peut-il trouver une excuse. L'école, contre laquelle se révoltait David, n'avait que des railleries pour les statues antiques, qu'on avait si long-temps admirées; et M. Doyen, qui était pourtant un homme d'esprit, disait de l'Apollon du Belvéder, que c'était un *navet ratissé*. David s'indigna d'un tel langage, il rêva la réhabilitation des chefs-d'œuvre de Phidias et de ses illustres rivaux; il les étudia avec amour, se pénétra de leurs beautés naturelles, et pour mieux faire comprendre ces beautés, quand il les reproduisit sur la toile, il les accusa trop peut-être, les mit trop en relief : si bien qu'il outra la statue grecque, en lui ôtant la souplesse qui l'avait faite homme par la main du sculpteur. Il faut dire aussi que David fut réellement animé du désir d'être vrai. Il consulta toujours la nature, et la recommanda sans cesse à ceux qui étudiaient l'art sous lui. Mais la nature, il ne la voyait pas telle qu'elle est; il l'apercevait au travers du prisme de cette convention qu'on appelait *le beau idéal*. Son œil la corrigeait malgré lui sans doute, mais il la modifiait. Il avait un moule où il jetait ses idées; un type, un galbe, un gabarit, comme on dit dans la langue des constructions nautiques, sur lequel il coupait toutes ses figures.

On lui a reproché cela avec raison, je crois; mais à quel artiste n'a-t-on pas le même reproche à faire?

Dans chacune des manières de Raphaël, chaque figure ne se reproduit-elle pas constamment?

Poussin n'a-t-il pas une tête qui revient partout, avec ses grands yeux bordés d'ocre rouge, et ses rouges carnations? Rubens a-t-il deux formes et deux couleurs?

Le Sueur a-t-il jamais cherché à varier son style, son contour qui renfermait toutes les natures dans des profils uniformes?

J'en pourrais citer vingt autres, et pour renvoyer l'accusation à ceux qui l'ont adressée avec passion à David, ingristes ou romantiques, M. Ingres, dont la volonté est assurément de copier la nature, a-t-il quelque variété dans la création de ses personnages? non; il a bien vingt modèles, mais à tous il applique un patron de dessous lequel ils sortent typés à la Raphaël. Souvent le résultat est fort beau, fort noble et élégant, mais pas plus naturel que celui qu'obtenait David, quelquefois même beaucoup moins.

Et les romantiques, ils ont adopté une certaine figure fantastique, et ils nous l'ont donnée dans toutes les positions, dans tous les effets, dans tous les drames; femme, homme ou enfant toujours la même, et ce qui est plus malheureux, toujours hideuse, car c'est le laid qu'ils ont cherché; et voici leur raison de cette préférence :

« Le beau, le joli, sont devenus fort ennuyeux par l'uniformité de la manière dont on les représente depuis David; changeons. On est original en ne copiant pas; inventons! Mais, qu'inventer? On dessine, et l'on colore peu; inventons la couleur! On fait mouvoir tous les acteurs des drames classiques au grand jour, inventons le mystère et l'ombre! On fait la lumière, faisons la nuit! Le *beau* grec et romain a lassé l'admiration des amateurs de l'empire, inventons le laid; d'ailleurs le laid est dans la nature comme le beau, et il n'y a pas de raison pour que nous ne le préférions pas à celui-ci, puisque nous avons le droit de choisir! Le nu déplaît, habillons nos mannequins! On demande grâce aux anciens, jetons-nous dans le moyen âge!... »

Et une convention a remplacé une convention, aussi tyrannique, aussi exclusive, aussi ridicule que l'ancienne. Au reste, ce changement devait arriver et ce n'est point la faute de David, mais celle des hommes qui l'ont imité maladroitement et ont fatigué le public de Romains et de Grecs, de statues coloriées, et souvent moins bien coloriées que celles de Curtius.

La réaction contre les romantiques était aussi dans l'ordre des choses, parce que les imitateurs de M. E. Delacroix ont été plus cruels encore que ceux de David, qu'ils ont rempli les salons du Louvre, pendant huit ans, d'une famille de monstres qui nous donnaient le cauchemar; race odieuse, exécrable, aux faces repoussantes, aux membres disloqués ou rompus, au teint satanique, à l'expression révoltante, se ruant dans la fange ou le sang, se débattant dans l'obscurité d'un chaos bitumineux, plus atroce que l'insupportable race des Atrides, plus répugnante que la gente bohémienne de la vieille Cour des Miracles, plus contristante que la population stupide d'une maison de fous.

Et cependant, au milieu de ce désordre, dans ce parti pris de laideur, il se produisit de belles choses, des choses ayant de la grandeur, une originalité véritable, de la profondeur de pensées, un sentiment élevé de la couleur et de l'harmonie; mais ce fut le petit nombre. L'école romantique aussi bien que sa devancière se perdit parce qu'elle tourna dans un étroit cercle d'idées systématiques, et puis parce qu'elle se jeta dans le dévergondage. Elle laissera peu de souvenirs; l'école classique sera moins malheureuse. La révolution qui voulut écraser David a tué ce qui après lui n'était pas né viable, et avait une existence par artifice; mais David a résisté : elle, au contraire, est presque morte à la peine. Plus tard, nous verrons qui respire encore parmi les Montagnards du 1793 de la peinture; disons dès à présent qu'un Girondin est plein de force aujourd'hui ; il est riche de succès ; il enterrera presque tout ce qui a été la terreur du classique.

David fut de son temps, sa peinture fut une des expressions de la société française en 1789 et plus tard : son pinceau était patriote. L'artiste jeune et fortement organisé avait puisé la haine du privilége dans les concours pour l'académie de Rome, où il succomba plusieurs fois, malgré sa supériorité relative. D'abord, il s'était laissé aller au désespoir, il s'était condamné à mourir, pour punir les professeurs de leur injustice et leur en laisser le remords; une voix amie, celle de Sedaine, le dépersuada d'un projet funeste qu'il commençait à mettre à exécution dans sa chambre, où il restait sans manger et où il aurait fini par une catastrophe, comme Gilbert ; ensuite, il prit courage, triompha des premiers obstacles, alla à Rome et fut le David que nous savons! Ce n'est pas d'un homme ordinaire, un tel début dans la vie agitée de l'artiste; aussi David n'était-il pas un homme ordinaire, quoi qu'on en ait voulu dire depuis quelques années. Il eut du génie, le génie qui conçoit, prépare et accomplit une révolution dans l'art; il eut le talent qui exécute, qui fait comprendre un système, qui passionne pour une idée ou une forme. Je ne veux pas prétendre que ce talent ait été irréprochable, que ce génie ait été transcendant, qu'il n'eût pas fallu à l'un plus d'élévation, et, à l'autre, une vue plus large; mais, que ce ne soit pas du génie et du talent, c'est ce que je ne saurais admettre. On a été injuste envers David; on l'a attaqué comme on attaque les hommes politiques qui tiennent un pouvoir qu'on veut leur arracher; tous les moyens ont paru bons pour le renverser du piédestal où on l'avait monté jadis avec enthousiasme; on a bien pu l'ébranler, mais il n'est pas tombé.

Girodet a été moins heureux, le lendemain de sa mort tout était à peu près fini pour sa gloire. On pleura beaucoup à son enterrement. Je me rappelle ce grand deuil mené par M. de Chateaubriand qui, dans la chambre mortuaire, avait eu une douleur très éloquente en parlant de l'auteur d'*Atala au tombeau* et du *Déluge*; je vois encore la foule des artistes suivant le corbillard qui emportait un cadavre, et ce qui est plus cruel, hélas! une renommée; je me souviens du fanatisme touchant de quelques jeunes imaginations qui ravissaient aux arbres de la cour, sur lesquels Girodet avait reposé souvent ses yeux fatigués par le travail des nuits succédant au travail des jours, quelques petites branches dont elles voulaient faire des reliques; je n'ai oublié ni les larmes véritables qui coulèrent quand le cercueil, porté par les élèves du peintre, traversa les groupes où l'on s'entretenait de la perte qu'on venait de faire, ni l'empressement que montrèrent les amateurs quand on exposa tout ce que Girodet avait laissé de peintures, de dessins et de croquis; ni l'élévation des prix où montèrent tous ces objets le jour qu'on vendit les dépouilles de l'atelier de Girodet; et je me demande comment à tant de marques bruyantes de sympathie pour un talent presque déifié a succédé tout-à-coup le plus profond silence!

Est-ce que Girodet n'est pas un grand peintre, comme on l'avait dit unanimement sous l'empire? J'ai bien peur que non.

Girodet avait de la sensibilité, de l'exaltation, un amour ardent pour les beautés des poètes classiques, une délicatesse de goût assez grande; mais son style était froid, sa grâce avait quelque chose de trop apprêté, son dessin correct jusqu'à la sécheresse, emprisonnait chez lui la forme dans une silhouette de fil de fer; son coloris était faux, criard, glacial, ayant pour base constante le vert; sa touche prudente poussait la réserve jusqu'à la timidité. Il sut pourtant émouvoir le public aux funérailles d'*Atala*, il sut rendre les femmes complices de l'amour de Diane pour *Endymion*; mais c'était au temps où le succès du livre de M. de Chateaubriand protégeait tout ce qui était emprunté aux idées de ce roman poétique, c'était au temps où la mythologie avait encore quelque crédit sur les esprits, où une figure académique d'un contour agréable, comme un vers alexandrin d'un tour heureux, faisaient fortune, où l'on croyait au beau idéal sur lequel on ne se disputait même plus.

Ce temps est bien loin de nous; on ne sait aujourd'hui ce qu'on veut dire : beau idéal, les bons alexandrins et les figures académiques jouissent de peu de considération; la mythologie est usée, et ses ingéniosités ne touchent plus personne; l'*Atala* de M. de Chateaubriand est toujours un beau livre, mais tout le monde le sait par cœur, et chacun a senti la situation représentée par Girodet aussi profondément que le peintre; et puis on est arrivé à comprendre plus intimement le prosateur-poète, et quand on le compare à son traducteur, on trouve celui-ci bien moins coloriste, bien moins éloquent; le livre a grandi, le tableau a déchu. Ce n'est pas que ce soit un ouvrage sans mérite que l'*Atala au tombeau* de Girodet, tant s'en faut! la figure de la jeune fille endormie dans le sein de Dieu, avec un calme céleste, est pleine de grâce et de candeur. C'est une expression heureusement trouvée que celle de cette tête morte, qui paraît vivre encore dans une autre sphère par la continuité du sentiment chrétien et de l'amour pudique. La douleur de Chactas et celle du père Aubry, qui tiennent des âges, des caractères et des origines de ces deux hommes, leurs pantomimes bien différentes, sont savamment rendues. Faites par la pensée que le coloris de Girodet disparaisse pour laisser ces trois figures briller d'un éclat plus solide dans la magique transparence d'un clair obscur rembranesque, et voyez que cela sera beau! C'est l'exécution qui nuit à la poésie du sujet; elle est faible, elle ne révèle pas assez le peintre, si elle atteste la présence du poète.

Si l'on doit revenir à Girodet, dont on est fort éloigné aujourd'hui, c'est à *Atala* qu'on reviendra plutôt qu'à *Endymion*. *Endymion* c'est de l'esprit, de cet esprit que l'empire avait emprunté aux ingénieuses et coquettes idées littéraires du siècle précédent, et qu'il raffinait aux grands applaudissemens des habitués du théâtre du Vaudeville et des lecteurs de l'*Almanach des Muses*; *Atala*, c'est de la pensée; *Endymion*, c'est le joli, mais ce n'est rien au-delà; il y a mieux que du *joli* dans *Atala*. Girodet a fini sa carrière après le laborieux enfantement de *Pygmalion*, scène métaphysique et physique, où l'amour suspendu entre le sculpteur et sa statue, joue le rôle du conducteur de l'électricité entre la bouteille de Leyde et le patient, qui attend l'étincelle électrique. Cette imagination est plaisante, et tout-à-fait indigne de la grande peinture qu'elle rabaisse presque à la parodie.

L'esprit est ce qui rapetisse l'art; il était une manie de l'école impériale. On le trouve partout, dans le vieux Centurion des *Sabines* de David, qui remet son glaive au fourreau, quand il voit les femmes se mêler de la querelle entre Romulus et Tatius; dans l'Astyanax de Pierre Guérin, qui ôte à *Didon* l'anneau de son mariage, pendant qu'elle écoute avec amour le récit d'Énée; dans le Zéphyre, qui écarte le feuillage pour laisser arriver aux lèvres d'*Endymion* un baiser de Diane porté sur un rayon de la lune; dans le Cupidon qui soutire à *Pygmalion* le fluide de vie, pour le transmettre à *Galatée*; dans le *Bélisaire* de Gérard, portant son guide fatigué et blessé par un serpent; que sais-je? Le Déluge, scène de deuil et de désolation, ne paraît guère devoir admettre dans sa représentation quelque trait d'esprit français; Girodet trouva moyen cependant de mettre à la main du vieillard, que son fils emporte, une bourse avare, pour caractériser le personnage. Cette pointe plut beaucoup, et on l'admira plus peut-être que la savante composition du tableau; on loua fort aussi l'arbre qui se rompt sous les efforts du groupe qui y était suspendu, et l'on fit de difficiles comparaisons entre cet incident spirituel du drame, et la simplicité terrible de la situation présentée par Nicolas Poussin. Je ne sais même pas si l'on ne donna point l'avantage au nouveau-venu, tant son œuvre avait excité d'enthousiasme. Pour moi, j'avoue que la branche cassée me paraît un détail puéril, parce qu'il n'y a aucune différence entre la mort, qui atteindra dans un quart d'heure la famille, dont le dernier refuge est le sommet, bientôt submergé, sur lequel elle est près d'arriver, et celle qui va la frapper tout de suite. Le dénouement, un peu plus ou un peu moins hâté, devant être évidemment le même, le peintre n'ajoute rien à l'intérêt, en brisant l'arbre qui n'était pas un moyen certain de salut. S'il ne s'agissait que d'une inondation, et qu'un plateau élevé fût au-dessus du point auquel des malheureux s'attachent, asile assuré contre le naufrage et la mort, l'arbre rompu serait d'un grand effet : mais dans le déluge universel! Quant au *vieillard à la bourse*, je le trouve une pauvre réminiscence du vieil Anchise, sur les épaules de son fils, et serrant dans ses bras les dieux de Troie. Il y a de la grandeur dans la pensée de Virgile, il n'y a rien que de vulgaire dans celle de Girodet.

Girodet, sensible et très irritable, fut malheureux toute sa vie; la critique qui l'effleurait lui donnait la rage; il faut dire, au surplus, que ses illustres contemporains n'eurent pas l'épiderme moins délicat, et que celui d'entre eux qui a commencé récemment la carrière des grands succès, qu'on ne parcourt guère sans trouver de grandes contradictions, a poussé cette susceptibilité,— que je n'ose appeler vaniteuse, parce qu'elle est peut-être le cri de la juste conscience de soi-même, révoltée contre le sentiment ignorant des masses — beaucoup plus loin que Girodet, Gérard, Gros, Guérin et David. M. Ingres est intraitable sur ce chapitre-là. Des volumes d'éloges lui donneront une faible satisfaction; une ligne d'observations critiques, si mesurées qu'elles soient, lui donnera la fièvre. L'amitié n'a aucun droit sur son œuvre; elle ne peut lui soumettre aucun de ces doutes qui éclairent quelquefois le génie sur une erreur à laquelle il s'est laissé aller sans s'en douter; aussi personne n'ose, sous peine de se brouiller avec lui, l'avertir qu'il s'est trompé. On lui cache tout ce qui s'imprime sur ses ouvrages; on le traite comme un roi absolu, ou comme un enfant qu'on a peur de voir pleurer.

Cette année, son *Saint-Symphorien* a été vivement ballotté entre des opinions diverses; l'unanimité des suffrages lui a manqué; et comme les couronnes de laurier ne sont pas venues s'appendre au cadre du tableau qu'il a fait et refait pendant sept ans, pour le rendre digne de cette ovation; comme la ville tout entière ne s'est pas inscrite chez lui, pour constater son triomphe sur la *Jeanne Gray* de M. Delaroche, le chagrin s'est emparé de M. Ingres, qui est allé au bord de la mer chercher des distractions. Hélas! il ne les y aura pas trouvées; les voix de l'Océan n'auront pas été assez hautes pour couvrir celles de la critique, qui lui arrivaient bruyantes, de Paris aux grèves du Havre.

On sait que Girodet peignit à la lampe une grande partie de la seconde moitié de son œuvre; ce procédé, et les travaux d'un autre genre auxquels il consacrait presque toutes les nuits, altérèrent à la fin une santé que des passions ardentes attaquaient aussi; il mourut dans la force de l'âge, après avoir donné, je crois, tout ce qu'il avait à produire ; plus habile à la fin de sa carrière dans le mécanisme de l'art, mais moins large dans ses conceptions, et plus recherché dans l'expression de ses idées. Girodet fut un homme très remarquable, quand David fut un grand homme. Il est peut-être permis de dire que, né au siècle des maîtres italiens contemporains de Jules II et de Léon X, il eût été un grand peintre. L'influence de l'époque lui fut malheureuse, comme elle le fut à ce spirituel et élégant auteur de *Didon*, qui commença par *Marcus-Sextus*, et passa par *Andromaque* et *Phèdre*, pour arriver à *Clytemnestre*.

Guérin était un artiste finement organisé, mais maladif; je comparerais volontiers sa peinture, sa dernière surtout, celle qui avait l'accent le plus mélancolique, à la poésie de Millevoie. *Marcus-Sextus*, évidemment inspiré par une pensée politique, eut un succès de circonstance. Le système de David, dont Pierre Guérin n'était pas élève cependant, présida à l'exécution de ce tableau du genre admiratif, et qui, aujourd'hui que nous sommes loin de la loi sur les émigrés, ne produit aucune émotion. *Phèdre* est une inspiration théâtrale, dans ce style convenu qui refroidit si malheureusement alors la peinture et l'art dramatique en leur donnant de la raideur et en les soustrayant trop aux conditions de la nature humaine. Peint au vernis, ce tableau, dont toutes les couleurs ont subi une grande altération, est devenu désagréable à voir; il eut un succès immense quand mademoiselle Duchesnois attirait la foule au Théâtre-Français dans le chef-d'œuvre de Racine.

Toutes les idées marchent ensemble; la Phèdre de Guérin et mademoiselle Duchesnois sont à peu près oubliées aujourd'hui. La Phèdre de Racine dort, et se réveillera certainement un jour; je crains que l'autre n'ait pas la même résurrection. Racine est touchant, élevé, passionné, plein de grâce et de simplicité; il a de la pureté sans rigidité de forme; il ne pose pas académiquement, il n'ouvre pas de grands yeux ronds pour nous effrayer, il est riche d'harmonie; Guérin est théâtral, et peu dramatique; il est dessinateur scrupuleux, savant même, il n'est pas assez peintre.

L'*Andromaque* de Racine est encore plus au-dessus de l'Andromaque de Guérin que la Phèdre. Dans le tableau, Oreste est en présence de Pyrrhus, comme dans la tragédie; il a un caractère grave et fatal; c'est une belle figure de bas-relief. Mais Pyrrhus, Andromaque et ce jeune enfant que le poète nous a fait aimer, à qui il nous a su intéresser sans nous le montrer dans les bras de sa mère, sont faibles et peu expressifs, quelque peine qu'ils se donnent pour nous faire entendre leur situation. La couleur de cet ouvrage est sans vice, comme elle est sans qualités. *Andromaque* est, en un mot, la faible production d'un homme de talent.

Depuis le tableau du *Sacre de Charles X*, à propos duquel je publiai un petit écrit (*le Peuple au sacre*) qui affligea, dit-on, M. le baron Gérard, je me suis interdit toute opinion critique sur cet artiste. Je n'entrerai donc ici que dans de courts détails d'analyse sur le talent du peintre qui a eu la plus grande réputation d'esprit, de finesse et d'habileté dans le monde des arts et dans les salons; je ne dirai que deux mots : *Psyché* comme œuvre de sentiment et d'expression; *la Bataille d'Austerlitz*, et surtout *l'entrée de Henri IV à Paris*, comme compositions vastes et bien entendues, assurent dans l'avenir le nom de M. Gérard contre l'oubli. M. Gérard fut un homme de goût, un peintre arrangeur; il rechercha l'éclat dans son coloris, qui fut rarement harmonieux, et qui poussa le brillant jusqu'à l'exagération; il n'assouplit presque jamais les chairs, et ses têtes eurent trop souvent l'aspect fâcheux du carton vernis ou du bois peint. Sa touche coquette jeta sur les étoffes et même sur les visages des pierres précieuses et des perles à profusion; tout cela assura l'immense succès dont jouirent ses productions, surtout depuis la Restauration. Il y a bien loin du peintre de *Psyché* à celui de *Daphnis et Chloé*, de l'habile compositeur de l'Entrée d'Henri IV au maître de cérémonies de Louis XIV, de Philippe V et de Charles X à Reims! Cependant Daphnis et le jeune roi d'Espagne, et le vieux roi confessé par M. de Latil, et cette religieuse malgré elle, fille coquette et passionnée, que M. le baron Gérard nous donna pour une *Sainte-Thérèse*, réussirent peut-être plus que les premiers ouvrages de l'artiste qu'aima long-temps David, et qu'il appelait il y a plus de trente ans: *le petit Gérard*.

M. le baron Gérard n'a rien exposé cette année (1834); il avait cependant fait un tableau destiné à la ville de Marseille, dont il représente la célèbre peste. Je ne connais ce morceau que par le dessin qui en a été exécuté pour la gravure, et qui fait partie de l'exposition du Louvre. L'exécution, à moins d'un miracle, doit être ce que nous savons. Quelques personnes ont cru remarquer au Louvre des portraits peints par M. Gérard; elles se sont trompées; ils sont de mademoiselle Godeffroy, qui imite si parfaitement M. le baron Gérard que l'erreur est bien permise.

Mademoiselle Godeffroy a beaucoup aidé son maître dans l'exécution de ses grands tableaux; elle a fait aussi la plus grande partie de sa correspondance, car elle a la plume de M. Gérard comme son pinceau. Les autographes de M. le baron Gérard sont rares; j'avertis les amateurs que la plupart des lettres signées : *François Gérard*, sont de la main de mademoiselle Godeffroy. Cette demoiselle, si pleine d'affection et de dévouement pour l'illustre artiste, est la première et la plus forte élève de l'auteur de *la Peste de Marseille*; elle a long-temps fait partie de cet atelier de femmes que les rapins appelaient avec malice *les modistes de M. Gérard*. Le peintre a su s'identifier mademoiselle Godeffroy comme Prud'hon avait su faire passer le caractère de son talent à mademoiselle Mayer. Mademoiselle Mayer et mademoiselle Godeffroy sont les deux pastiches les plus complets que nous ayons eus dans l'école moderne. La *peste* de M. le baron Gérard va rejoindre celle de David, qui est à Marseille; je ne sais comment elle se soutiendra à côté d'un ouvrage plein de force, et même d'une assez belle couleur. M. Gérard, qui a renoncé au Louvre, et il a bien fait — M. Gros a eu le tort de s'y présenter encore en 1833 pour compromettre sa gloire ancienne—n'a pas déposé tout-à-fait sa palette; il s'occupe maintenant des pendentifs du dôme du Panthéon; ce sera, sans doute, son testament pittoresque. Si M. le baron Gérard s'était arrêté après l'Entrée d'Henri IV, gracieuseté trop polie qu'il faisait à Louis XVIII, mais qu'il eût été fâcheux, sous le rapport de l'art, que l'artiste n'eût pas faite, on l'aurait regretté beaucoup. Quoiqu'on l'ait accusé de coquetterie, il est certain qu'il n'a pas été assez coquet dans cette occasion. Corneille, non plus, ne s'arrêta pas à temps : il fit *Agésilas* et *Attila*. Mais Attila et Agésilas ne sont connus aujourd'hui que par une épigramme; le *Cid*, les *Horaces*, *Rodogune* seront éternellement beaux. M. Gérard aussi a ses Horaces et son Cid : Psyché, Henri IV et Austerlitz, moins admirables pourtant que les tragédies de notre ancien poète normand.

Lethière n'est pas si riche; il a vécu sur un seul tableau : *les fils de Brutus*. Malgré une foule de paysages historiques, malgré quelques tableaux de batailles et *la mort de Virginie*, ce sera toute sa part dans ce qui restera des produits de l'art français pendant les quinze premières années du xixe siècle.

Le nom de Prud'hon s'est trouvé tout à l'heure sous ma plume à propos de mademoiselle Mayer;

je ne saurais l'oublier. Il fut original, quand tout le monde se modelait plus ou moins sur le maître; il eut un style et une couleur à lui; ce style était plus gracieux qu'élevé; cette couleur avait beaucoup de charme et de séduction. Le pinceau de Prud'hon, très suave, très aimable, eut quelquefois à se reprocher un peu de mollesse. *La Justice et la Vengeance divines poursuivant le crime* est la production capitale du peintre, qui fit avec tant de bonheur *le Zéphyre* se balançant sur l'eau d'un ruisseau limpide. *La pauvre Famille*, tableau de chevalet d'une touchante expression et d'un effet plein de mélancolie, fut le dernier ouvrage de Prud'hon, qui mourut d'une mort tragique, attribuée à des chagrins d'amour.

Les élèves de David jouèrent un grand rôle dans la peinture jusqu'après le salon de 1817; c'était tout simple, l'art leur appartenait tout entier. Les élèves de Vincent et de Regnault étaient bien moins connus, quoiqu'ils n'eussent pas moins de mérite; les noms des maîtres faisaient tout. Élève de David! c'était un titre, une sorte de patente qui donnait comme un privilége d'exploitation à l'artiste assez heureux pour pouvoir le joindre à son nom. On disait: élève de David, comme: grenadier de la garde impériale.

A Paris, l'élève de David avait un rang social, — je ne parle pas des trois premiers, à qui il était bien légitimement acquis, — ainsi que dans l'armée le grenadier de la garde avait un rang de préséance. Dans les départemens, si mal qu'il eût fait ses études, il mettait le porte-crayon à la main de tous les écoliers, il effaçait toutes les renommées locales, on ne croyait que lui sur le dessin d'après la bosse et la nécessité du clair-obscur à l'estompe. Ce crédit a bien baissé; il est encore cependant des gens dans les faubourgs et en province qui croient à l'élève de David!

Le principe davidien ne fait plus de conquêtes, mais il n'est pas encore mort. Il ne s'est conservé bien pur que chez quelques artistes, religieux gardiens de la sainte tradition; ceux-là paraissent au Louvre comme des étrangers dont on ne comprend pas la langue; il est vrai que cette langue, ils la parlent assez mal. On a vu l'année dernière M. Broc arriver avec ses *trois Anges*, pâle reflet de l'école, dans laquelle l'auteur eut autrefois une certaine réputation; on voit, cette année, M. Misbach poursuivre le cours de ses protestations plaisantes contre le goût du jour avec sa *Cléonide* et son *Cléombrote*, bons Grecs ultra-classiques qui doivent être bien surpris de se voir au salon de 1834.

L'homme fort, le seul apôtre éloquent de la foi qui s'éteint, c'est M. Drolling. Mais il est comme ce prédicateur habile du temps de Louis XV, qui disait : « Je sais bien que je ne convertirai personne; n'importe, je prêche la parole de Dieu, parce que c'est ma conviction, et parce que mes sermons sont beaux, j'en suis sûr. » Nous n'avons rien, cette fois, de M. Drolling, dont le dernier ouvrage est un plafond de l'ancien Musée Charles X, représentant *Louis XII aux états de Tours*, en 1506.

Avec son *Guerrier mourant*, entre la religion et l'athéisme, M. Blondel aurait fait autrefois une grande sensation; on lui aurait tenu compte d'une assez belle étude de torse, de toute l'académie de ce soldat de Constantin, couché et se développant dans un mouvement juste et passablement grand; aujourd'hui on n'y a pas fait plus d'attention qu'au *Joas* de M. Navez, au *dernier jour de Pompeï*, ouvrage de M. Bruloff, qui n'est pas sans quelque mérite de détails, à *l'Assomption* de M. Vauchelet, à *l'Eve*, grisette gentille et pudique de M. Delorme, ou à *l'Annonciation* de M. Caminade. Pourtant, cela est beaucoup plus correct, beaucoup plus raisonnable, qu'une moitié des choses qui ont fixé l'attention des promeneurs du Louvre; mais c'est froid, cela pèche par l'absence des qualités, plus que par la présence de grands défauts. Et puis, le public n'en est plus là; le drame moderne a gagné la peinture comme le théâtre.

M. Ingres a seul pu conquérir l'attention qu'on refusait à tout le nu qui s'est présenté au salon. C'est qu'il n'y a rien de commun entre M. Ingres, et le principe expirant du davidisme. Mais n'anticipons point ; nous retrouverons ce peintre tout à l'heure. Il ne convient pas d'en parler à propos des idées pittoresques de l'école de David, car il vécut au milieu d'elles, malheureux, moqué, incompris, et tous ses ouvrages furent, sans que l'artiste y songeât peut-être, de continuelles protestations contre les dogmes de l'école.

La peinture classique avait fait son temps; elle se débattait contre le discrédit où elle était tombée, malgré les efforts de quelques jeunes hommes, doués de talens véritables, et chez qui la croyance traditionnelle vivait, non pas ardente, mais respectée, quand Géricault leva l'étendard de la révolte. Géricault avait été élevé chez Pierre Guérin, et ce n'était pas de l'atelier de l'auteur de *Clytemnestre* qu'on pensait que viendrait jamais le mouvement dont les conséquences ont été cette révolution, dite romantique, qui a été profonde et n'a malheureusement produit que peu d'œuvres remarquables. Le *Radeau de la Méduse*, page puissante d'énergie et d'originalité, fut le point de départ de la nouvelle école. La discussion se plaça sur cette production, dont la supériorité, long-temps niée, est aujourd'hui hautement reconnue; cela fit grand bruit, et Géricault put croire un moment, tant il y avait de voix contre lui, qu'il s'était trompé et qu'il n'était pas peintre. Peintre! il l'était certes, et d'une portée peu commune! Cependant les clameurs cessèrent, on regarda de plus près le *radeau* et ce que donnaient au public, non pas M. Ansiaux ou M. Bouillon, mais des artistes qui valaient beaucoup mieux que ceux-là, et l'on finit par reconnaître qu'il y avait injustice, et presque indignité, à comparer Géricault, si éloquent, si fort, si nouveau, avec tous les rabâcheurs des vieux préceptes.

De ce moment, presque tous furent écrasés; les quolibets les poursuivirent avec une ténacité qui lassa la patience de plusieurs, et donna naissance à des haines véritables. Ce fut une guerre sérieuse et rude, où l'on perdit beaucoup d'esprit et de temps. La littérature, qui avait donné le signal de la révolution, vint en aide à la peinture; et pendant quelques mois, la mêlée fut ardente et assez comique. On en vint à se détester pour une opinion en fait d'art, comme pour une opinion politique ; on fit du patriotisme le plus bouffon du monde, à propos de Boileau et de David, de Sakespeare et des peintres anglais ; on s'apostropha avec une intention injurieuse, des noms de *classique* et de *romantique*, commé, dans les querelles du gouvernement, on se poursuivait des épithètes *jésuite* et *jacobin*. L'histoire des trois années où Rossini, Victor Hugo et Eugène Delacroix, furent le plus vivement attaqués et défendus, serait très intéressante à écrire. Ce qui se fit alors et se débita d'extravagances est inimaginable ; il semblait qu'une fièvre folle s'était emparée de toutes les têtes. Ce n'est pas ici le lieu de raconter ces scènes passionnées d'un dévergondage systématique, qui serait incroyable pour nous, si nous n'en avions été témoins ; il suffit d'en rappeler le souvenir.

Plus l'école romantique se jetait témérairement dans la voie des innovations hasardeuses, plus l'autre se repliait sur ses principes jansénistes ; chaque effort de M. Delacroix nous valait quelque œuvre académique de M. Lancrenon, de M. Meynier, de M. Delorme, de M. Delaval, de M. Couder ou de M. Granger. C'était une sorte de défi, dans lequel s'usaient les forces du parti classique, sans que celles du parti nouveau s'accrussent beaucoup.

L'école ancienne ne produisait plus rien de passablement remarquable, mais elle était fière de ce que ses devanciers avaient produit; elle se parait des chefs-d'œuvre, comme si la pauvre épuisée y était pour quelque chose! elle levait haut la tête, ainsi que ce mulet de La Fontaine qui se vantait de sa généalogie. L'autre, à qui le public avait ouvert un assez grand crédit, disait toujours : « vous verrez ce que nous ferons »; et on lui répondait : « mais quand ferez-vous donc? vous vous moquez si haut qu'il faut que vous soyez bien habile; voyons donc, de vos œufs que vous nous promettez sans cesse, et que vous ne pondez jamais! »

Ce n'est pas, au surplus, son infécondité qu'on pouvait lui reprocher; elle enfantait beaucoup, mais elle se contentait d'essais, d'esquisses qui donnaient de brillantes espérances, et ne prouvaient encore rien pour son avenir. L'à-peu-près lui plaisait en tout, et elle s'est usée en à-peu-près, au moins comme école de peinture historique. La seule chose à laquelle elle ait paru attacher une grande importance, c'est à changer le point de départ des beaux arts.

Les classiques combattaient pour un prétendu

beau idéal, qui n'était qu'une convention souvent froide et ennuyeuse, parcequ'elle tenait la forme dans une constante répétition des types consacrés; les romantiques donnèrent dans le laid idéal. Ils inventèrent une espèce humaine, hideuse, effroyable, maudite, telle enfin, que si Dieu avait par vengeance animé tous les monstres qui composaient cette odieuse famille, nous aurions vu dans la société s'agiter, se presser, se pavaner quelque chose de cent fois plus horrible que la population dégradée des hospices. On ne saurait dire le nombre de bras et de jambes que le dessin de l'école révolutionnaire a cassés, le nombre de cagneux et de bossus qu'il a faits, le nombre de têtes démoniaques qu'il a créées. Il a eu la prétention de copier la nature, qu'il a indignement calomniée; aussi a-t-il promptement révolté tout ce qui a le sentiment juste de la mission de l'art.

Bien des gens ont dit et disent encore que la plupart des ouvrages exposés par les romantiques à la suite, qui ressemblent à Géricault ou à Delacroix comme les classiques du dernier ordre ressemblent à Raphaël ou à David, étaient des mystifications. Non, c'était très sérieusement que nos parodistes travaillaient. C'est très sérieusement qu'ils se disaient hommes de génie, et qu'ils méprisaient leurs devanciers immédiats.

Ils s'étaient attribué le monopole du génie, ils s'appelaient oseurs, inventeurs, que sais-je? Ils avaient en grande pitié les imitateurs classiques, et, sur ce chapitre, on était tout-à-fait de leur opinion; ils haussaient les épaules devant les tableaux des peintres copistes de David, et eux copiaient, imitaient, répétaient, seulement c'étaient des modèles moins purs. En effet, qu'ont-ils créé de grand, de vraiment nouveau, d'heureusement original, de puissant et de raisonnable à la fois? Après M. Delacroix — et cet artiste est loin d'être un artiste complet, s'il est un grand artiste cependant — après M. Delacroix, qu'y a-t-il dans l'école romantique?

M. Louis Boulanger donnait des espérances quand il exposa son *Maseppa*; mais il n'est pas allé au-delà. Il affectionne la laideur; il a outré les types que M. Delacroix a eu le tort d'adopter; il est coloriste, mais la base de son harmonie n'est pas vraie. Sa couleur est une convention. Les sujets qu'il traite le poussent à toutes les exagérations de formes et de coloris. Quand il cherche la grâce, il tombe dans le maniéré, le raide et le sec; quand il veut rendre la passion, il se laisse aller à une sorte de frénésie, qui exclut complètement le goût. C'est, malgré tous ses défauts, un homme de talent, qui a le cœur chaud, l'imagination ardente, la main habile. Ses grandes aquarelles sont des morceaux remarquables sous le double rapport de l'effet dramatique, et de la vigueur du ton ; mais le laid domine la forme et repousse le spectateur. M. Boulanger est encore jeune, et il peut grandir. J'ai bien peur qu'il ne renonce jamais à son style, à son dessin et à son goût pour le hideux.

M. Gillot Saint-Èvre a plus de charme dans son talent, plus de grâce, plus de séduction, plus de véritable originalité surtout; mais la force qui fait le grand peintre lui manque. Il voit orange, aussi son *Enfance de Jeanne d'Arc*, comme ses *Florentins*, frappe-t-elle désagréablement la vue par son harmonie jaune ; et c'est dommage en vérité, parce qu'il y a dans ces deux ouvrages du goût, de l'élégance et un caractère qui n'est pas commun. M. Gillot Saint-Èvre avait commencé par un *Job*, qui avait une fermeté de ton et de touche que je regrette de ne pas retrouver dans ses ouvrages plus récens. L'auteur de *Job* et de *Jeanne d'Arc* est artiste après avoir été militaire ; il était officier d'artillerie, et sur le champ de bataille autant que dans l'atelier il a gagné la croix qui décore sa poitrine.

M. Decaisne fait peu de peinture historique ; il s'est voué presque exclusivement au portrait.

Sa couleur a de l'éclat, de l'agrément, trop de coquetterie peut-être; sa touche est spirituelle et gracieuse. On reproche à sa peinture de manquer de solidité, de consistance, de corps; le portrait de M. le comte de Noë, pair de France, exposé cette année, doit échapper à cette critique assez juste; il est très bien étudié, et il ne manque pas plus d'énergie que de finesse. La qualité dominante de M. Decaisne est le goût dans l'arrangement; c'est un mérite devenu fort rare chez les peintres romantiques. L'ouvrage historique le plus notable de l'artiste dont je parle est une *Mort de Louis XIII*, joliment composée, bien pensée, et d'une exécution qu'on peut dire élégante. Parmi ses tableaux de chevalet qui ont ajouté à sa réputation, son *Milton* est digne d'être cité. Une *Amy Robsard* qu'il a envoyée en pays étranger, et que j'ai pu voir avant son départ, est une très jolie chose. M. Decaisne, comme M. Saint-Èvre, affectionne les tons jaunes. Une de ses préoccupations, c'est de rappeler dans ses portraits la manière séduisante de Lawrence.

M. Champmartin, qui semblait destiné à la grande peinture, avait débuté par des ouvrages où l'originalité était poussée peut-être jusqu'à l'exagération. On se rappelle sa *Fuite en Egypte* et son *Massacre des Janissaires*; il y avait là des parties très remarquables. Une sérieuse étude de la forme pouvait faire de l'auteur un peintre du premier ordre; cette étude, il l'a limitée à la tête et aux mains, le seul nu qu'il peigne aujourd'hui que tous ses soins se sont tournés vers le portrait. Dans cette spécialité, il occupe un des premiers rangs, et peut-être serait-il sans conteste le premier entre les plus habiles, s'il avait plus de fermeté dans sa touche. et si les chairs qu'il représente ne conservaient pas une apparence mollement consistante. Ce défaut, qu'on avait reproché déjà à M. Champmartin l'année dernière, est plus saillant encore cette année dans ses productions; il nuit beaucoup au mérite de morceaux remarquables par de belles qualités. M. Champmartin sait illuminer une tête; il a fait tels portraits d'un éclat éblouissant, indépendamment même du petit charlatanisme qui consiste à jeter dans l'ombre ou la demi-teinte tout ce qui n'est pas le visage. Le portrait du vieux médecin Portal, celui de madame de Mirbel, celui d'une petite fille posée à côté d'un chien, et le buste plein de charme d'une dame vêtue de noir que nous avons vu au salon de 1833, suffiraient à la réputation d'un artiste. M. Champmartin, s'il veut ne pas toujours voiler sa peinture d'une brume qui efface les saillies et nuit à la précision des contours, prendra le rang qui lui appartient et que peu de personnes peut-être lui pourraient disputer.

On vient de voir que la peinture historique a été désertée par M. Champmartin, qu'elle est presque abandonnée par M. Decaisne ; que M. Boulanger, gâté par les louanges exagérées de ses amis, n'a produit encore rien de beau, même dans l'ordre d'idées auxquelles il s'est donné ; que M. Saint-Evre, avec un talent très recommandable, ne nous a pas donné encore un de ces ouvrages qui se classent dans une grande école.

M. Eugène Devéria n'a pas fait un pas depuis ce pastiche heureux de Paul Veronèse, qui mêla son nom aux noms, célèbres alors, des peintres romantiques. Son *Milon de Crotone* est inférieur à *la Naissance d'Henri IV*; on y peut louer un ton agréable, de l'éclat, du charme, mais on y doit reprendre cette coquetterie qui ment à la gravité de la peinture monumentale, et ce tortillé du dessin qui nous rappelle fort désagréablement Vatteau.

M. Poterlet n'a jeté aucun éclat, quoiqu'il eût fait espérer à son début.

M. Tassaërt a donné cette année une *Mort du*

Corrège, dont l'aspect, le ton, et peut-être aussi quelques parties de l'exécution nous ont fait souvenir de *la Pauvre famille* de Prud'hon ; mais dans Prud'hon, la forme était plus respectée et le dessin plus correct.

M. Gigoux ne tient pas grand compte non plus de la forme ; il vise essentiellement à la couleur. L'année dernière, ses ouvrages avaient sous ce rapport un mérite assez rare ; cette année, tout est jaune, tout manque de lumière, tout est lourd. Son Saint-Lambert est un homme vulgaire, sans distinction, laid ; sa madame d'Houdetot est une grisette qui n'est pas même jolie ; son soleil de Versailles est triste, froid et ocré. Dans un tableau où nous voyons un vieillard dire *la Bonne aventure* à deux jeunes gens, mêmes défauts ; la jeune fille est une des plus désagréables fiancées qu'on puisse voir. Le portrait de M. Laviron est ce que M. Gigoux, son ami, a fait de mieux ; il n'y manque que de la lumière.

M. Laviron imite M. Gigoux, mais c'est par le mauvais côté qu'il lui ressemble ; il a fait des portraits tellement noirs et sans lumière qu'on ne les devine pas. Cet artiste n'a encore aucun talent, aussi s'est-il fait critique impitoyable. Tout ce qu'il y a d'œuvres aimées du public passe par le fil de sa plume sévère, qui n'a d'indulgence que pour M. Gigoux et quelques artistes de ce sentiment. C'est un périlleux emploi pour un artiste d'écrire sur les ouvrages de ceux qui sont ses rivaux : on ne peut pas le croire indépendant ou impartial; il ne saurait se dégager de ses préjugés d'école, de ses préventions d'amitié, de ses engagemens de camaraderie ; on le suppose du moins, et cela est fâcheux. M. Laviron ferait très bien d'étudier un art qu'il aime, et qu'il ne pratique pas encore assez bien pour qu'on ne puisse pas toujours répondre à ses critiques par l'infériorité de ses exemples; il finirait peut-être par se faire distinguer parmi les peintres, et par donner quelque autorité à ses arrêts en matière de goût.

Un homme tout-à-fait notable dans l'école romantique, c'est M. Arry Scheffer. Il est beaucoup plus goûté du public que M. Delacroix, parce que, je dois le dire, il est beaucoup plus intelligible, et que la nature qu'il représente n'est pas exceptionnelle et laide comme celle dont le peintre du *Massacre de Chio* fait l'objet de ses constantes préférences. M. Delacroix est un coloriste plus puissant que M. Scheffer; il a plus de fougue, plus de passion, plus d'énergie; il dessine, quand il veut, avec un sentiment bien plus fort; il est peintre de mouvement plus profond; mais M. Scheffer est peintre d'expression plus vrai; il est moins hasardeux, moins bizarre, plus dramatique, plus habile à faire naître l'émotion, enfin plus correct. Dans les sujets terribles qu'a souvent traités M. A. Scheffer, il n'a jamais été repoussant; M. Delacroix, au contraire, est allé quelquefois jusqu'à la hideur, et c'est la raison de la répugnance qui s'est manifestée à plusieurs reprises contre le talent, d'ailleurs si éminent, du peintre de *la Liberté* et de *Marino Faliero*.

Cette année, M. Delacroix, dans ses *Femmes d'Alger*, s'est montré coloriste plein de finesse, et lumineux. Qui aime Rembrandt doit aimer ce tableau. Je regrette seulement que le dessin des bras et des jambes de ces Algériennes, dont une est jolie, soit aussi disgracieux. *La Bataille de Nancy* manque tout-à-fait de composition; ce sont des épisodes sans liaisons aucunes; c'est du mouvement sans action; on y cherche le héros, qu'on trouve seulement parce qu'on sait l'aventure de Charles-le-Téméraire. Il y a d'ailleurs de belles choses, des choses bien pensées, et de ce nombre est le cheval qui porte le duc de Bourgogne; il n'est pas dessiné avec finesse, mais il est si juste d'intention, il glisse si bien en cherchant à gravir l'abord de la mare où il est embourbé, qu'on ne peut se lasser de l'admirer. Dans le portrait de *Rabelais*, commandé pour la ville de Chinon, je n'ai vu que les accessoires de louables; dans le *Couvent des Dominicains* à Madrid on a remarqué un ton local, solide et fin, une grande force de couleur, une bonne entente du clair-obscur, mais on a blâmé des figures courtes, lâchées, traitées en esquisse.

Généralement, l'école nouvelle, et surtout son chef, M. Delacroix, méprise le fini même dans ses peintures de petite dimension; c'est un grand tort. La nature n'a rien de lâché; tout est arrêté chez elle, et c'est se donner trop beau jeu devant ce modèle que de n'avoir pas le courage de lutter sérieusement contre les difficultés qu'il présente. Se tirer d'affaire par des lazzis, par quelques touches vives, brillantes et bien senties, par ce stratagème d'un effet vigoureux qui laisse quelques points clairs en saillie, c'est faire ce que font dans la discussion les gens qui, n'ayant pas d'argumens solides à leur disposition, font feu de tout leur esprit et se jettent hardiment dans la plaisanterie ou dans le paradoxe. J'ai entendu dire que cette grande liberté de la langue et du pinceau prouve le génie du discutant et du peintre; je n'en crois rien : on ne bat la campagne avec gaieté ou avec des raisons spécieuses, on ne se rabat sur l'à peu près en peinture que quand on ne peut pas faire autrement. Quand l'école romantique aura produit quelque chose qui ait la puissance et la correction des œuvres des grands maîtres vénitiens, je croirai qu'elle ne fait de l'esquisse que pour ses menus plaisirs ; jusque là, je la regarde comme incapable de peindre et de passablement dessiner une figure nue. J'ai cru avec tout le monde, ou plutôt j'ai espéré que l'école qui nous promettait de réformer le système pétrifié de l'observance classique nous donnerait du nouveau et quelque chose de complet. J'ai assez attendu, et, je l'avoue, je crains qu'il soit inutile d'attendre plus long-temps. Du complet point d'apparence, du nouveau pas davantage. L'ébauche, l'esquisse, le lazzi, le torchis de palette, voilà ce qu'en général nous avons eu au lieu d'ouvrages achevés ; et, quant au nouveau, il est vrai qu'on nous a donné autre chose que des imitations de David, mais nous n'avons guère été plus heureux : des éternelles copies des *Horaces* on nous a mené à la charge, rarement heureuse, de Rubens et de Rembrandt, à l'imitation de Paul Véronèse et de Titien, de Giotto, et de l'Anglais Constable ; voilà l'originalité !

Je reviens en peu de mots à M. A. Scheffer. Depuis dix ans, il est inégalement heureux au Salon; plusieurs de ses productions historiques ont réussi ; quelques unes , comme ses portraits équestres d'Henri IV et de Louis-Philippe, n'ont pas eu la même faveur. Presque tous ses tableaux de chevalet ont obtenu le succès qui s'attache d'ordinaire à un bon choix de sujets et à une exécution agréable. Parmi ces morceaux, on se rappelle *le Pasteur Oberlin, le Retour de l'armée* (Lénore), véritable bijou, *le Christ et les petits enfans*, et plusieurs épisodes de l'insurrection grecque. Dans sa grande peinture, M. Scheffer a fait des ouvrages d'un mérite très réel. Sous le rapport de l'expression *Faust*, *Marguerite*, le *Giaour*, et *Médora* sont des choses remarquables ; le *Giaour* est plus fort que les trois autres ; *Médora* est la plus charmante. Cette pauvre fille pense bien , elle attend bien , elle craint bien, et puis elle est bien jolie ! Il est seulement fâcheux que cette peinture ne soit pas assez faite. La *Marguerite*, exposée en 1833, est bien différente du *Larmoyeur* exposé en 1834 ; dans ce dernier tableau , M. A. Scheffer est revenu à sa manière dont il s'était écarté un peu pour essayer de la finesse du dessin. Les têtes du vieillard qui pleure et de son fils mort sont belles ; les accessoires sont traités avec force et talent ; on n'a qu'un défaut à reprocher à cet ouvrage, c'est une lourde uniformité de ton.

M. Scheffer et M. Delacroix sont les deux hommes importans de l'école romantique; le premier est plus populaire; l'autre a une plus grande valeur aux yeux des artistes et des amateurs, parce qu'il a une individualité plus prononcée.

Entre les deux rangs se trouvent quelques artistes qui ne suivent ni le pennon romantique, ni l'étendard davidien. Ils ont chacun leur croyance et leur manière de faire. Les principaux, ceux qui ont acquis le plus de considération, sont MM. Delaroche, Léon Cogniet, Schnetz, Horace Vernet, Sigalon, Steuben, et Léopold Robert. M. Robert est une des grandes renommées de l'école moderne : son *Retour des vendanges*, ses *Moissonneurs* et sa *Napolitaine pleurant sur les débris de son habitation ruinée* l'ont placé bien haut dans l'estime de tous les partis. Peu d'artistes contemporains ont réuni des suffrages aussi unanimes, ont excité d'aussi vives admirations. Un style fort, élégant et naturel, un bon dessin, une couleur qui a autant d'éclat que de vérité, une manière heureuse de sentir et de rendre les scènes populaires de l'Italie, qui ont frappé tous les voyageurs, sont les mérites par lesquels M. Robert s'est recommandé au public. Ce peintre, homme vraiment supérieur, ne nous a rien envoyé cette année; il avait fini, dit-on, un tableau représentant une des *quatre saisons*, dont il a donné déjà deux sujets; il n'a pas été content de son travail, et l'a recommencé; nous ne l'aurons qu'au Salon prochain. Il faut louer ce courage.

M. Steuben, en prenant le point de départ classique, a cherché le nouveau avec une persévérance louable, il n'y est pas toujours arrivé; mais on doit lui rendre cette justice, qu'il n'est point resté dans l'ornière où se traînaient quelques jeunes gens sur les pas des élèves de David. Si le romantisme ne l'a point compté parmi ses adhérens, il n'a pas été non plus l'auxiliaire de la vieille école. Il a professé le respect de la forme, en se portant partisan de l'effet, de la couleur et du mouvement; mais le mouvement est devenu quelquefois chez lui un peu mélodramatique, comme dans son *Pierre-le-Grand enfant*; mais sa couleur a été souvent lourde et plâtreuse; mais son effet n'a pas été exempt d'affectation. Parmi ses plus jolis ouvages, je citerai avec plaisir une charmante tête d'étude de femme allaitant son nourrisson; cela vaut dix fois mieux par le naturel, la grâce et la naïveté de l'expression, que cette *Jeune Espagnole* aux joues enluminées de fard, à la chair dure, au sourire forcé, au costume annonçant une volonté de travestissement, qui a été exposée cette année, et beaucoup louée par les amateurs du grand monde, qui louent beaucoup aussi les portraits de M. Dubuffe, ceux de M. Kinson, et la peinture brillantée et molle de M. Ducis. M. Steuben, dans cette étude, a voulu être plus coloriste qu'il n'avait paru l'être dans l'autre que j'aime tant encore, par souvenir; il l'a été beaucoup moins. Sa couleur est bizarre; l'harmonie grise de la jolie nourrice était bien préférable. La *Bataille d'Ivry*, qui sert de plafond à une des salles du musée égyptien, est une vaste composition, trop vaste même, parce que d'un coup d'œil on n'en saisit pas l'ensemble. Les épisodes se lient les uns aux autres avec une habileté dont on reconnaît aisément l'artifice. Il y a dans cet ouvrage de belles parties, des figures heureuses, de bonnes expressions, de l'éclat, mais partout un peu de dureté. M. Steuben est au nombre des hommes de talent dont notre école s'honore; le commencement de sa réputation date de 1822, quand il exposa le *Serment des trois Suisses* sur le Gruttli.

M. Sigalon a de l'énergie, de l'élévation dans la pensée, une certaine grandeur dans la composition et le style, une couleur originale; il a Michel-Ange en adoration, ce qui nous fait espérer qu'il nous rapportera de Rome une bonne copie du *Jugement universel*, autant qu'une copie bonne de ce chef-d'œuvre dégradé par le temps, est une chose possible. Il a été chargé de ce travail, mission à laquelle sa *Vision de saint Jérôme*, et son *Christ en croix*, exposés en 1831, lui donnaient des droits qu'on a peu contestés. C'est un tableau de *Locuste*, suivi d'un *songe d'Athalie*, beaucoup moins heureux que cette représentation originale de l'empoisonneuse gagée par Néron, qui révéla au public le nom de M. Sigalon.

Un des artistes les plus populaires, mais aujourd'hui les plus vivement attaqués par l'école romantique et par les ingristes, c'est M. Horace Vernet. Élève de Vincent, son style se ressentit toujours un peu de sa première éducation; aussi ses premiers essais dans le genre historique : *la Bataille de Toloza*, *Ismaël et Maryame*, et *le Massacre des Mamelucks*, obtinrent-ils un grand succès. Cependant il y avait dans ses trois ouvrages des qualités honorables, une grande facilité, une liberté de pinceau, une chaleur de composition et d'exécution que bien peu de peintres possédaient en 1819. Plus tard, M. Vernet s'est étudié à réformer à la fois son style et sa couleur, et c'est alors qu'il a donné *Philippe-Auguste* et le *pape Léon X*, tableaux inspirés par l'école de

Venise, et qui diffèrent du *Jules II* et de la *Bataille de Fontenoy*, d'*Edith* et de la *Mort d'Holopherne*, par l'intention qu'a montrée le peintre d'être à la fois plus solide et plus éclatant. Les peintures historiques auraient certainement fait une réputation à M. Vernet, mais ce n'est pas là ce qui a assuré à son nom la popularité dont il jouit. Ses ouvrages de chevalet, ses essais, presque toujours heureux, dans tous les genres, ses peintures épisodiques de notre histoire militaire de l'empire et de la révolution, ses batailles (*Montmirail* surtout), ses représentations des habitudes du camp et de la caserne, ses petits drames tragiques ou plaisans, voilà ce qui l'a recommandé à toutes les classes de la société. Vernet n'a imité personne; peintre de chevaux, il ne copia pas sur son père, qui les fit toujours si déliés, si fragiles, pour ainsi dire; il ne s'inspira pas davantage de Swebach ou de Wouvermans, il fut ce que son goût le porta à devenir. En tout, il fit de même. Cette homme, qui produit avec une facilité si merveilleuse, qu'en vérité on serait tenté de la regarder comme du génie, ne croyez pas qu'il ait fait spontanément et sans étude sérieuse toute cette œuvre par laquelle son mérite est attesté comme sa fécondité : non, il a beaucoup et continuellement travaillé. J'ai vu faire plus des cinq sixièmes de cette prodigieuse collection de tableaux, de dessins, de lithographies qui semblent lui être échappés comme de brillantes et spirituelles improvisations, et je sais que ces figures, qui, chacune à son tour, venaient se placer, complètes de mouvement, d'expression et de détails finement observés, sur une toile blanche que n'avait point maculé une première ébauche, sortaient élaborées toutes prêtes, toutes peintes de sa tête, où elles s'étaient groupées dans un travail de composition antérieur à celui auquel j'assistais. Je ne me rappelle pas avoir vu changer de poses dix personnages de cette nombreuse série d'acteurs grands et petits qui obéissaient si bien à la première intention du peintre. M. Horace débuta vers la fin de l'empire ; l'époque de sa plus grande renommée fut la Restauration, temps de regrets et d'opposition, où sa verve se donna un libre essor, où il partagea avec Béranger et Charlet l'emploi de consolateur du peuple bonapartiste, du peuple troupier et grognard. Depuis la révolution de juillet, éloigné de Paris par des devoirs qui seront accomplis à la fin de l'année courante, vivant à Rome, et y travaillant sous l'inspiration des maîtres anciens, il a accru son œuvre plus que sa réputation. L'apogée de son talent comme peintre d'histoire, ce n'est pas la *Rencontre de Raphaël et de Michel-Ange*, mais *Philippe-Auguste*; ce qu'il a fait de mieux comme peintre de batailles, c'est *Montmirail*; comme peintre de genre, c'est *l'Arrestation des princes*. Il y a loin de ce délicieux tableau à la scène des barricades qu'il a envoyée de la Villa-Médicis; mais un médiocre ouvrage ne prouve rien contre un artiste qui en a fait tant de distingués, et qui, l'année même où il expose cet épisode du 30 juillet 1830, donne sa *Conversation d'Arabes*. On a critiqué avec aigreur, avec malveillance, cette scène africaine que M. Vernet a faite presque d'après nature, et qu'il a rendue très consciencieusement; on l'a trouvée blafarde de ton, et crue d'effet; on a nié la vérité du caractère bédouin reproduit par l'artiste; selon moi, l'on a tort. Je crois qu'en effet il y a un peu de crudité dans le paysage au milieu duquel sont assis les flegmatiques auditeurs du conteur arabe; mais je ne nie pas que le principe en soit vrai, seulement il est peut-être un peu exagéré. Je me rappelle très bien voir vu, à certaines heures du jour, le ciel d'Alger d'un bleu ardent déteindre, pour ainsi dire, sur la végétation, et lui donner ce ton de faïence qu'a saisi M. Vernet, trop exact dans l'expression d'une réalité, qui blesse les idées reçues sur la chaleur du ton de l'Orient.

On a été fort préoccupé, en regardant le tableau de M. Horace, de la peinture turque qui nous vient de M. Decamps. Elle a un attrait tout particulier, un ragoût que l'on aime; on ne s'arrête pas à l'idée que cette riche et chaude harmonie n'est pas la vérité, mais qu'elle a pour point de départ une convention; et, comme on trouve cela admirable, on juge tout ce qui est d'Orient et d'Afrique par comparaison avec le *Corps-de-garde de Smyrne*, le *Village turc*, ou *la Patrouille turque*. Cette manière n'est pas équitable, mais elle se conçoit bien, et se peut excuser; on cède malgré soi à l'entraînement, et comme on s'est passionné pour une chose, tout ce qui n'est pas cette chose elle-même, ou en analogie avec elle, déplaît, ou est accueilli avec tiédeur. Les Arabes de M. Horace Vernet sont vrais et pleins du caractère local. Je pense que certains reflets bleuâtres alourdissent quelques unes des figures; je pense qu'un glacis d'ocre jaune passé sur les fonds aurait enlevé la crudité dont on s'est plaint; mais je soutiens qu'on a eu tort de songer à M. Decamps à propos de M. Horace, et de sacrifier ce dernier à l'autre. M. Decamps est lui, individuel : c'est un de ses grands mérites; M. Vernet est original aussi; avec cela, il est fin, spirituel, facile, fécond, habile; il a de grandes qualités qu'on a mauvaise grâce à méconnaître. Qu'il vaille mieux que M. Decamps, c'est ce que je ne soutiendrais pas ; qu'il lui soit inférieur, c'est ce qu'on ne parviendra point à me démontrer. Il a produit beaucoup et de belles choses en tous les genres ; il est peintre dans la plus large acception du mot; pourquoi la mode vient-elle donc de le dénigrer? Quand il ne devrait plus réussir désormais à nous donner de ces ouvrages qui obtinrent une si juste vogue; quand il finirait par se survivre à lui-même, comme a fait M. Gros avec sa malheureuse persistance, encore faudrait-il reconnaître que M. Vernet fut un artiste puissant et grandement remarquable. M. Gros a beau faire des portraits comme celui de la comtesse Yermolloff, des tableaux de chevalet comme *l'Amour piqué par une abeille*, des plafonds qui affligent tous les yeux dans la dernière salle du musée égyptien, il n'en reste pas moins un grand peintre; le peintre de l'époque impériale, l'auteur immortel des *Pestiférés de Jaffa*, du *Portrait de Lasalle*, de l'esquisse du combat de *Nazareth*, et de quelques autres grandes et admirables choses. *Lucrèce Borgia* et tous les drames de M. Victor Hugo n'empêchent pas l'auteur des *Odes* et des *Orientales* d'être un grand poète. M. Vernet peut donc déchoir sans qu'on ait le droit de rayer son nom de la liste des artistes célèbres du xix⁰ siècle. Mais il est d'une famille où l'on a le privilége du talent avec celui du long âge; son père, ce spirituel M. Carle qui commença sa longue carrière artiste par *le Triomphe de Paul-Emile* pour arriver au premier rang des plus fins caricaturistes, il peint encore à Rome où il a suivi le directeur de l'académie. On dit qu'il vient de faire un cheval aussi vif, aussi élégant que le meilleur de ceux qu'il a dessinés autrefois. M. Carle Vernet, fils de Joseph Vernet, le peintre célèbre de marine de la fin du dernier siècle, est plus que septuagénaire, et sa main est encore sûre si ses yeux ont faibli; il travaille encore toutes les fois que les fatigues de sa vue le lui permettent; il monte encore à cheval et court la campagne avec son fils. C'est une de ces organisations solides, sans apparence extérieure, qui semblent à l'abri des accidens nombreux auxquels est en butte la frêle machine humaine. L'anxiété de M. Carle pour M. Horace est si tendre, si passionnée, qu'on la conçoit à peine; elle est jalouse et exigeante comme l'amour, elle est craintive comme l'affection d'une mère pour son fils au berceau. Le vieillard ne peut être éloigné de l'objet de toutes ses pensées l'espace d'une demi-heure et le temps d'une demi-journée; le jeune homme fait tous les sacrifices à ce besoin du cœur paternel. Il aime son père comme on aime son frère ; il l'admet au partage de toutes ses idées, le quitte le moins qu'il peut, l'emmène avec lui partout, va le voir, ou lui écrit s'ils n'habitent pas ensemble, a pour lui, enfin, ces égards attentionnés qu'on a pour sa maîtresse dans les premiers jours seulement d'une liaison. M. Carle était fort connu à Paris pour ses calembourgs, dans un temps où ce jeu de l'esprit était très estimé; il n'y a plus de calembouristes maintenant, M. Carle est un des derniers. Il avait glorieusement soutenu, ici, le calembourg contre l'indifférence qui avait succédé au goût des hommes du directoire et de l'empire pour la plaisanterie à double entente; il l'a transplanté à Rome. Nous l'avons vu long-temps tenir ses assises, le soir, au café de Foy, où, de onze heures à minuit, il débitait tout ce qu'il avait arrangé de pointes, de mots à doubles significations pendant la journée; sans doute que maintenant c'est à l'académie romaine qu'il propose ses énigmes plaisantes. L'amour du calembourg, il le tient, au surplus, de Joseph Vernet, qui était très lié avec le fameux marquis de Bièvre. Joseph portait la vanité sur ce chapitre si loin, que, pour être toujours en mesure de lutter dans le monde contre le marquis, dont la fécondité était prodigieuse, il achetait à Carle, un écu la pièce, les calembourgs que celui-ci inventait, à condition que Carle s'engagerait à en laisser la primeur à son père. M. Carle Vernet est devenu dévot; il ne se met jamais à table sans, au préalable, se tourner du côté de saint Pierre, pour faire une prière mentale. Il a quelques unes des anciennes superstitions populaires, auxquelles on ne s'attache plus guère aujourd'hui. Quand on met le couvert, par exemple, on a soin de mettre la salière près de lui, de peur qu'en prenant du sel de trop loin, il ne soit exposé à en répandre sur la nappe; il ne souffre jamais, non plus, que personne coure le danger de renverser le vase au sel; il se hâte de le faire passer de main en main, bien droit, avec un coup d'œil de recommandation, jusqu'à celui qui y doit plonger la pointe de son couteau. Il est des mots qu'on ne prononce jamais devant ce vieillard craintif : *Vendredi*, par exemple, *treize* et *mort*. Aussi pour tous ceux qui vivent avec lui, c'est une étude continuelle des précautions du langage; on parle du lendemain du jeudi ou de la veille du quatorze, encore glisse-t-on rapidement sur ces circonstances du discours; mais pour la mort, il n'est si ingénieuse figure, si timide allusion qu'on ose se permettre à ce sujet; sous aucun prétexte on ne parle de mort, du jour des Morts, ou de rien qui se rapporte à cela. Si, dans la rue, M. Carle rencontre un convoi funèbre, il se détourne; si, de chez lui, il entend les cloches annoncer un service mortuaire, il ferme ses fenêtres et se bouche les oreilles. Il aimait beaucoup Pierre Guérin; quand il apprit qu'il était gravement malade, il s'informa, et lorsqu'on lui eut dit que l'auteur de *Phèdre* était en danger, il cessa de demander de ses nouvelles de peur d'apprendre qu'il avait succombé. Guérin mourut en effet; M. Carle se douta de ce malheur, mais jamais il ne s'assura de la vérité du fait, parce qu'il aurait fallu qu'il dît : Guérin est-il mort? ou qu'il entendît dire : M. Guérin est mort. Dans un homme distingué par l'esprit, et qui a vécu au milieu d'une école, où bonne et sûre guerre a été faite à tous les petits préjugés, ces faiblesses que je raconte sont étranges, et si j'en parle ici, ce n'est point pour m'en moquer, mais pour constater que dans une classe, qui n'est pas celle où l'ignorance les rend assez naturelles, elles existent encore par tradition chez des vieillards.

M. Schnetz est admirable dans la représentation du peuple italien, mais hors de cette sphère, il est d'une étonnante médiocrité (j'en excepte le beau Mazarin mourant). Il semble qu'il y ait deux hommes fort distincts dans le peintre du *Charlemagne* et des *Malheureux implorant le secours de la Vierge*; dans l'auteur de la tête dure et rougeâtre de la *Jeanne d'Arc* qui figure au salon de 1834, et des *Vœux à la Madone*, touchante et expressive élégie populaire. Que l'on compare sa famille de *Contadini* se sauvant des eaux du Tibre, avec sa *Prise de l'Hôtel de Ville* en 1830, et que l'on dise si ces deux productions ont le moindre rapport de vérité, d'entente de composition et d'exécution! Ce n'est pas que dans ce dernier tableau il n'y ait quelques bonnes choses, comme l'apprenti mourant et le soldat suisse étendu sur le revers de la barricade, deux études pleines de mérite; mais ce peuple n'est pas le peuple français, c'est la corruption du peuple italien masquant le type parisien. M. Schnetz ne devrait pas vivre à Paris, il était né pour Rome; c'est là seulement qu'il a été peintre, et peintre très remarquable. Élève de David, il a conservé le sentiment du dessin de son école, mais il n'a copié ni son maître, ni aucun de ses devanciers à l'atelier; il a été lui, lui, peintre des mœurs et des physionomies romaines : il dégénère en France. M. Schnetz est coloriste; quelquefois il a outré la vigueur du ton et l'a poussée au brun chocolat; pour sortir de là, il monte au rouge violâtre, ce qui le rend criard et dur.

Un artiste qui, parti du principe davidien, est arrivé à un résultat bien digne d'attention, c'est M. Léon Cogniet. L'auteur du *Massacre des Innocens*, de *Saint-Étienne visitant les malades*, de *Rébecca*, de l'*Épisode de la guerre de Moscou* et de *Bonaparte en Égypte*, est un des hommes les plus recommandables de l'école française. Son style est large et simple, son dessin est correct sans raideur, sa touche est vigoureuse, sa couleur est ferme, brillante et vraie. Tout le monde a loué son plafond de *Bonaparte* monté sur les ruines d'un monument égyptien et entouré de savans qui analysent le butin précieux, fruit de la conquête. Cette peinture est pleine du caractère de l'époque, et puis l'effet en est chaud, brillant; il y a de la profondeur dans l'air embrasé du désert Thébain; il y a de la gravité dans le groupe principal, et de l'esprit dans l'épisode du tambour et du soldat qui regardent passer la caisse d'une momie, qu'on apporte sous la tente du général en chef. Cet épisode a été blâmé; on a trouvé peu digne le sourire jeté par le grenadier sur la momie, on lui a donné toutes sortes de bizarres explications; je ne suis touché, quant à moi, ni de la susceptibilité de cette critique, ni de l'ingéniosité des interprétations laborieuses données au geste du soldat. Je trouve cela fort bien, fort naturel, et point du tout déplacé, dans la représentation d'une scène militaire, où il fallait caractériser l'esprit de l'armée. Les soldats battirent des mains devant les Pyramides, a-t-on dit, et il n'est pas raisonnable, par conséquent, d'en faire sourire un de pitié, à la vue d'un morceau curieux pour l'art et la science. Pauvre argument! selon moi. Ce n'est point l'idée de science ou d'art qui est intéressée ici. Quand l'armée battit des mains en présence des Pyramides, elle était frappée du gigantesque de ces constructions antiques, parce que tout ce qui a le caractère de la grandeur a cet effet d'instinct sur les masses d'hommes; mais qu'y a-t-il de commun pour un soldat entre les Pyramides et un cercueil peint, doré, renfermant un corps entouré de bandelettes embituminées? la pyramide n'a pu lui faire hausser les épaules, mais il a pu dire fort sensément : « C'est bien la peine d'affronter la chaleur dévorante du Désert, la soif, la fatigue et la mort, pour quelques bières enjolivées, pour des cadavres bien conservés! » Le soldat n'a pas dû manquer à ce raisonnement, l'officier a pu raisonner mieux, et c'est ce que

M. Cogniet a fort judicieusement exprimé en montrant les chefs de l'expédition occupés auprès de Bonaparte à l'examen sérieux des objets qu'on leur apporte, pendant qu'un grenadier sourit de pitié à l'aspect d'une des reliques égyptiennes. Il n'y a donc point là d'esprit mesquin, d'esprit de vaudeville comme on l'a prétendu, il y a de l'observation, de la vérité et du caractère. Le *Bonaparte en Égypte* est le meilleur ouvrage de l'artiste à qui le *Saint-Étienne* fit tant d'honneur en 1827; c'est un des bons tableaux modernes. M. Cogniet est maladif, c'est bien dommage; probablement si ce peintre avait une santé meilleure, il serait plus fécond : on peut se plaindre de la rareté de ses productions.

La notabilité historique la plus populaire aujourd'hui, c'est sans contredit M. Paul Delaroche; dans tous les salons, dans toutes les boutiques, son nom est répété aujourd'hui avec les éloges qui accompagnaient, il y a quinze ans, celui de M. Gérard, et celui de David il y a trente ans. C'est un artiste d'un grand talent, un artiste qui n'est ni classique, comme on l'a voulu entendre, ni romantique, comme on a voulu le devenir; il ne s'est point traîné servilement sur les pas des maîtres, et quand il a innové, toujours il s'est tenu dans les limites de la raison; il a plus osé que

M. Drolling, qui est aussi un homme d'un vrai et solide mérite ; mais il a reculé devant le système qui menait trop vite et trop loin des jeunes talens enivrés de la joie d'une révolution radicale. On pourrait dire que M. Delaroche est resté dans un prudent juste-milieu, fondant avec soin pendant qu'on démolissait autour de lui, sans que les révolutionnaires eussent la force qu'il faut aux novateurs pour rebâtir. Pour l'école et pour lui-même il a été progressif, il a poussé la peinture historique plus loin qu'elle n'était sous l'empire des lieutenans de David, et chaque année il a épuré et agrandi sa manière. Long-temps M. Delaroche fut lourd, plombé de ton, un peu dur ; il est devenu plus fin et plus vrai de couleur, plus souple et plus varié. Le *Président Duranti* et la *Mort d'Élisabeth* sont du temps où il cherchait à se débarrasser du pinceau qui engourdissait sa main ; dans ces deux ouvrages il y avait de l'étude, du drame expressif, mais une harmonie pesante et un faux éclat. Après *Elisabeth*, il se réforma. Admirateur sincère et raisonnable de M. Ingres, il a cherché la pureté de la forme et la simplicité de l'expression ; c'est alors qu'il a fait *les Enfans d'Édouard*, œuvre composée et exécutée dans la vue d'obtenir, avant tout, le suffrage de l'auteur de l'*Apothéose d'Homère* et du *Vœu de Louis XIII*. Un succès immense accueillit ce tableau, qui plut beaucoup aussi à M. Ingres, ce que l'auteur avait tant souhaité. Il y a bien encore quelque lourdeur dans la manière dont sont peintes les têtes des deux jeunes victimes, celle surtout, un peu trop violâtre, du duc d'York; mais, en général, le morceau a de la finesse, du charme et un juste sentiment de coloris naturel. Il plaît par une foule de jolis détails, il attache par le sujet traité avec une parfaite intelligence des convenances de l'art et du goût. *Cinq-Mars* et *Mazarin* eurent un succès aussi général; ce sont deux tableaux de chevalet d'une finesse d'exécution très remarquable, moins vifs peut-être que celui de *Miss Macdonald* et *le Prétendant*, mais sinon plus spirituellement touchés, au moins plus complets, plus finis. *Cromwell* parut avec d'autres qualités. C'est la peinture matérielle dans toute sa perfection, une peinture qui rappelle celle de certains maîtres espagnols. Mais là, le crayon est moins pur et moins fin que dans *les Enfans d'Édouard*; il y a plus de largeur d'effet, plus de profondeur, moins d'élégance, moins d'élévation de sentiment. Un grand pas encore sépare *Jane Gray* de tout ce qui l'a précédée, un pas en avant.

On a beaucoup disputé sur cet ouvrage parce qu'il réussissait immensément devant le public; je n'ai ni le temps ni la place qu'il faudrait pour répondre à toutes les critiques dont on nous a étourdis à ce sujet pendant deux mois; je me contenterai de dire que *Jane Gray* et son succès très général ont contrarié beaucoup l'école romantique, dont les efforts, pour se relever, n'ont pas été heureux, et que là est l'origine de la contestation à laquelle sont venus se mêler brusquement les ingristes désolés de la froideur avec laquelle le *Saint-Symphorien* de leur maître était reçu. L'avenir ne saura pas que le tableau de M. Delaroche a fait naître des discussions passionnées; il ne se doutera pas qu'on a été jusqu'à dire que, pour s'épargner une difficulté, l'artiste n'a pas peint un œil ouvert, comme s'il n'avait jamais fait d'yeux ouverts! il ignorera qu'une des grandes fautes qu'on a reprochées au peintre, c'est d'avoir fait trop petit le billot sur lequel doit s'appuyer la tête de Jane, et trop propre la paille qui doit étancher le sang! L'avenir sera bien heureux! il n'entendra point les vingt mille sottises que les beaux esprits d'atelier et les jaloux ont débitées sur une production riche de tous les mérites : expression simple, profonde et vraie, intérêt touchant et tragique qui n'inspire le dégoût ni l'horreur, style noble sans recherche, dessin correct et fin, effet tranquille et large, composition où tout s'explique et se fait comprendre à merveille, harmonie sage et calme, enfin couleur vraie qui ne manque ni d'éclat ni de force : on peut dire que c'est une œuvre de bon goût, de beaucoup de talent et de conscience. Avec son sujet, M. Delaroche pouvait faire un grand mélodrame, bien noir, bien atroce, à la victime échevelée, au bourreau hideux, à l'échafaud immonde; il a fait une scène de tragédie simple, qui émeut, attendrit, serre le cœur et fait couler des larmes. Je n'ai, moi, qu'un regret à exprimer devant cet ouvrage, c'est que la chair des bras, si fins, si jolis, de Jane Gray, soit un peu trop inflexible et ressemble à de l'ivoire; du reste l'exécution me paraît aussi belle que la conception me semble heureuse. M. Delaroche n'a pas voulu faire la grimace, si commune aujourd'hui dans tous les arts, de la chaleur factice qu'on voudrait bien faire passer pour du génie, de la fougue de pinceau qui n'est souvent qu'un masque maladroit sous lequel on cherche à cacher l'incapacité de l'exécution; il a été partout réservé, sensé, et c'est ce qui lui a valu des outrages et presque des injures grossières.

Au surplus, les injures n'ont point été épargnées cette année dans les discussions à propos du salon — car c'est le ton de la polémique de cette année-ci! — M. Delaroche n'est pas le seul à qui on les ait prodiguées; M. Ingres en a eu sa part. Et comme c'était sur les ouvrages, les talens et les systèmes de ces deux artistes que la question de l'art était posée; comme on était fort obstiné de part et d'autre, ce sont les ingristes qui ont le plus vivement et le plus grossièrement déclamé contre M. Delaroche, ce sont les admirateurs de M. Delaroche qui ont le plus durement attaqué M. Ingres. Il faut le dire pourtant, dans cette lutte de haines insensées, les ingristes ont eu le triste avantage de la violence. Le mépris avec lequel ils parlaient de M. Delaroche était vraiment fort risible. Un d'eux, devant qui je nommais l'auteur de *Jane Gray* dans une discussion sur le *Saint-Symphorien*, ne me dit-il pas, en baissant les coins de sa bouche, de l'air le plus dédaigneux qu'il put prendre, et en se posant comme un homme profondément humilié : « Ah! j'espère que vous ne ferez point à M. Ingres l'affront de lui comparer ce *monsieur* qui ne sait pas dessiner un œil! » M. Ingres n'aurait pas été assailli comme il l'a été sans l'outrecuidance provocatrice de ses défenseurs, j'en suis convaincu : mais ces messieurs sont d'une intrépidité d'enthousiasme pour leur maître et de dénigrement pour tout le reste des artistes qui ne se peut souffrir patiemment ; et l'effet qu'ils obtiennent par ces fureurs est tout contraire à celui qu'ils espéraient obtenir. Comme ils trouvent tout bien, tout beau, tout sublime dans l'ouvrage le plus imparfait de M. Ingres, on est amené, quelque respect qu'on ait d'ailleurs pour le peintre du *Martyr d'Autun*, à lui contester des qualités qu'on ne lui dénierait point, peut-être, si on ne s'obstinait pas à les vouloir faire plus grandes qu'elles ne sont, si l'on n'affectait pas aussi d'être aveugle pour tout ce qui se produit, quand on est si clairvoyant pour les œuvres de M. Ingres.

La vérité sur le tableau qui a tant ému, tant passionné les amateurs, et surtout la secte ingriste, je ne l'ai encore trouvée nulle part ; partout on a été extrême dans un sens ou dans l'autre. Comme cet ouvrage a beaucoup d'importance, et que son succès a été fort contesté, malgré le grand nombre d'admirateurs qu'il a trouvés, on me permettra d'en dire quelque chose. D'abord, je dois constater un fait : le premier jour on s'est disputé devant le tableau, le second jour on s'est menacé, le troisième on s'est provoqué. Je ne sais si l'on a tiré l'épée, mais tous les mots qu'on avait relégués dans l'arsenal des controverses de mauvaise compagnie, depuis la fin de la guerre rossiniste et romantique, on les en a retirés pour se les jeter à la tête; on a recommencé ces querelles folles qui s'étaient apaisées dans le domaine des arts, et que les questions politiques avaient seules nourries depuis 1830, au milieu de la société parisienne. On en est venu, entre amis, entre parens, à se voir à peine, à ne se plus donner la main, à se refuser même un salut. S'il n'était fort triste, un pareil état d'irritation pour des dissentimens en matière de goût serait fort plaisant. Venons au tableau.

La foule dans un espace étroit; tous les trous de la composition bouchés avec soin par un petit bout de tête, un bras ou une jambe; absence complète de profondeur et d'air, c'est ce qui frappe un premier coup d'œil, quand on regarde la scène représentée par M. Ingres. Les personnages ne peuvent remuer, c'est tout au plus s'ils ont la faculté de respirer. C'est là un grand défaut, un grand malheur, car le drame s'en ressent. Il n'est pas clair, on ne le comprend qu'avec difficulté. Il faut long-temps chercher pour démêler les acteurs, que le ton a confondus les uns avec les autres; il faut un soin minutieux pour rajuster aux corps, quand on les a trouvés, les bras qui jouent une pantomime d'abord inintelligible. Mais lorsque ce premier travail est fait, travail qui demande une grande heure, lorsque l'œil s'est familiarisé avec ce désordre froidement combiné, lorsqu'on est parvenu à lire dans ce chaos, qui ne se débrouille et ne s'éclaircit que lentement; lorsque l'harmonie grise et triste, qui avait repoussé au premier moment est devenue plus lumineuse parce qu'on l'a pénétrée avec patience, alors commence le plaisir de l'examen; alors on saisit la pensée de l'auteur, on le voit s'exalter de toute la hauteur de la foi du saint martyr, qu'il a placé sur le premier plan; on applaudit au mouvement énergique, exagéré même, mais plein de caractère, de force et de grandeur, de cette colossale mère de Symphorien qui n'a pas de corps, qui s'élance de dessus un petit rempart de carton peint sans l'ébranler, et vient sur le devant du tableau pour mentir à la perspective; faisant à la fois deux mouvemens violens, ce qui n'est pas possible; fermant le poing droit pour menacer Héraclius, montrant le ciel à Symphorien, et criant de toutes les forces d'une voix qui passe par cette bouche arrondie que vous connaissez si vous avez vu beaucoup de têtes de Raphaël. Cette femme est belle malgré tous ses défauts, parce que ces défauts ont l'excuse d'une grande passion.

Héraclius aussi est beau, avec son bras qui vient impérieusement au spectateur, avec sa face impassible et dure, avec sa rigueur de proconsul romain. Il est à cheval, ce dont on a quelque peine à s'assurer, et il n'est pas le seul; deux officiers le suivent, cavaliers comme lui; l'un, qui a une tête charmante, mais qui se pose dans une attitude trop maniérée, est monté sur un cheval blanc; l'autre a un cheval brun. Beaucoup de gens n'ont pas vu le troisième cheval, j'ai la gloire de l'avoir découvert, un jour qu'entouré d'ingristes qui avaient la prétention et le devoir de bien connaître l'ouvrage du professeur dans ses détails les plus intimes, je les entendais vanter les *deux* chevaux. On me rit d'abord au nez, comme on fait quand on croit être bien sûr d'une chose et qu'on n'est pas très poli; et puis, on finit par me remercier d'avoir trouvé cette portion du sens dans l'énigme de la composition.

De beaux détails encore, ce sont les enfans qui se pressent contre leur mère à gauche, et ceux qui, pour voir passer la victime, montent autour d'un pilier à droite.

On a assez dit que les licteurs étaient faux, outrés, d'une lourdeur et d'une recherche anatomique très condamnables; je n'ai pas besoin de le répéter. Je veux expliquer seulement comment M. Ingres a pu arriver à cette exagération de la force, lui dont le caractère essentiel est la grâce. Je ne suis point dans les secrets de l'atelier du peintre, mais je puis gager que la chose s'est passée ainsi que je vais dire : M. Ingres n'a pas fait immédiatement d'après nature ses deux licteurs; c'est-à-dire qu'il a fait d'abord, d'après le modèle vivant, des dessins en petit de ces figures, dessins qui sont probablement fort beaux de vérité et de caractère, et qu'ensuite il les a transportés sur sa toile, sans le secours de la nature vivante. Et en les transportant il se sera dit : « On prétend que je ne sais pas faire saillir une figure sur la surface plate d'un tableau, on verra! » Et l'on a vu. Tout ce qui se prononce un peu dans la musculature humaine est devenu montagne sous le crayon de M. Ingres; les dépressions sont devenues vallées ou cavernes! A une sorte de défi porté par l'opinion au peintre, le peintre a répondu par cet athlète maigre et ivre, qui vacille sur ses jambes, à droite; par ce taureau noir et contourné qui fait à gauche le tour de force de se mouvoir en vis sur lui-même.

Son gros licteur a inspiré beaucoup de suppositions ingénieuses; on a dit, entre autres choses, que le peintre avait voulu représenter un Gaulois du peuple, un de ces barbares demi-sauvages, qui faisaient les métiers de force, et que les Romains avaient à leur service comme valets ou esclaves. Je ne sais si M. Ingres a eu cette intention en effet; j'ignore aussi comment étaient bâtis les Gaulois nos aïeux, du temps de Dioclétien; mais je doute qu'il y ait jamais eu un homme aux formes chaotées, aux muscles de rochers, à la poitrine épaisse comme est celle de ce licteur, si profond du sternum à la colonne vertébrale. Non, ce n'est pas une nature particulière que M. Ingres a voulu rappeler, ce n'est pas une nature dégradée qu'il a pensé à rendre; il n'a été exagéré que pour prouver qu'il était capable de faire saillir un corps, et il est parvenu à se créer ainsi une opposition, un contraste frappant, une sorte de repoussoir qui rend plus fine, plus pure et plus noble la nature du martyr.

L'enfant qui jette des pierres de la main gauche, parce que les nécessités de la composition exigent cette habileté dans le gamin d'Autun, est une jolie académie, plus élégante peut-être qu'on ne les faisait dans l'ancienne école de

David, mais tout-à-fait dans ce système. La mère qui serre ses énormes bras pour garantir un enfant dont la tête seule est visible, et dont le corps est absent, est d'une incorrection dont on est étonné, quand on sait la réputation de M. Ingres. Au surplus, cette grande renommée de M. Ingres comme dessinateur n'a rien à perdre de cette incorrection, et de toutes celles qu'on pourra reprendre dans les tableaux de l'auteur. Il est seulement bon de dire comment M. Ingres est dessinateur. Il est peu d'élèves de David qui ne soient plus strictement corrects que lui, qui ne gardent avec plus de soin les proportions dont M. Ingres fait bon marché, qui ne connaissent mieux la perspective, et ne mettent mieux que lui les os sous la chair; mais il n'en est point qui ait autant de caractère. M. Ingres est un dessinateur de sentiment, et cette femme dont je parle et la mère de Symphorien, toutes deux outrées, toutes deux hors de la vérité réelle, en sont la preuve. Elles sont très expressives, elles ont une action puissante, elles appellent l'attention, l'une par sa douleur fanatique, l'autre par sa crainte, et par conséquent elles sont dans les conditions du drame.

La figure qui me plaît au-dessus de toutes les autres, sans en excepter celle d'Héraclius, c'est ce paysan barbu, qui se sent pris d'admiration en voyant la fermeté sans jactance et l'héroïsme du jeune chrétien ; il s'interroge sur l'impression qui l'a frappé, et se demande si la religion pour laquelle on meurt avec tant de constance n'est pas meilleure que celle au nom de laquelle on tue. Dessin, couleur, expression, caractère, originalité, cette figure me paraît tout avoir à un degré éminent ; c'est la belle chose du tableau, celle qu'on a le moins vue, et le moins louée pourtant.

Une foule de petites têtes ou portions de têtes, celle par exemple du pacificateur, si bizarrement encadrée dans le bras du licteur qui porte, je ne sais pourquoi, un pliant sur son épaule, ont le mérite d'être très variées; j'y ai reconnu les portraits de M. Ingres et de sa femme, à gauche, près de la femme aux gros bras.

En voilà assez sur un ouvrage dont l'analyse et la critique demanderaient un volume. On a dit que c'est un bon tableau, je ne saurais être de cet avis; c'est un mauvais tableau d'un homme supérieur, une production où les beaux détails abondent, et dont l'ensemble est médiocre. Il faut reconnaître pourtant qu'aucun des tableaux de l'école française exposés depuis long-temps ne porte autant que celui-là l'empreinte d'un caractère élevé; après un mûr examen de ce morceau capital, on reconnaît que l'artiste comprend profondément la mission morale de l'art, et qu'il est peut-être le seul qui donne quelque satisfaction à l'âme, quand tous les autres travaillent à satisfaire les yeux. On pourrait peut-être dire que M. Ingres fait de la peinture intellectuelle, pendant qu'autour de lui on fait de la peinture matérielle. Je ne sais si ces paroles expliquent assez bien ma pensée.

M. Ingres est parti de Raphaël; et son originalité, aujourd'hui qu'on s'est si éloigné de la noblesse et de la pureté des grandes écoles, consiste à être un habile imitateur de Sanzio. Mais justement parce qu'il est imitateur, il ne peut pas donner une impulsion à l'art, il ne peut pas faire école. Aussi, voyez à quoi s'est bornée son influence. Sous l'empire, M. Ingres était déjà le grand dessinateur qu'il est aujourd'hui, et on sifflait ses ouvrages; c'est que David avait tracé une bonne route et qu'on la suivait. Mais l'école dégénéra, la révolution vint, elle méprisa la forme, elle se jeta dans une foule d'aberrations; M. Ingres reparut alors, et ses ouvrages produisirent un grand effet; il se posa comme une barrière, et l'école romantique recula devant la réaction dont il donna le signal. Absolu dans ses systèmes, M. Ingres ne laisse pas aux jeunes gens qui étudient l'art sous lui la liberté du choix et de la discussion. C'est une foi que sa doctrine, il faut l'adopter tout entière, aveuglément, ou rompre avec lui. Aussi, jusqu'à présent, il a fait des copistes, et rien de plus; ses élèves nous donnent du Ingres de seconde main, c'est-à-dire du Raphaël déteint; ils exagèrent le maître, et n'ont la plupart aucune de ses qualités. Que sortira-t-il de l'atelier de M. Ingres? il est difficile de prophétiser juste sur un semblable sujet; cependant, je me hasarde à dire que ceux des élèves de cet artiste justement célèbre qui s'obstineront à faire des silhouettes sèches, grises ou brunes, sous prétexte que l'auteur de l'*Apothéose d'Homère* et du *Saint-Symphorien* est fin de contours et point coloriste, n'iront pas plus loin que les romantiques à la suite, et n'auront même pas le succès qu'ont eu les médiocres élèves des élèves de David. Déjà quelques jeunes talens se sont séparés de la communion ingriste, et chaque jour amènera des défections. MM. Joseph Guichard, Ziegler et Clément Boulanger ont secoué le joug; quelque opinion que l'on ait de ce qu'ils ont produit en dehors des idées ingristes, il faut reconnaître qu'il est fâcheux pour l'école de M. Ingres de les avoir perdus. M. Amaury Duval est resté admirateur fervent, et constant imitateur de son maître, à qui il fait un grand honneur. C'est un jeune homme doué des plus heureuses qualités, de finesse et de sentiment, qu'il pousse peut-être à l'exagération ; son *Berger grec* est un camaïen brunâtre, d'un charmant modelé, mais sans saillie. La figure est maigre, maniérée dans sa naïveté et dans sa grâce, uniforme de ton, d'un aspect peu agréable ; et cependant elle attache, elle plaît par l'expression de la tête, et par une certaine originalité, dont on pourrait trouver la source dans les maîtres qui ont précédé Raphaël.

M. Ingres est peu fécond ; il n'a produit qu'un petit nombre d'ouvrages. Il travaille cependant vite et avec facilité ; mais jamais il n'est content de ce qu'il a fait, et il y revient sans cesse. Son *Symphorien* accuse la peine ; il eût été sans doute bien meilleur s'il fût sorti plus spontanément du pinceau scrupuleux qui pendant sept années l'a retouché et recommencé toujours. La Fontaine a dit :

> Il faut du temps ; le temps a part
> A tous les chefs-d'œuvre de l'art ;

mais il n'a voulu parler que d'un temps raisonnable, et il n'a jamais entendu que l'artiste consumerait sa vie à perfectionner une œuvre au point de la refroidir, au point d'écraser l'ensemble sous la ciselure des détails. M. Ingres ne peut surmonter cette habitude, aussi son tableau est-il un chef-d'œuvre d'expressions individuelles, et manque-t-il complètement d'expression générale; il n'a touché personne, quelque effort que ses enthousiates aient fait pour persuader qu'il est touchant. *Jane Gray* au contraire, et je n'en veux pour preuve que ce que tout le monde a pu remarquer au Louvre : devant l'ouvrage de M. Delaroche on faisait un grand silence, on regardait, on se sentait pénétré; puis on s'éloignait attristé, les larmes aux yeux; devant celui de M. Ingres on parlait, on discutait, on disputait, on criait, on échangeait des épigrammes, on riait, on se fâchait; personne ne cherchait à vous violenter devant la *Jane Gray*; on vous prêchait, on vous catéchisait devant le *Symphorien* que des admirateurs démontraient comme une proposition d'algèbre. Si le tableau avait été dramatique, intelligible et touchant, aurait-on eu besoin de se donner tant de peines?

L'historique, — trop long et trop court, — qu'on vient de lire des révolutions qui ont agité le domaine des arts depuis trente-quatre ans, explique assez, je pense, pourquoi il n'y a pas maintenant ce qu'on peut appeler une école. L'école ingriste n'existe pas encore et peut-être n'existera-t-elle jamais, du moins assez importante pour être comptée; l'école romantique n'a jamais existé, parce que chacun a marché dans sa liberté et dans son indépendance, et que personne n'y a été assez fort pour avoir le droit de dire : « Voilà comment il faut faire. » Tout ce qu'on a pu dire, c'est : « Ne faites pas de telle façon, » et la façon dont il ne fallait pas faire, c'était celle de l'école dégénérée de David. L'école de David n'est plus comme école, quoique l'éducation officielle donnée aux élèves de l'École des Beaux-Arts et celle que reçoivent beaucoup de jeunes gens dans les ateliers des successeurs de David, procède du système ancien. Le juste-milieu de la peinture ne fait pas école non plus. Et pourquoi la peinture historique chercherait-elle à se constituer en corps de doctrine? Y a-t-il vraiment une peinture historique possible ou nécessaire? Voyez Paris! où sont les grands hôtels qu'on ornait autrefois? où sont les grandes galeries d'amateurs qu'il fallait peupler? plus de galeries, plus d'hôtels; de petits salons, de petits boudoirs dans de petites maisons bourgeoises.

C'est tout au plus si la peinture de chevalet peut trouver à se loger là-dedans ; elle y est pressée, elle y est étouffée, elle n'y est guère que pour le luxe des cadres guillochés qu'elle autorise et justifie. Et le gouvernement, lui, est un protecteur réduit à la faible part du budget, et qui ne peut rien pour la grande peinture, laquelle coûte cher. Quand Louis XIV et Napoléon, quand Léon X, Jules II et Périclès encourageaient les beaux-arts, ils n'avaient point à attendre le vote de quelques écus pour obtenir des tableaux ou des peintures monumentales ; ils commandaient en maîtres absolus, ils payaient en rois, et l'on faisait de grandes choses parce qu'il y avait de grandes impulsions données. Aujourd'hui rien de cela ; c'est avec bien de la peine qu'on peut achever les monumens commencés ; qui sait si les peintures de M. Delaroche dans l'église de la Madeleine, celles de MM. Perrin, Orsel, Roger, Schnetz et Ingres dans l'église de Notre-Dame de Lorrette, et celle qu'on fera sur les murs du Saint-Vincent de Paule qu'élève M. Hittoff dans la rue Lafayette, ne seront pas les derniers efforts et les derniers produits de la véritable peinture historique ? Dans un pays où l'on entend dire par des gens graves : « que ceux qui ont besoin de tableaux d'histoire et de statues les paient! ». qu'est devenu l'art? Quelqu'un a-t-il besoin de statues et de toiles historiques? personne en particulier; mais tout le monde, mais la nation, qui ne doit pas s'arrêter dans la route de la civilisation. Faire de l'art une question d'industrie, c'est le dégrader, c'est le tuer. Payez votre voiture si vous en voulez avoir une; à merveille, je comprends cela. C'est votre luxe à vous et nous n'y devons pas contribuer; mais les monumens des arts, qui donc peut venir nous dire : payez-les, si vous voulez avoir ce luxe? Économiser sur les arts, croyez-vous que ce soit une bonne épargne? non sans doute. Les arts élevés ont une portée morale qui n'est déjà que trop méconnue; malheur à nous si nous les écrasons sous des amendemens législatifs!

Quel est en résumé l'état actuel de la grande peinture en France? le voici : elle végète, elle se débat contre le morcellement des fortunes, contre l'étroitesse de nos maisons, contre le chiffre si maigre du budget des arts, contre les souvenirs de la légitimité davidienne, contre la manie de la représentation de l'époque du moyen âge, contre le jansénisme ingriste, enfin contre la prétendue originalité des coloristes qui veulent recommencer les Vénitiens, les Hollandais et les Flamands, et qui couvrent de couleurs assez séduisantes quelquefois, et souvent fort désagréables les squelettes hideux de je ne sais quels monstres humains. Elle subit de cruelles épreuves, elle est comme la société, dans un pénible état de transition. Et quel est son avenir? je l'ignore.

Je me contenterai de dire qu'il ne me paraît pas possible que tout soit fini pour un art qui compte parmi ceux qui le cultivent des hommes comme MM. Ingres, Delaroche, Drolling, Cogniet, Sigalon, Delacroix, Scheffer, Schnetz, Langlois, et plusieurs autres artistes d'un mérite véritable, dans des systèmes différens.

Je n'ai point à parler de la peinture de genre, de la peinture de paysage et d'intérieur, de la peinture de marine et de la miniature; ici nous sommes très riches, plus riches que n'a jamais été la France. Ai-je besoin de citer MM. Granet, Decamps, Robert-Fleury, Bellangé, Eugène Lamy, Dauzat, Gué, Isabey, Grénier, Beaume, Johannot, Roqueplan, Biard, Justin Ouvrié, Jeanron, Victor et Edmond Bertin, Aligny, Corot, Cabat, Flers, Jules André, Jules Dupré, Jadin, Rousseau, J. Coignet, Jolivard, Regnier, Brascassat, Debray, Remond, Giroux, Paul Huet, Darche, Dauvin, A. Faure, Guindrand, Raffort, mademoiselle Sarrasin, mademoiselle Millet, mademoiselle Pagès, madame de Mirbel, MM. Saint,

Gomien, de Fradel, Gudin, Tanneur, Gilbert, Garneray, Mozin, Ulrich, Mayer, Jugelet, etc., etc.? Que de belles et charmantes choses ces noms rappellent! que d'espérances ils donnent encore! L'avenir de la peinture du second ordre est assuré comme son présent; il intéresse la France sans doute, mais non pas autant que celui de la peinture historique. C'est la peinture historique qui donne l'impulsion au goût, c'est elle qui influe sur l'industrie et la mode; elle nous fit Grecs et Romains, de 1791 à 1812; elle nous a faits gothiques et moyen-âge, de 1819 à 1833; elle exerce sur la civilisation de Paris et de la France un empire véritable, son sort ne peut donc être indifférent à personne. C'est pour cela que nous avons dû raconter les phases de son existence agitée, et lui consacrer un chapitre dans ce livre où tout le PARIS de 1800 à 1834 doit être étudié, analysé et peint avec conscience. La peinture comme la littérature dramatique a ses expositions; le Louvre est le théâtre où elle vient se reproduire périodiquement pour se faire juger : le Louvre était bien beau cette année, nous n'avons pas cru pouvoir nous dispenser de parler un peu des ouvrages principaux qui ont orné ses salons et sa galerie. Nous aurions voulu être plus complets, et louer en détail tant de bonnes choses, surtout parmi les tableaux de chevalet, que nous n'avons pas même pu indiquer ; mais notre cadre était étroit.

A. JAL.

THÉATRES.

Théâtre Français.

L'art dramatique, qui, dans l'ancienne Grèce, eut pour berceau le tombereau de Thespis, prit naissance dans Paris à l'hôpital de la Trinité. Une salle de malades fut notre première salle de spectacle. Les acteurs qui s'y établirent, en 1402, sous le règne de Charles VI, prirent le titre de *maîtres gouverneurs et confrères de la Passion de notre seigneur Jésus-Christ*. On voit par là à quelle source respectable ils puisaient les sujets de leurs pièces, qui n'en étaient pas plus édifiantes pour cela. L'obscénité faisait en grande partie le charme de ces productions barbares écrites en prose rimée. Voici un échantillon du style dramatique de cette époque : c'est un dialogue entre Dieu et un ange.

L'ANGE.

Père Éternel, vous avez tort,
Et devriez avoir vergogne.
Votre Fils bien-aimé est mort,
Et vous dormez comme un ivrogne.

DIEU LE PÈRE.

Il est mort ?

L'ANGE.

Oui, foi d'homme de bien.

DIEU LE PÈRE.

Diable emporte qui n'en savait rien ! etc.

Les représentations se donnaient les dimanches et fêtes, et les curés, afin d'en faire jouir leurs paroissiens et d'en jouir eux-mêmes, avançaient l'heure des vêpres. Il est digne de remarque qu'à mesure que le théâtre s'est épuré, le clergé lui a été moins favorable.

Le succès des *confrères de la Passion* fit éclore de nouveaux acteurs : la vaste table de marbre qui décorait alors le Palais de Justice se changea en un théâtre où montèrent les clercs du parlement : ceux du Châtelet suivirent ailleurs cet exemple; dans plusieurs colléges de Paris, les professeurs, mêlés à leurs disciples, faisaient succéder les jeux de la scène aux travaux scolastiques : enfin on joua la comédie jusque sous les piliers des Halles, et les Charniers des Innocens eurent aussi leur théâtre.

Les *entremets* étaient des représentations qui avaient lieu pendant les festins des princes; je ne m'en occuperai point. Quant aux poèmes joués sur les théâtres publics, il se divisaient en *mystères*, *moralités*, *soties* ou *farces*. Plusieurs Poétiques du temps nous font connaître les règles de ces diverses compositions : les sujets des *mystères* étaient empruntés à la Passion de notre Seigneur, aux actes des apôtres ou à la vie des Saints. Les moralités représentaient des évènemens de l'histoire ancienne ou moderne; les *farces* ou *soties* étaient, dit un auteur contemporain, *badineries, nigauderies et toutes soties émouvantes à ris et plaisir*. La satire s'y glissait souvent; parfois même elle faisait le fond de ces grossières bouffonneries. Un *Art poétique* de Thomas Sibilet, publié en 1548, nous apprend qu'à cette époque les genres commençaient à s'altérer et à se confondre : « Nous ne » faisons aujourd'hui, dit-il, ne pures moralités,

» ne pures farces; mais mêlant l'un parmi l'au-
» tre, et voulant ensemble profiter et réjouir,
» mêlons du plat et du croisé, et des vers longs
» avec des courts; faisons nos jeux tant divers
» enbigarrures, comme sont archers de garde
» ou de ville, lesquels, puisqu'ils plaisent tels
» aux princes et communautés, semble que ne
» pouvons être que supportables, bigarrant de
» même les jeux par lesquels tâchons de plaire à
» ceux-mêmes. » Il y a là le germe de quelques
opinions romantiques. On voit que nos modernes systèmes littéraires ne sont pas tout-à-fait modernes, et que ce que l'on qualifie d'idées nouvelles remonte, en France, au règne de François Ier. De nos jours, le nouveau n'est, en général, que du plus ancien. Les acteurs poussaient alors très loin le talent d'imitation : à Metz, un curé qui jouait le rôle de Jésus-Christ dans le mystère de la Passion, serait mort sur la croix, s'il n'eût été secouru à temps : pareille chose arriva à celui qui représentait Judas; le cœur lui faillit, et il fut, dit une chronique, *bien astivement dépendu*. Il faut convenir que, sous le rapport de la vérité de l'action, l'art théâtral a bien dégénéré.

La troupe des *Enfans sans souci*, dont le président se faisait appeler le *Prince des sots*, ne résidait pas habituellement à Paris; mais elle s'y rendait de temps en temps. Elle importa ses farces chez les confrères de la Passion auxquels elle fut quelquefois associée. Il reste une sotie fort curieuse, jouée par les Enfans sans souci aux halles de Paris, le mardi gras de l'an 1511, sous le règne de Louis XII. Elle est intitulée le *Jeu du Prince des Sots et Mère sotte.* Cette satire, qui cache un but politique, est dirigée contre le pape Jules II et la cour de Rome. Elle est de Pierre *Gringore* ou *Gringoire dit Vaudemont*, héraut-d'armes du duc de Lorraine. Les personnages sont: le *Roi de France*, *Mère sotte*, *Simonie*, *Hipocrisie*, *Pugnicion divine*, etc. Jules II veut s'emparer du pouvoir temporel; aidé de ses partisans, il déclare la guerre au prince français, et après le combat, le roi de France, parlant du pape, commence à soupçonner que

> Peut-être c'est mère sotte
> Qui d'église a vêtu la cotte.

On jouait encore de petites farces appelées *pois pilés.*

En 1540, les confrères quittèrent l'hôpital de la Trinité, qui fut rendu à sa première destination, et vinrent s'établir à l'hôtel de Flandres, situé entre les rues Jean-Jacques-Rousseau, Coq-Héron, des Vieux-Augustins et Coquillière. Chassés encore de leur nouvel asile par des lettres patentes de Henri II qui ordonnaient la démolition de cet hôtel, ils acquirent quelques parties de l'hôtel de Bourgogne, qui tombait en ruines, et y firent construire une salle. Le parlement, en continuant leurs priviléges, leur fit *défense de jouer les mystères de la Passion de notre Sauveur, ni autres mystères sacrés, sous peine d'amende arbitraire; leur permettant néanmoins de pouvoir jouer autres mystères profanes, honnêtes et licites, sans offenser ni injurier aucunes personnes.* Privé des ressources que lui fournissaient l'histoire sainte et la satire personnelle, ce théâtre se rejeta sur la chevalerie, dont il exploita les fabuleuses aventures.

Les confrères s'avisèrent alors de scrupules tardifs; ils pensèrent qu'ils ne pourraient jouer des sujets profanes sans porter atteinte au caractère religieux de leur ordre: ils l'avaient déjà, ce me semble, grandement compromis par les bouffonneries et les indécences dont étaient souillés les mystères sacrés qu'ils représentaient depuis long-temps. Ils cédèrent donc leur privilége à une troupe de comédiens qui s'établirent à l'hôtel de Bourgogne. Ce furent les premiers qui obtinrent le titre de *comédiens du roi*, avec une pension de douze mille livres.

Indépendamment des pièces de chevalerie, il parut quelques traductions de tragédies grecques, et des pièces à personnages mythologiques et allégoriques. L'excellente farce de *l'Avocat Patelin* existait depuis long-temps : elle remonte à peu près à 1480; on l'attribue à un prêtre nommé Pierre Blanchet. Un des meilleurs acteurs de cette époque pour la farce était *Jean Serre*, dont Marot a composé l'épitaphe, où il nous apprend

>Qu'on n'était pas moins gai ni aise
>Qu'on est aux champs Élyséens,

Quand cette notabilité dramatique

>. . . Entrait en salle
>Avec sa chemise sale.

La rime est riche ; mais l'éloge est singulier.

Jean du Pontalais se fit aussi de la réputation comme auteur et comme acteur. Il eut avec le curé de sa paroisse une querelle qui se termina d'une façon plaisante. L'art de l'affiche, qui, de nos jours, a fait de si immenses progrès, était tout-à-fait ignoré : on n'en était encore qu'au charlatanisme des annonces menteuses faites à pleine voix et en plein vent, toujours précédées et suivies des roulemens de la caisse. Un jour que Pontalais se servait de ce mode de publication, alors le seul en usage, son curé, qui prêchait en ce moment, importuné d'un bruit qui couvrait sa voix, abandonna la chaire, courut hors de l'église, et, dans l'accès d'une pieuse colère, creva à coups de couteau l'instrument malencontreux : l'acteur indigné lui en couvrit la tête, et le prédicateur, ainsi affublé, rentra au lieu saint, où sa burlesque coiffure excita une gaieté scandaleuse.

C'est vers 1552 que la tragédie et la comédie, introduites par Jodelle sur la scène française, en bannirent enfin les mystères, les moralités et les soties. Le premier essai qu'il tenta dans ce nouveau genre fut une comédie intitulée : *Eugène*, en cinq actes et en vers de quatre pieds, avec un prologue. Sa tragédie de Cléopâtre fut représentée avec un grand succès à l'hôtel de Reims, devant Henri II, qui lui fit don de cinq cents écus. Il jouit parmi ses contemporains d'une haute réputation, à laquelle il avait des droits par le premier pas qu'il fit faire à l'art dramatique. Il fut suivi et même surpassé dans la route qu'il avait frayée par *Garnier*, *Hardy*, *Théophile*, *Racan*, *Mairet*, *Gombaud*, etc. Hardy, qui mit sa fécondité aux gages de l'hôtel de Bourgogne, eut près de huit cents succès qui forcèrent les comédiens à se séparer en deux troupes : ce n'était pas trop pour satisfaire à l'empressement du public qui se portait en foule à ces chefs-d'œuvre du xviie siècle, aujourd'hui entièrement inconnus. Leçon terrible pour les grandes renommées littéraires du xixe ! Une fraction de la troupe du roi alla donc au Marais occuper l'hôtel d'Argent, situé au coin de la rue de la Poterie. L'entreprise naissante reçut bientôt un rude échec : un ordre de Louis XIII lui enleva six de ses meilleurs acteurs, destinés à réparer quelques pertes importantes que venait de faire le personnel de l'hôtel de Bourgogne. Mais *Mondory*, acteur célèbre, placé à la tête des comédiens du Marais, ne désespéra point du salut commun : par ses soins, des recrues nouvelles, un travail opiniâtre, et surtout quelques pièces à machines ramenèrent la prospérité dans le sein de la colonie théâtrale dont il était le chef.

Quant à l'hôtel de Bourgogne, le plus bel avenir lui était réservé : il devait être un jour le théâtre du grand Corneille. Mais avant ces jours de gloire, il eut à subir les succès de la farce : Gros-Guillaume, Turlupin et Gautier-Garguille y précédèrent Chimène, le vieil Horace et Polyeucte. On eut alors ce que l'on a de nos jours appelé le *drame enfariné*, genre dont le célèbre Debureau ne peut donner qu'une idée imparfaite ; car il s'est réduit au rôle taciturne d'un pantomime. Sa bouche ne s'ouvre que pour laisser échapper des sons inarticulés qui, quelques grâces que ses partisans y découvrent, ne peuvent entrer en comparaison avec les bouffonneries dialoguées, les parades improvisées de ses illustres prédécesseurs, dont il n'a conservé que la farine. Chez quelques uns elle était remplacée par un masque. Richelieu les appelait dans son palais, et se délassait, en écoutant leurs turlupinades, des ennuis du pouvoir et de la haine des grands. Il les fit entrer, selon les uns, à l'hôtel de Bourgogne, selon d'autres, à l'hôtel d'Argent. Ces farceurs s'essayèrent dans la tragédie et la comédie, et quoiqu'ils n'y apportassent point la perfection de leur ancien genre, ils s'y rendirent assez agréables au public. Ils avaient deux noms, l'un pour la farce, l'autre pour le sérieux : Gaultier-Garguille se faisait appeler Fléchelle dans la tragédie ; Turlupin prenait le nom de Belleville, et Gros-Guillaume celui de Lafleur dans la comédie. On remarquera en passant que les comédiens pseudonymes de ce temps-là affectaient de la bizarrerie dans le choix des nouveaux noms qu'ils adoptaient. Il y avait dans la troupe de Mondory quatre acteurs ainsi appelés : *Beau-Séjour, Belle-Fleur, Beau-Soleil* et *Belle-Ombre*. La singularité de ces noms de guerre contribuait peut-être à la vogue de ceux qui s'en décoraient. *Bruscambille*, autre farceur en réputation, a publié un recueil de leurs parades. Voici les titres de deux de ces chefs-d'œuvre : *Prologue facétieux de l'utilité des cornes. — Prologue facétieux de l'utilité du derrière.*

Il est impossible de pousser les citations plus loin : mais c'en est assez peut-être pour nous consoler de la perte du drame enfariné.

Ce fut pourtant sur une scène prostituée à de telles grossièretés que Corneille hasarda les créations sublimes de son génie. C'est du *Cid* que date la grande révolution dramatique qu'il opéra. Elle avait été préparée par d'autres ouvrages sortis de sa plume, et qui, tout inférieurs qu'ils sont aux chefs-d'œuvre qui lui ont fait décerner le surnom de *Grand*, n'en portent pas moins, comparés aux productions de ses contemporains, le cachet d'une supériorité relative qui décelait un maître. Bellerose, chef de la troupe de l'hôtel de Bourgogne, comme Mondory l'était de celle du Marais, fut un des premiers qui jouèrent les principaux rôles de Corneille ; il paraît que son talent le rendait digne de cet honneur. Floridor lui succéda et le surpassa. L'art du comédien dut se ressentir des progrès gigantesques qu'un grand génie venait d'imposer à l'art du poète, et Floridor offrit le modèle, inconnu jusqu'alors, et depuis trop souvent oublié, d'un débit exempt de cette emphase à laquelle la multitude avait coutume d'applaudir, et d'une action joignant constamment la noblesse à la simplicité. Cet acteur était gentilhomme, et fut admis à produire ses titres de noblesse; ce qui prouve que l'on ne dérogeait pas en exerçant la profession de comédien. On l'aimait autant pour sa probité que pour son rare talent : il nuisit involontairement au succès de la tragédie de *Britannicus*, dans laquelle il jouait Néron, parce que les spectateurs souffraient de lui voir représenter un personnage qu'ils étaient obligés de haïr : il quitta le rôle qui, moins bien joué, produisit plus d'effet. C'était un homme d'esprit et d'une élocution facile; aussi s'acquittait-il à merveille des fonctions d'orateur, qui consistaient à haranguer le public à certaines époques et dans les occasions extraordinaires, comme aussi à venir dans l'entr'acte annoncer le spectacle du lendemain. Cet usage a subsisté jusqu'à notre première révolution.

Le succès du *Cid* fit proverbe, et les tragi-comédies de Corneille (c'était le nom usité alors) firent la fortune des comédiens. Mais aucun de ses chefs-d'œuvre n'eut la vogue de *Timocrate*. Qui est-ce qui connaît Timocrate aujourd'hui? c'est pourtant une pièce de Thomas Corneille, jouée quatre-vingts fois de suite devant des spectateurs qui ne se lassaient point de la demander, tant que les comédiens, las de la donner, les supplièrent de leur permettre d'en cesser les représentations. Effectivement, on ne l'a plus rejouée depuis, et il n'est pas probable qu'on la reprenne jamais. Pauvre Timocrate! O vanité des vanités! Que dirait aujourd'hui Thomas du profond oubli qui enveloppe son plus beau succès?.... Il aimait son frère aîné : il se consolerait sans doute en applaudissant une tragédie de Pierre.

Me voilà arrivé à la brillante époque de la scène française, à l'âge d'or de notre littérature dramatique : maintenant les grands noms se pressent sous ma plume; je viens de parler de Corneille : je vais nommer Molière. A vingt-huit ans, une vocation irrésistible l'entraîne ; il lui faut un théâtre. Associé à d'autres jeunes gens, il joue la comédie avec eux dans un jeu de paume de la Croix-Blanche au faubourg Saint-Germain. Leur troupe se pare du nom ambitieux de *l'illustre théâtre*, que ses succès ne justifient point : rien n'avait encore révélé Molière. Il quitte sa ville natale; il parcourt la province, soutenu de la protection du prince de Conti : c'est là qu'il s'essaie avec bonheur à son triple métier de directeur, d'auteur et de comédien. Il revient enfin à Paris avec les pièces qu'il a faites et les acteurs qu'il a formés, et débute, le 24 octobre 1658, devant Louis XIV et sa cour, sur un théâtre dressé dans la salle des Gardes du vieux Louvre. N'osant d'abord risquer une de ses productions devant cet auguste auditoire, il représente *Nicomède* : c'est le génie de Corneille qui vient plaider devant le grand roi pour le génie de Molière. Puis, après la tragédie, il s'avance sur la scène pour remercier Louis au nom de sa troupe et le supplier d'agréer un de ces divertissemens qui leur avaient acquis de la réputation en province. Le roi y consent, et *le Docteur amoureux*, espèce de canevas dans le goût italien, termine le spectacle, et assure à l'auteur comique un protecteur couronné dont l'appui ne lui manqua jamais. Cette soirée doit être à jamais célèbre dans les fastes du théâtre. Qui sait, si Molière n'eût point réussi, s'il n'eût pu parvenir à se fixer à Paris, ce qu'il serait advenu en France de la comédie? La vie aventureuse de l'artiste nomade n'eût-elle pas nui aux méditations de l'observateur et du philosophe? Eût-il pu, hors de la capitale, faire une aussi riche moisson de travers et de ridicules? La cour et la ville auraient posé trop loin de lui. Le talent a besoin de confiance : pour oser, il faut qu'il croie en lui-même. Molière, qui avait la modestie des esprits sages, Molière découragé ne se fût peut-être pas élevé jusqu'à *Tartufe* et au *Misantrope*, et le théâtre comique ignorerait encore à quelle hauteur il pouvait atteindre. Et puis, que seraient devenus ses ouvrages? Les eût-il livrés à l'impression sur la foi douteuse de leurs succès de province? et s'il ne l'eût point fait, qui se serait avisé, à sa mort, de recueillir pour la postérité les œuvres manuscrites d'un comédien ambulant? Oui, le sort de la comédie s'est décidé au Louvre le 24 octobre 1658; et que de choses dans un seul souvenir! le vieux palais de la monarchie française, une cour resplendissante d'éclat et de jeunesse, une tragédie de Corneille, et le début de Molière!

Des comédiens italiens, venus en France par les ordres de Mazarin, occupaient le théâtre du Petit-Bourbon. Louis XIV permit à Molière d'alterner avec eux : le nouveau théâtre prit le nom de Théâtre de Monsieur, qu'il changea, en 1665, contre le titre de *Troupe Royale*, qui lui fut accordé avec 7,000 liv. par an. Racine venait alors d'entrer dans la carrière, comme pour compléter la gloire de cette époque : c'est de Molière qu'il reçut les premiers encouragemens ; c'est à son théâtre qu'il donna ses premières tragédies : mais une brouillerie survenue entre eux poussa l'auteur d'*Andromaque* à l'hôtel de Bourgogne, où la Champmeslé le retint. Quant au bon Corneille, toujours fécond, toujours infatigable, il errait d'un théâtre à l'autre; il portait aux deux scènes rivales les productions d'un génie qui, vaincu par les ans, ne s'était point tout-à-fait encore déshabitué du sublime.

La salle du Petit-Bourbon ayant été démolie pour faire place à la belle façade du Louvre, le roi donna à Molière le théâtre du Palais-Royal. Richelieu l'avait fait construire pour les représentations de sa tragédie de *Mirame*, car on sait que ce prince de l'Église prétendait à toutes les gloires profanes, et que les triomphes de Corneille auraient troublé son repos s'il lui eût été permis d'en goûter. C'est là que la troupe de Molière s'éleva au plus haut degré de prospérité. Il ne faut pas croire cependant qu'elle n'eut jamais à se plaindre de la froideur et de l'inconstance du public. L'hôtel de Bourgogne lui était préféré pour la tragédie : les succès de Montfleury balancèrent quelquefois ceux qu'elle obtint ; mais son rival le plus redoutable fut *Scaramouche*. Quand ce célèbre bouffon italien revint à Paris après une longue absence, le théâtre de Molière fut déserté. La farce italienne préférée à Molière ! quelle honte pour le grand siècle ! C'est ce même Scaramouche dont il parle dans une de ses préfaces, et qui, travesti en ermite, jouait impunément le ciel et la religion, tandis que l'auteur de *Tartufe* avait mille obstacles à vaincre pour livrer à la risée publique les grimaces de l'hypocrisie.

La mort de Molière mit un terme à la fortune de son théâtre : ses comédiens se dispersèrent. Baron, son digne élève, Baron, l'acteur le plus parfait peut-être qui ait paru sur la scène française, Lathorillière, un des plus grands comédiens de ce temps, Beauval et sa femme, l'un qui, à défaut d'un talent fin et varié, possédait une naïveté plaisante dont Molière faisait grand cas, l'autre qui prêtait les grâces de son enjouement à ces servantes si piquantes de gaieté, si puissantes de raison, dont la bonne Laforêt avait sans doute été le modèle, passèrent dans le camp ennemi. L'hôtel de Bourgogne reçut les quatre transfuges. Les comédiens du Palais-Royal, après cette défection, se virent encore enlever leur salle, dont Lully venait d'obtenir le privilége pour y faire représenter ses opéras. Repoussés durement de l'hôtel de Bourgogne, où ils avaient en vain sollicité un asile, ces débris malheureux se réfugièrent rue Mazarine, en face de la rue Guénégaud, dans la salle même que Lully venait de quitter pour s'emparer de la leur. Un renfort sur lequel ils ne comptaient pas vint leur rendre l'espoir : Colbert, d'après les ordres du roi, ordonna la clôture du théâtre du Marais, dont il associa les meilleurs acteurs à la veuve et aux anciens camarades de Molière. Ainsi, par un effet des vicissitudes auxquelles sont soumis les théâtres et les empires, voici une colonie théâtrale sortie, en 1770, de l'hôtel de Bourgogne, et qui, soixante-treize ans après, transporte ses pénates fugitifs, non pas dans le sein de la mère-patrie, mais sur un territoire ennemi, parmi des rivaux malheureux qu'elle est forcée de secourir. Plus tard l'hôtel de Bourgogne eut le même sort : les sujets qui en faisaient l'ornement furent forcés de venir se joindre aux exilés du Palais-Royal, dont sept ans auparavant ils avaient refusé d'abriter la misère. Voici les termes de la lettre de cachet adressée au lieutenant-général de police, pour ordonner la jonction des deux troupes :

« Sa Majesté ayant estimé à propos de réunir
» les deux troupes de comédiens établis à l'hôtel
» de Bourgogne et dans la rue Guénégaud à
» Paris, pour n'en faire qu'une seule, afin de
» rendre les comédies plus parfaites par le
» moyen des acteurs et actrices auxquels elle
» a donné place dans ladite troupe, qui sera
» composée des acteurs et actrices dont la liste
» sera arrêtée par Sa Majesté; pour leur donner
» moyen de se perfectionner de plus en plus,
» Sa Majesté veut que ladite seule troupe puisse
» représenter les comédies dans Paris, faisant
» défenses à tous autres comédiens français de
» s'établir dans la ville et faubourgs de Paris,
» sans ordre exprès de Sa Majesté. Enjoint Sa
» Majesté au sieur de La Reynie, lieutenant-gé-
» néral de police, de tenir la main à l'exécution
» de la présente ordonnance.
» Fait à Versailles, le 22 octobre 1680.

» *Signé* Louis.

Et plus bas,

» Colbert. »

Et scellé.

Les comédiens furent donc autorisés à former

une société, et ils en passèrent le contrat, par-devant notaires, le 5 janvier 1681.

La société fit son début le 25 août de la même année; mais neuf ans après, elle fut obligée d'aller s'établir ailleurs. La Sorbonne, qui avait été mise en possession du collége des Quatre-Nations, ne voulut point avoir les comédiens dans son voisinage. Ils éprouvèrent mille tribulations avant de trouver un autre emplacement. Un *haro* général était poussé contre eux par les curés sur la paroisse desquels ils se présentaient : enfin ils acquirent le jeu de paume de l'Étoile, rue Saint-Germain-des-Prés, et y firent élever sur les dessins de François d'Orbay, célèbre architecte de cette époque, un théâtre dont l'ouverture eut lieu le lundi 18 avril 1689, par *Phèdre* et *le Médecin malgré lui*. C'est là que Lekain a joué les tragédies de Voltaire. Préville y débuta; Raisin, Lathorillière, les deux Quinault et leur sœur, Duchemin, Grandval, Molé, Brizard, mesdames Lecouvreur, Dangeville, Gaussin, Clairon, Dumesnil, y firent briller des talens supérieurs et portèrent si haut la splendeur de l'art théâtral, qu'elle ne put que décroître après eux. En face était le café Procope, redoutable à ses voisins par la spirituelle sévérité des juges qui s'y rassemblaient. Piron y allait aiguiser le sarcasme contre la comédie larmoyante que Lachaussée mit un instant à la mode : sa meilleure épigramme fut *la Métromanie*. Des réformes importantes s'opérèrent dans le matériel de l'exécution : on vit disparaître de la scène ces ridicules banquettes où les jeunes seigneurs, les *fashionables* du temps venaient étaler leur turbulence, et se livrer à un scandale de bon ton. Lekain, secondé de mademoiselle Clairon, entreprit aussi la réforme du costume, achevée depuis par Talma. Les décorations commencèrent à représenter exactement le lieu où l'action se passait; la mise en scène fut moins négligée : le peuple fut plus nombreux, les consuls eurent des licteurs, les rois marchèrent mieux accompagnés. Il y avait alors à la comédie française un corps de ballet qui pouvait faciliter ces progrès : il figurait, d'ordinaire, dans les divertissemens que Dancourt a placés à la fin de ses petites comédies long-temps appelées *Dancourades*. On y chantait, et l'on y *dansait* : les premiers sujets ne dédaignaient pas d'y paraître. En général, les acteurs tragiques se plaisaient à venir, après un grand rôle, recueillir dans la seconde pièce les témoignages de la satisfaction publique. J'ai entendu conter à un vieil amateur qu'à la suite de je ne sais qu'elle tragédie, Lekain et Brizard remplissaient, dans *les Précieuses ridicules*, les rôles des deux porteurs de chaise : ce jour-là Préville représentait Mascarille. Qu'on juge des transports de l'assemblée en voyant arriver Préville porté par Lekain et Brizard ; c'étaient des applaudissemens à n'en plus finir, un enthousiasme frénétique. Dans cette bouffonnerie si spirituelle et si originale, le marquis de Mascarille, indigné qu'on ose lui demander de l'argent, répond par un soufflet, et le grave Lekain recevait ce soufflet avec une dignité tragique qui redoublait les éclats de rire des spectateurs.

C'est à ce théâtre de la rue Saint-Germain-des-Prés qu'arriva l'affaire du *Siége de Calais*, qui fit beaucoup de bruit. Brizard, Lekain, Molé, Dauberval et mademoiselle Clairon, pour avoir refusé de jouer, dans cette tragédie de Debelloy, avec un de leurs camarades nommé Dubois, qui avait nié une dette, et attiré par là un affront sanglant à leur profession, puisque le créancier de ce Dubois prétendait que la qualité de comédien devait empêcher qu'on déférât le serment à son débiteur, furent arrêtés et conduits au Fort-l'Evêque, prison privilégiée des rois de théâtre dans un temps où le privilége était partout. Leur captivité ne fut pas bien rude : ils ne manquaient jamais de prétextes pour demander la permission, qu'on ne leur refusait pas, de se rendre souvent au théâtre pour leur service, qu'ils ne firent jamais avec autant de zèle : ils se chargeaient des moindres rôles, des annonces à faire, des lettres à porter, et les spectateurs charmés saluaient de leurs bravos les prisonniers dont leurs cris avaient naguère sollicité le châtiment. Il fallut, pour obtenir leur complet élargissement, que les comédiens fissent au public, par l'organe de Bellecourt, d'humiliantes excuses rédigées à l'avance dans le cabinet du lieutenant de police. Ce fut le ressentiment de cette injure qui hâta la retraite de la fière Clairon, blessée aussi de n'avoir pu réussir à faire lever l'excommunication que l'Église fait peser encore aujourd'hui sur les personnes de théâtre.

Cependant la Comédie Française n'avait pas terminé ses voyages : la salle qu'elle occupait menaçait ruine; après quatre-vingt-un ans de séjour, il lui fallut l'abandonner. Dans le château des Tuileries, qui, comme on le sait, n'était point alors une demeure royale, une salle avait été construite pour la représentation des ballets dans lesquels figurait Louis XIV : mais un vers de Racine ayant guéri le jeune monarque de la royale fantaisie

De se donner lui-même en spectacle aux *Français* [1],

elle servit peu à cette époque et fut donnée sous Louis XV à Servandoni, qui y fit représenter des spectacles à décorations et à machines : elle devint l'asile provisoire des comédiens en 1770. *Le Barbier de Séville* y tomba en cinq actes, et, diminué d'un acte tout entier, se releva bientôt pour fournir une longue et brillante carrière. Son auteur s'était déjà fait connaître par *Eugénie* et *les Deux amis*, comédies larmoyantes par lui appelées *drames*, mot qui, détourné de son sens originel, acquit, grâces à lui, une nouvelle signification qu'il garde encore : c'est ainsi que Beaumarchais affectait des airs de novateur, alors qu'avec quelques formes différentes, il n'était réellement que le continuateur de Lachaussée ; en créant le nom, il semblait avoir créé le genre : mais son plus beau succès, c'est ailleurs que dans le drame qu'il devait le conquérir, et déjà il y avait préludé par la gaieté satirique et originale dont son *Barbier* étincelle.

Cette salle des Tuileries fut témoin d'un

---

[1] Il excelle à conduire un char dans la carrière,
A disputer des prix indignes de ses mains,
A se donner lui-même en spectacle aux Romains.
                        RACINE, *Britannicus*.

évènement rare dans l'histoire des lettres et des arts, l'apothéose d'un grand homme vivant : elle vit couronner Voltaire aux acclamations d'une multitude ivre d'enthousiasme, Voltaire octogénaire, presque mourant de plaisir et de gloire. Lekain manquait à cette fête : il semble que c'était au grand acteur à couronner le grand poète; celui à qui il devait les leçons qui avaient développé son talent, les rôles qui avaient fondé sa renommée : mais le grand acteur n'était plus; quelques jours auparavant il avait joué *Vendôme* pour ne plus le rejouer. Ses derniers accens tragiques avaient été pour Voltaire; jamais, dit-on, ils ne furent plus déchirans et plus nobles : c'était vraiment le chant du cygne, et le jour où le maître rentrait dans Paris en triomphateur, la terre recevait les restes mortels de l'élève. Lekain était né dans l'année même où Baron était mort.

Enfin, après des hésitations, des plans adoptés et rejetés, la salle définitive du Théâtre Français s'éleva rue de Vaugirard, sur l'emplacement de l'ancien hôtel de Condé. Commencé en 1779, l'édifice fut achevé en 1782 par MM. de Wailly et Peyre l'aîné. L'ouverture s'en fit par une comédie de La Harpe, intitulée : *Molière à la nouvelle salle*, dans laquelle Préville représentait Molière.

Les comédiens français devaient espérer que leur fortune errante allait se fixer dans ces murs; ils étaient loin de se douter que là, au contraire, se préparaient pour eux des agitations nouvelles, des guerres intestines et extérieures qui devaient amener leur séparation, leur ruine, et des malheurs plus grands encore. Mais avant de raconter leurs infortunes, j'ai à parler d'une de leurs plus grandes prospérités, de la gloire la plus productive qu'ils aient jamais obtenue, d'une pièce qui, par la nature de ses qualités et de ses défauts, est encore aujourd'hui le plus populaire des ouvrages dramatiques. On devine qu'il s'agit du *Mariage de Figaro*. L'apparition de cette virulente satire contre les grands, que la cour, dit-on, ne laissa jouer que parce qu'elle en espérait la chute, est une des premières victoires remportées sur le parti aristocratique. Elle fut complète, et la captivité de l'auteur, maladroitement ordonnée pour le punir de son triomphe, ne fit qu'y ajouter encore. Jamais la part des comédiens ne s'éleva aussi haut que pendant l'année où fut représentée cette comédie, dans laquelle ils déployaient un talent d'ensemble et de détails qu'on ne se lassait point d'admirer. Le rôle de Suzane fit faire un pas immense à la réputation de mademoiselle Contat. Dazincourt commença la sienne dans celui de Figaro : Préville, trop vieux, le lui avait abandonné, gardant, pour le personnage moins important de *Brid'oison*, ce comique toujours vrai, toujours exempt de charge qui le plaçait au premier rang. La jeune Olivier, joli page aux yeux noirs et aux cheveux blonds, ravit les spectateurs par la fraîcheur de son talent et les grâces de sa personne. L'impression qu'elle produisit sous les traits de Chérubin lui présageait une belle destinée théâtrale et dut lui faire rêver un avenir qui n'arriva point : quatre ans plus tard la mort l'atteignit. Toutes les nuances qu'offre le rôle difficile du comte étaient rendues par Molé avec l'art délicat d'un grand comédien. Mademoiselle Sainval cadette, dans la comtesse, descendait avec bonheur des hauteurs de l'alexandrin, et retrouvait sur la scène comique les applaudissemens auxquels la tragédie l'avait accoutumée. Enfin Bellemont, acteur d'une célébrité inférieure à ceux que je viens de citer, et qui cependant excellait à représenter les paysans, mettait dans l'ivresse d'Antonio un naturel qui excitait dans le parterre un rire aussi franc que le talent de l'acteur. Il semblait que Beaumarchais eût deviné chacun d'eux, tant chacun d'eux se trouvait à sa place dans son personnage. La curiosité publique était inépuisable, l'enthousiasme croissait avec le scandale, et le *Mariage de Figaro* était tout à la fois un grand succès de théâtre et un grave évènement politique.

Les comédiens partagèrent l'ivresse avec laquelle furent accueillis en France les bienfaits et les promesses de 89 : mais bientôt les coulisses eurent leur côté droit et leur côté gauche ; il arriva là ce qui arrivait partout ailleurs, ce qui arrive toujours : après avoir été quelque temps d'accord, on ne s'entendit plus. Les uns, indignés du préjugé qui flétrissait leur profession et qu'ils attribuaient à la vieille influence des idées aristocratiques, étaient extrêmes et inflexibles dans leur haine contre un régime que les autres défendaient, parce que c'était à l'ombre de ce régime qu'ils avaient vu fleurir l'art qu'ils cultivaient et le théâtre auquel leur existence était attachée. Les uns se rappelaient, avec toute la colère de l'amour-propre humilié, la hauteur et les dédains des classes supérieures ; les autres ne voulaient se souvenir que de la protection des rois et des faveurs de la cour. La discorde fermentait dans l'intérieur ; le *Charles IX* de Chénier était destiné à la faire éclater au dehors. C'est au milieu de ces orages que la tragédie vit apparaître Talma, jeune talent condamné à l'obscurité par les règlemens et l'usage, et qui tout-à-coup se fit jour dans ce rôle d'un roi faible et fanatique ordonnant le crime et succombant aux remords. L'interruption des représentations de cette tragédie, motivée sur des indispositions réelles ou supposées, donna lieu à des scènes de désordre et de scandale. Le parterre et le théâtre devinrent deux tribunes. De la première partaient sans cesse des interpellations injurieuses, des ordres menaçans; la seconde ne laissait échapper que des paroles respectueuses, sous lesquelles se déguisait mal le dépit d'une opinion contrariée. Une lettre, que Talma publia à la suite d'une dispute survenue à l'occasion de ces évènemens, lui attira de la part de ses camarades une expulsion, dont Fleury vint sur la scène instruire officiellement le public. On peut juger de la violence des tempêtes que la seule annonce de cette rigoureuse sentence déchaîna dans la salle. La municipalité la fit fermer jusqu'à ce que les comédiens eussent rapporté leur décision, ce qu'ils firent à contre-cœur. Aussi les troubles renaissans furent le fâcheux indice d'une scission qui ne tarda pas à s'opérer. Elle était favorisée par la législation nouvelle qui, en abolissant les priviléges des spectacles, ôtait à la Comédie Française l'exploitation exclusive de son genre et de son vieux répertoire. Un nouveau théâtre venait de s'élever rue de Richelieu; c'était celui qu'elle occupe aujourd'hui. Fier de la vogue de quelques pièces et de quelques acteurs, plein d'une ambition que ses seules ressources ne lui permettaient pas de satisfaire, il ouvrit avec joie ses portes aux dissidens. Talma, déjà placé si haut et qui devait grandir encore; madame Vestris, dont le jeu noble et raisonné rappelait quelquefois la fameuse Clairon; mademoiselle Desgarcins, douée d'une sensibilité profonde qui abrégea ses jours; Dugazon, si plein de comique et d'originalité, et qui, lorsque sa verve ne l'égarait pas, s'approcha le plus de Préville; Grandmesnil, l'Harpagon-modèle, allèrent rejoindre sur cette scène Monvel, dont l'émigration avait précédé la leur, Monvel, talent d'une simplicité et d'un pathétique admirables, grand acteur qui s'est survécu dans une grande actrice. Ces illustres déserteurs trouvèrent là Michot pour les seconder. La Harpe, Ducis, Chénier, Fabre d'Eglantine, quittèrent pour eux leurs rivaux, et les *Variétés amusantes* devinrent alors le *Théâtre Français de la rue Richelieu*; après le 10 août ce fut le *Théâtre de la Liberté et de l'Égalité*, et plus tard le *Théâtre de la République*. Celui du faubourg Saint-Germain s'intitula *Théâtre de la Nation*.

Fort des talens qui lui restaient encore (1), il luttait avec courage contre la difficulté des circonstances; mais déjà suspect, il s'attira en 93 la haine des pouvoirs ombrageux de cette époque par la représentation de l'*Ami des lois*, comédie de Laya, qui faisait justice des idoles populaires, de ces prétendus amis de la liberté qui organisaient la terreur. Un ouvrage où respiraient le patriotisme le plus vrai et un respect pieux pour les lois, fut proscrit par les despotes républicains. Mais ce n'était pas assez : il fallait punir aussi les comédiens qui s'étaient associés à cet acte de courage : ils saisirent la première occasion. *Paméla*, de François de Neufchâteau, fut le prétexte dont ils s'armèrent : la pièce leur parut entachée d'aristocratie. En conséquence, dans la nuit du 3 au 4 septembre 1793, tous les acteurs du Théâtre de la Nation furent arrêtés chez eux et conduits en prison : c'était, sans l'évènement du 9 thermidor, une proie réservée au bourreau.

Jusqu'à cette époque libératrice, le théâtre de la rue de Richelieu, trop fidèle image de cette

(1) Molé, Fleury, Larive, Dazincourt, Saint-Prix, Saint-Fal, etc.; mesdames Contat, Raucourt, Joly, Sainval, Petit-Vanhove (depuis madame Talma), Devienne, etc.

république dont il portait le nom, n'offrit que des tableaux révoltans d'immoralité et de cynisme : la langue et l'humanité y étaient perpétuellement outragées ; la modération était livrée au ridicule ; les proscripteurs, se rendant justice, avaient retranché de Mahomet ces deux vers :

Exterminez, grands dieux, de la terre où nous sommes
Quiconque avec plaisir répand le sang des hommes.

Des mains impies osaient profaner nos chefs-d'œuvre : elles refaisaient Tartufe et la Mort de César : le nom de citoyen était ridiculement substitué à toutes les autres dénominations; nos couleurs nationales ornaient tous les costumes : le citoyen Tartufe portait à son chapeau la cocarde tricolore, et le citoyen Orosmane eût été dénoncé, s'il eût oublié d'en décorer son turban ; les femmes n'échappaient point à ce vandalisme patriotique : sous le régime de l'égalité, qui donc aurait eu le droit de n'être point absurde ? Il fallait des cocardes aux citoyennes Phèdre, Zaïre ou Célimène. Assis devant son échiquier, le Bourru bienfaisant était obligé de dire : *échec au tyran*; les comédiens, chargés de fonctions publiques, faisaient quelquefois attendre le parterre qui n'eût osé siffler ses magistrats. Le plus mauvais acteur voyait les murmures se convertir en applaudissemens forcenés, dès qu'il s'avançait sur la scène pour protester de son civisme. L'atroce se joignait au burlesque : à une représentation du *Caïus Gracchus* de Chénier, au moment où Caïus prononçait cet hémistiche : *des lois et non du sang*, une voix fit entendre aux premières loges : *du sang et non des lois*, et cette voix était celle d'un député de la Convention, qui trouvait apparemment que les têtes ne tombaient pas assez vite et en assez grand nombre : c'était de l'injustice envers la guillotine.

Enfin la mort de Robespierre vint mettre un terme à l'assassinat juridique : les victimes que la prison gardait pour l'échafaud en sortirent tout étonnées de ne point monter dans la fatale charrette. Devenus libres, les comédiens français retournèrent dans la salle du faubourg Saint-Germain, qui s'appelait alors *Théâtre de l'Égalité, section Marat*. Ils attirèrent d'abord la foule; mais bientôt les recettes diminuèrent : le public s'était deshabitué d'aller chercher le plaisir du spectacle dans un quartier éloigné du centre des affaires. Las de leur solitude, ils portèrent leurs talens au théâtre de la rue Feydeau, dirigé par un nommé Sageret. La persécution vint encore les y chercher : ils étaient toujours suspects d'aristocratie : c'est comme tels qu'ils avaient été incarcérés sous la Convention ; le Directoire se borna à fermer le théâtre qui les avait recueillis : il y avait amélioration. Au bout d'un mois la réouverture fut permise : on avait compris combien il était odieux et ridicule de punir l'opinion présumée de quelques comédiens. Cependant, accoutumés à se régir eux-mêmes, plusieurs d'entre eux se lassèrent d'obéir à un directeur, et mademoiselle Raucourt vint à leur tête fonder un nouveau Théâtre Français rue de Louvois. Le bon et joyeux Picard débuta, comme acteur, sur cette scène qu'il devait, comme auteur, enrichir de ses spirituelles productions. Il y eut alors trois Théâtres Français, comme sous Louis XIV; mais le troisième ne subsista pas long-temps, du moins dans le nouveau quartier où il avait élu son domicile. Un vers d'une vieille comédie, les *Trois Frères rivaux*, appliqué d'une manière injurieuse à un des personnages marquans de cette époque, fit ordonner la clôture de la salle Louvois. Toujours poursuivis, toujours errans, les comédiens tournèrent leurs regards vers leur ancienne patrie, et le faubourg Saint-Germain vit revenir ses émigrés dramatiques. Associés à quelques autres sujets, ils eurent un sort pareil à celui qu'ils avaient autrefois éprouvé : une vogue momentanée suivie d'un complet abandon. De son côté, le Théâtre de la République n'était pas plus heureux : la concurrence des acteurs de la rue Feydeau lui avait été fatale, et le réduisit enfin à fermer ses portes où ne se pressait plus la foule. Sageret engagea les nombreux talens qui longtemps en avaient fait la fortune, et laissant la salle Feydeau à l'opéra-comique qu'il dirigeait aussi, il rouvrit le théâtre de la rue Richelieu, appelée alors rue de la Loi, avec les deux troupes réunies. Ce n'est pas tout : il prit à bail la salle du faubourg Saint-Germain, cette salle funeste qui avait vu fuir de nouveau les comédiens français, chassés par la misère ; et, après avoir encore augmenté son personnel, il divisa le Théâtre Français en deux sections, exploitées indistinctement par tous les sujets qu'il avait engagés. Mais il ne tarda pas à succomber sous le fardeau d'une telle entreprise. Ses frais absorbèrent ses recettes, et sa ruine condamna le Théâtre de la République à une nouvelle clôture. Depuis quelque temps, celui du faubourg Saint-Germain s'était affranchi du joug de son directeur ; l'inexactitude dans les paiemens avait autorisé quelques acteurs à lever l'étendard de la révolte, et à se former en société ; et le drame de Kotzebue, intitulé *Misanthropie et Repentir*, fit passer les ponts à une foule immense qui venait apporter aux sociétaires son argent et ses larmes. Mais la fatalité semblait s'attacher à ces débris de l'ancienne comédie. Il fallait qu'à défaut du pouvoir ou du public, les élémens conspirassent contre eux; et le 28 ventôse an VII, l'incendie avait consumé leur dernier abri. Ainsi de trois Théâtres Français que possédait Paris, il n'en restait plus alors un seul. Cependant le vandalisme avait cessé d'être à l'ordre du jour, et les idées contraires qui renaissaient de toutes parts ne permettaient point au gouvernement de voir avec indifférence la ruine d'une de nos gloires nationales; il voulut rassembler en un seul faisceau les élémens épars de la vieille Comédie Française, et lui rendre ce passé dont elle était si fière. Les négociations furent longues et difficiles : il y avait de fortes inimitiés à vaincre, des amours-propres rivaux à concilier; enfin tous les obstacles furent surmontés, et la société des Comédiens Français fut reconstituée sur ses anciennes bases, le 11 prairial an VIII, au théâtre de la rue Richelieu : c'est là qu'elle est encore. Elle n'en est sortie qu'une seule fois, en 1822, pour des réparations et des changemens qu'on fit à la salle, et elle a fait alors une résidence provisoire de trois mois au Théâtre Louvois. Après avoir été républicaine, elle devint impériale et royale. Ainsi que son titre, sa fortune fut diverse; Napoléon la combla de faveurs : il lui fit don d'une rente annuelle de cent mille francs sur l'État. Il s'occupait de ses comédiens au milieu même des hasards de la guerre, et, en 1812, il rédigea pour eux, dans le Kremlin, et parmi les ruines fumantes de Moscou, un décret qui est encore aujourd'hui leur loi première, et auquel ils doivent en grande partie la conservation de leur établissement. Brillante sous l'empire et dans les commencemens du règne de Louis XVIII, l'étoile du Théâtre Français pâlit vers les dernières années de la restauration. Les journées de juillet ne firent qu'accroître sa détresse : car les révolutions, quelque légitimes qu'elles soient, avec quelque bonheur qu'elles s'accomplissent, n'ont pour effets immédiats qu'un froissement d'intérêts et une incertitude de l'avenir, funestes à toutes choses, aux affaires comme aux plaisirs. Les arts, peut-être plus encore que le reste, ont besoin de calme et d'ordre public; et les théâtres, malheureux quelque temps, prennent aujourd'hui leur part de la prospérité renaissante. La Comédie Française, après avoir touché au moment de sa dissolution, est debout et pleine de vie. Elle a eu, comme la nation, sa révolution intérieure : mais celle-ci s'est faite de la manière la plus pacifique, et, de la part des anciens pouvoirs, l'abdication a été toute volontaire. Les sociétaires ont fait, entre les mains d'un directeur désigné par eux à la nomination de l'autorité, l'abandon de tous leurs droits administratifs et de tous les priviléges particuliers qui leur étaient conférés par l'ancienne organisation. Des résultats heureux ont, en le justifiant, consolidé le nouveau système. Les *Enfans d'Edouard*, de M. Casimir Delavigne, *Bertrand et Raton*, de M. Scribe, ont fait reprendre au public un chemin long-temps oublié, et rendu quelques beaux jours à notre première scène nationale.

Cette prospérité se soutiendra-t-elle, et quel est chez nous l'avenir réservé à l'art dramatique? je l'ignore. On a pu entrevoir, dans cette rapide esquisse, combien d'abord ses progrès furent lents; depuis les mystères jusqu'aux huit cents pièces de Hardy inclusivement, c'est-à-dire dans l'espace de plus de deux siècles, le seul résultat obtenu fut d'être arrivé graduellement à moins de barbarie: puis vint Corneille, qui tout-à-coup fit jaillir la lumière dans ce chaos. A sa voix, l'art franchit d'un seul bond un prodigieux intervalle : il en créa à la fois toutes les parties, et ravit même à Molière l'honneur d'avoir fait la première bonne comédie, lui laissant toutefois celui de trouver dans le cœur humain les sources les plus sûres du vrai comique. Après Corneille viennent se placer deux autres rois de la scène tragique, Racine et Voltaire, que les injures et les ouvrages de notre époque n'ont point encore détrônés. Car on sait que depuis quelques années, un esprit de révolte a éclaté dans la jeune littérature contre l'observation des vieilles formes et l'autorité des vieux noms. Une école nouvelle a surgi, qui a entrepris la refonte entière de notre théâtre. Elle a obtenu des succès, dont quelques uns ont été contestés. L'enthousiasme n'a point manqué d'accueillir les productions romantiques: mais cet enthousiasme a paru suspect, parce qu'on s'y attendait, et que c'était chose depuis long-temps convenue. Un tort des réformateurs avait été de se prodiguer des éloges et de se prédire des triomphes, de chanter, pour ainsi dire, le *Te Deum* de la victoire, avant même que la bataille eût été donnée. On fut surpris de cette admiration systématique pour des ouvrages à faire, et quand ils parurent, toutes les beautés annoncées n'y furent point aperçues. Tout en reconnaissant le talent dont ils abondent, on y désira plus de raison. Dans le public, ceux mêmes qui avaient murmuré contre le joug des règles, jugèrent qu'on avait eu tort de les fouler toutes aux pieds : on devait, selon eux, reculer les limites, mais non les renverser; améliorer quelques parties, et non tout détruire pour tout refaire. On reprochait aux chefs de l'école leurs superbes dédains pour cette littérature française qui, long-temps avant nos armées, avait fait la conquête de l'Europe. Si son temps était fini, si elle était morte, comme ils le prétendaient, il fallait lui rendre les derniers devoirs avec ce respect que commande l'éclat des vieilles renommées, et ne pas l'outrager sur sa tombe : si elle donnait encore quelques signes de vie, il fallait la tuer avec autre chose que des journaux et des préfaces.

Le *drame moderne*, il faut le dire, n'a point tenu toutes les promesses que l'on avait faites en son nom : mais aussi l'on avait trop promis. Les violentes attaques dirigées chaque jour contre le passé avaient même été une tactique maladroite et dangereuse : tant décrier ce qu'on avait vu, c'était rendre exigeant pour ce qu'on allait voir. Pour ne point rester au-dessous de l'attente générale, il eût fallu plus que des chefs-d'œuvre : peut-être a-t-on donné moins. Toutefois, en songeant au talent qui brille dans plusieurs compositions de la nouvelle école, il est permis de ne pas désespérer de son avenir : moins confiante dans son génie, elle s'humanisera un jour; elle reviendra à la raison et au goût, qualités essentielles de l'écrivain, qu'elle a jusqu'ici négligées comme trop classiques, et il sortira peut-être de la crise actuelle une littérature de transaction qui saura concilier l'ancienne pureté antique avec la hardiesse moderne.

SAMSON,
DU THÉATRE FRANÇAIS.

LES DEUX BOULEVARDS.

Paris a deux boulevards; l'un cerne la ville, en est la zone glaciale; l'autre est cerné par la ville, en est la zone tempérée. Ce sont bien deux zones avec leur climat différent et leurs mœurs à part. Quel rapport y a-t-il entre l'invalide qui rampe sous les grands ormes, noirs et vieux comme lui, du boulevard du Mont-Parnasse, et l'élégant du Café de Paris, qui digère étendu sur trois chaises, sous les charmes du boulevard de Gand? Comment confondre la lourde charrette qui défonce la voie dure et inégale de la barrière du Combat et le wiski léger qui vole sur ses ailes d'ébène et de cuivre des galeries d'or de Coblentz au boulevard du Temple?

Toutes les capitales du monde ont des points de rivalité avec Paris. La Hollande a des cathédrales aussi bien ciselées, plus hautes que Notre-Dame ; nous avons le Louvre, Vienne a Schœnbrunn ; notre Musée est riche, celui d'Anvers est magnifique; quelques uns de nos ponts causent l'admiration des étrangers ; ceux de Londres sur la Tamise, ceux du Tibre à Rome, font cesser cette admiration ; nos quais sont larges, ceux de Saint-Pétersbourg sont en granit; nous avons le Panthéon, Rome a Saint-Pierre, dont la coupole seule a l'élévation de notre Panthéon ; non, nous n'avons rien qui soit exclusivement en dehors de toute comparaison, nos boulevards exceptés. Les étrangers en conviennent, et leur témoignage en pareille matière a force de loi.

Les boulevards sont si bien exposés, qu'ils sont l'endroit de la capitale où les saisons se parent le mieux des nuances qui leur sont propres. L'hiver y est mieux accusé : neige-t-il, on y voit la neige, invisible ailleurs, écrasée qu'elle est sous les pieds des chevaux, fondue à la sueur de la population, mêlée à la boue noire du sol. Le printemps s'y montre dans sa primeur. Chaque arbre du boulevard a déjà sa branche et sa feuille; le printemps est pour ainsi dire aux boulevards, que l'hiver règne encore aux bords de la Seine, autour des barrières. Quand la Seine charrie, l'on se promène à pied, sans manteau, sur le sable sec du boulevard des Italiens. Entre les boulevards et la Seine la différence thermométrique est de plus de cinq degrés.

Mais l'été est délicieux aux boulevards, tout y mue : l'oiseau des arbres a changé de plumes, les boutiques ont redoré leurs baguettes et poli leur vitrage. Tout s'est revêtu de mousseline indienne et s'est parfumé à neuf. Quel jardin aussi beau, par une soirée de juillet, que les boulevards verts de feuilles, mouvans de populations, gais et spirituels de toutes les choses qui s'y murmurent, quand le gaz rayonne à travers les cristaux sur des visages pâles et reposés de femmes assises et heureuses.

Ce fut aussi par trois belles journées d'été que tombèrent les arbres des boulevards. En juillet 1830, le mouvement populaire qui se concentra sur cette promenade étendit à terre, comme un obstacle aux pieds des chevaux de la gendarmerie, les plus beaux ormes, tout chargés à cette époque du plus riche feuillage. Il est probable que cette mesure fut commandée par le patriotisme et la nécessité sur quelques points, mais il n'est pas moins vrai que beaucoup, profitant de cet abatis national, se hâtèrent de démasquer leurs magasins de parfumerie ou de toilerie des arbres qui en cachaient l'enseigne ou la devanture. Le mal fut très grand : il est à peu près irréparable; il faut vingt ans pour qu'un arbre planté s'élève et donne de l'ombre, s'il ne faut que trois jours pour accomplir une révolution. La tradition peut être fatale à la croissance des jeunes ormes révolutionnaires nouvellement plantés, une fois l'habitude prise de les abattre au moindre vent d'émeute qui soufflera. Eux et les pavés sont destinés à tous nos triomphes politiques. Dans vingt ans comptez combien nous triompherons de fois; moi je ne calcule que les arbres qu'on sciera pour arrêter les ennemis, pour couronner les triomphateurs : comme c'est cher un triomphe!

Les boulevards intérieurs n'embrassent pas la moitié d'un des cercles concentriques de Paris : on ne peut raisonnablement mesurer l'arc qui les comprend que de la Bastille à la Madeleine. L'allée d'arbres parallèle au canal creusé où furent les fossés de la Bastille, et dont le prolongement finit à l'Arsenal, à la tête de l'île Louviers, ne devrait pas plus être comptée comme faisant partie des boulevards, que les Champs-Elysées, qui en sont séparés par toute l'épaisseur du faubourg Saint-Honoré. Nous mentionnerons cependant le boulevard Bourdon.

Il est impossible que l'étranger, et c'est essentiellement pour lui que nous écrivons, trouve la cause des différentes physionomies qu'affectent les boulevards à mesure de leur développement. Ce n'est pas le hasard, on doit l'en prévenir, qui a groupé de distance en distance des spécialités de boutiques, distinctes soit par la nature de leur exploitation, soit par leur luxe, soit encore par le prix des marchandises variables d'un ruisseau à l'autre. Ainsi il n'y a rien de fortuit dans cette série de magasins de vieux livres, qu'interrompent des magasins de meubles d'occasion et d'habits confectionnés, à la gauche du boulevard de la Bastille et du Temple. Ceci s'explique par le Marais, nid de bourgeois crénelés dans leurs habitudes studieuses, amassant goutte à goutte des bibliothèques revendues à leurs décès; par le Marais, repaire de juifs allemands occupés à coudre en habits le drap qu'ils ont déjà cousu par pièces. Les uns et les autres ont des habitudes casanières et rentrées; les marchands se soutiennent entre eux : d'où la communauté du bazar, la communauté du quartier. Ils se collectionnent ; sur dix cris d'appel aux passans, ils en économisent un par l'association; et la redingote composée de soixante et douze morceaux, mosaïque plus compliquée que celle du temple de Salomon, se fait pardonner en faveur de l'habit dont le collet s'en ira à la première pluie, dont les basques resteront au milieu de la foule. Ceux-là, habitans proverbialement désignés sous le titre, plus railleur que vrai, de rentiers du Marais, ont aussi la lisière courte; infirmes la plupart, peu partisans du bruit, adorant par tradition le Café Turc, qu'on leur restaure tous les demi-siècles avec deux douzaines de croissans.

On découvre la même similitude entre les autres boulevards et les quartiers dont ils sont la frontière. Sans craindre de se tromper, on peut juger les mœurs des quartiers par la physionomie des boulevards auxquels ils aboutissent. Les extrémités décident du corps; le quartier bruyant a pour limite un boulevard bruyant. Le Temple, au revers du canal et de Belleville, se résume dans ce fragment de promenade où s'ouvrent tant de cafés, tant de restaurans, tant de théâtres, où l'on mange sans cesse de midi à midi, où l'on rit toujours de minuit à minuit. Les boulevards Bonne-Nouvelle et Poissonnière sont riches, commerçans, honnêtes ; agités, mais avec de l'ordre ; riches, mais avec de l'économie ; ils sont le cœur des grandes lignes Poissonnière, rue et faubourg de ce nom, du Gros-Chenet, où Strasbourg et Mulhouse cachent leurs belles toiles peintes. Même analogie de l'autre côté des boulevards : les boutiques y sont plus rares, les hôtels plus rapprochés : on sent poindre le voisinage de la Banque ; d'ailleurs le Gymnase est là pour l'attester encore mieux, il est la borne milliaire de ce pays d'argent.

Le luxe, qui n'est pas la richesse, a ses magnifiques rendez-vous aux boulevards Montmartre et des Italiens, pivot étincelant où rayonnent en éventail les rues Montmartre, le passage des Panoramas, la rue Neuve-Vivienne, la rue Richelieu, rue des palais ; la rue Grange-Batelière, pas-perdus de l'Opéra ; le passage de ce nom, la rue Lepelletier, qu'habitent les sylphides de l'Académie royale de Musique. Ces deux boulevards sont, pour ainsi dire, la grande nef de l'immense pagode de Paris, et où sont amoncelés tous les trésors de cette divinité à double face qu'on y adore, la mode et le plaisir. Plongez vos regards à gauche : la Bourse, autel de marbre, la rue Vivienne, nœud d'or et de diamant entre la Bourse et le Palais-Royal, qui en est le médaillon; à droite l'Opéra, chapelle qui s'allume le soir aux lueurs du gaz. De ces reflets les boulevards Montmartre et des Italiens se colorent. Il n'y a qu'à voir les deux mains de ce corps fatigué de plaisirs, les limites mouvantes de ce quartier grand seigneur, pour reconnaître combien il est noble, millionnaire, et difficile à amuser. Il serait fastidieux de prouver plus long-temps la parfaite similitude qui existe entre les diverses portions des boulevards et les quartiers qui y aboutissent. Du boulevard des Italiens à celui de la Madeleine l'analogie que nous avons aperçue est non moins constante. Enfin une règle générale peut être ainsi établie pour l'instruction de l'étranger observateur: «Les boulevards sont l'échelle réduite des quartiers qui y confinent, dans la proportion d'une boutique à une rue. »

La Seine est le grand diamètre *des boulevards intérieurs et extérieurs*, qui, par cette division, prennent aussi le nom de *boulevards du Nord* et de *boulevards du Midi*.

Autour de Paris étaient des fossés, limites aussi peu respectées par les faubourgs au xvi° siècle qu'aujourd'hui. Paris s'agrandissant toujours depuis, ces fossés ne furent plus que des ornières gênantes au milieu de la ville; on les combla, et sur le terrain nivelé s'élevèrent, dans une étendue de 2,400 toises de longueur, les boulevards *intérieurs du Nord*. Plantés d'arbres en 1668, ils reçurent les différens noms de boulevards *Bourdon*, de *Saint-Antoine*, des *Filles du Calvaire*, du *Temple*, de *Saint-Martin*, de *Bonne-Nouvelle*, *Poissonnière*, *Montmartre*, des *Italiens*, des *Capucines*, et de la *Madeleine*, dénominations dont l'étymologie n'a pas besoin d'être expliquée.

Achevé en 1761, *le boulevard intérieur du Midi*, qui compte 14,490 mètres de longueur, se subdivise en boulevards de *l'Hôpital*, *des Gobelins*, de la *Glacière*, de *Saint-Jacques*, *d'Enfer*, du *Mont-Parnasse*, et des *Invalides*.

Les *boulevards intérieurs du Midi* doivent leur aspect plus majestueux, leur ombrage plus frais, à l'avantage d'être plantés sur quatre rangs d'arbres au lieu de deux, comme la plus grande partie des *boulevards intérieurs du Nord*. Ils croissent en force et en étendue autour du dôme des Invalides, du Luxembourg, et du Jardin-des-Plantes. Ils s'élèveront ainsi tant que la turbulente petite propriété, jusqu'ici exilée de ces quartiers sans commerce, ne viendra pas bâtir six étages contre leurs rameaux, et plaquer des boutiques à leur tronc; parce que la boutique appelle l'émeute, et que l'épicier en profite pour éclaircir à la hache la contre-allée qui masque son enseigne.

Nous ne reconnaissons qu'un défaut aux *boulevards intérieurs du Midi*, c'est de manquer de caractère, d'une population bien tranchée. Placés comme un passage entre les boulevards extérieurs et la Seine, ils n'offrent, pendant la semaine, qu'un vide complet, à peine troublé par les diligences de la banlieue; et le dimanche, qu'une cohue qui les traverse et ne s'arrête pas. Entre tous les mouvemens, ils n'ont que celui, rapide et hebdomadaire, d'un déplacement qui n'est pas pour eux; aussi peu de restaurans, peu de marchands de vins, peu de théâtres, se sont établis sur cette ligne. Je n'oublierai pourtant pas *le Feu Eternel*, restaurant traditionnel, célèbre aux confins du boulevard de l'Hôpital. C'est une riche exception; je la constate. L'oasis prouve le désert.

Sur l'emplacement du Jardin de l'Arsenal fut tracé le boulevard Bourdon. Le premier de tous en partant de la Seine, il longe le canal et se termine aux environs de l'endroit où fut la Bastille, où est la fontaine de l'Éléphant, où sera le monument de Juillet; trois monumens dont l'un n'existe plus, dont le second n'a jamais existé, dont le dernier doit exister un jour.

A l'extrémité du boulevard Bourdon, et sur une autre portion du Jardin de l'Arsenal, fut commencé, en 1807, ce vaste bâtiment qu'on désigne sous le nom de Grenier de Réserve. Nous prévenons le lecteur que cette épithète pompeuse de Grenier de Réserve ne décore qu'un édifice qui n'aurait jamais servi à rien, comme tant d'autres, sans le fléau du choléra qui vint lui donner une terrible utilité. Les cholériques convalescens y étaient envoyés pour respirer un air plus pur, si toutefois il y avait un air pur dans ces jours malheureux. Et pourtant nous avons vu quand on mourait ici, quand on mourait là, quand on mourait partout, des milliers d'oiseaux s'abattre sur les boulevards dont nous écrivons l'histoire, et chanter, et gazouiller; car c'est à l'époque des lilas et des roses, en avril 1832, que Paris perdit en un jour, le 19, deux mille de ses habitans. Et ce jour, tous les convalescens du grenier de réserve moururent!

Le terre-plain des trois monumens votifs dont nous venons de parler ne sera jamais, quoi qu'on fasse, qu'une station de voitures. C'est là qu'on trouve à toute heure du jour et de la nuit des *coucous* pour les villages et les campagnes de la banlieue, surtout pour Vincennes, Saint-Maur et Saint-Mandé. On appelle aussi place de la Bastille, ou place de l'Eléphant, ce point central où aboutissent la rue, le faubourg, le boulevard Saint-Antoine, et le canal de l'Ourcq.

Il est à remarquer que depuis la révolution de 89 et depuis la prise et la démolition de la Bastille, cette place a toujours conservé une réputation menaçante pour les pouvoirs qui ont régné. Le faubourg Saint-Antoine va descendre, les faubouriens sont réunis sur la place de la Bastille, tels sont les deux cris avec lesquels les partis s'épouvantent, sans jamais s'être donné la satisfaction de remonter à la cause de ce préjugé, sans s'être jamais demandé s'il y avait encore des faubouriens dans le quartier Saint-Antoine.

Au temps où les ouvriers brûlaient la fabrique de Reveillon, ou, pour mieux dire, où il n'y avait que des ouvriers au faubourg Saint-Antoine, et quels ouvriers encore! — sauvages, nus, sans mœurs, brisant les instrumens nouveaux; — dans ces temps on conçoit la crainte de voir fondre sur Paris, à l'heure des révolutions, conduites par le premier intrigant, des nuées d'ouvriers, armés de haches, de torches et de piques; mais sur quoi repose cette terreur aujourd'hui? quel motif armerait les faubourgs? L'ignorance? l'instruction a pénétré dans les plus pauvres ateliers, s'il y en a de pauvres au faubourg Saint-Antoine. La misère? mais si les grandes fortunes sont aujourd'hui quelque part, non ces fortunes fictives, assises sur des réputations de banque, mais celles qui s'appuient d'un côté sur la propriété, de l'autre sur le travail et le crédit, elles sont au faubourg Saint-Antoine. Une statistique commerciale a clairement prouvé que le chiffre comparatif des banqueroutes entre la Chaussée-d'Antin et le faubourg Saint-Antoine, était en faveur de la moralité de ce dernier. D'ailleurs, dans les émotions politiques qui ont régné depuis 1830, on n'a pas vu une seule fois les ouvriers des faubourgs descendre, c'est le mot consacré, dans les rues de Paris. Ce n'est pas qu'on n'en ait point inspiré la crainte, car la fiction durera long-temps encore : et pourtant autant vaudrait menacer les Parisiens du canon de la Bastille. En réalité le faubourg Saint-Antoine n'existe moralement plus pour les révolutions.

L'étranger doit savoir que dans ce vaste, riche, populeux, brave et honnête quartier, se fabrique cette ébénisterie si estimée du luxe étranger. Toute l'Europe est tributaire du faubourg Saint-Antoine, dont nous n'avons parlé ici que parce que la longue perspective de son spacieux faubourg part du pied de la place de la Bastille, pour se prolonger jusqu'à la barrière du Trône.

Prison d'État, la Bastille fut renversée le 14 juillet 1789, et sur ses ruines on lisait quelques jours après, à la lueur des lampions : *Ici l'on danse.* Un fait peu remarqué est celui-ci : dans les cachots de ce monument formidable du despotisme, on ne trouva aucun prisonnier. Autant en arriva à Venise. Le peuple vénitien se soulève, à l'exemple du peuple français; il court naturellement à sa bastille, à la prison des Plombs, en brise les portes : personne dans les prisons souterraines, personne dans les prisons au-dessus, au-dessous de l'eau, sous les plombs, personne : tout était vide ! Le livre d'écrou était blanc ! La prison des Plombs ne renfermait que le geôlier et sa famille, gens heureux et tranquilles. Et nous faisons du drame !

Un citoyen Palloy, très illustre en son temps, eut l'ingénieuse idée de tailler dans quatre-vingt-trois assises extraites des fondations de la Bastille, quatre-vingt-trois autres miniatures de Bastille qui furent expédiées dans les départemens. Ces poupées révolutionnaires à leur tour ont disparu, et ce n'est guère qu'à l'Hôtel-de-Ville de Paris qu'on en verrait l'unique et dernier modèle.

Sur la proposition du ministre Chaptal, en 1803, Bonaparte étant premier consul, on dirigea le canal de l'Ourcq à travers la place ornée d'arbres qui sert de limite au boulevard Saint-Antoine et au boulevard Bourdon. Il fut un instant question d'ériger sur cette place de la Bastille l'arc de Triomphe de l'Étoile; mais ce projet fut abandonné sur les observations de l'académie des beaux-arts, et remplacé par un autre plus utile, resté pourtant inachevé, celui d'élever la fontaine de l'Éléphant. Il reçut un commencement d'exécution en 1808, sous M. Cretet, ministre de l'intérieur, et à l'époque du quatrième anniversaire du couronnement de l'empereur. A cette fontaine gigantesque ne devaient être employés que des bronzes pris sur les Espagnols. Si j'étais Espagnol, je sourirais aujourd'hui en voyant cet Éléphant formé de charpentes, de plâtre et d'une couche de couleur grise; mais comme je ne le suis pas, je reste convaincu que ce ne sont pas les canons de bronze conquis sur les Espagnols qui ont manqué à l'érection de l'Éléphant, mais bien la constance dans nos plans administratifs, et un bon choix d'administrateurs. Trois artistes ont épuisé leurs veilles à cet Eléphant, dont le bassin rempli par les eaux de l'Ourcq eût été un bienfait pour les habitans: M. Celerier, dont les travaux arrêtés par la mort furent continués par M. Alavoine, et M. Bridon, qui a monté la charpente et l'a recouverte de plâtre. Trois noms d'artistes pour cette négation de monument! On ignore le sculpteur qui tailla le Jupiter Olympien.

C'est presque une dérision d'ajouter que cet Éléphant a cinquante pieds de long sur quarante-cinq pieds de haut, la tour comprise. Pour le laisser dans cet état, il n'en eût pas coûté davantage de le gratifier de proportions cent fois plus gigantesques.

D'une fiction passons à une autre. En juillet 1830, on arrêta par acclamation qu'un monument serait élevé sur la place de la Bastille, en commémoration des trois journées et des victimes qui en marquèrent le cours. Le 27 juillet, le roi en posa la première pierre inaugurale; et il fut publié dans le *Moniteur* qu'on allait exécuter le plan de M. Alavoine : *une colonne terminée par une statue ailée du génie de la liberté, tenant un flambeau à la main pour éclairer le monde*. Rien n'est encore fait ; mais on est à peu près sûr que cette colonne aura douze pieds de diamètre et cent quarante pieds de hauteur.

Demandons-nous, ou plutôt demandons à M. Alavoine, où il a puisé l'inspiration de sa colonne qui portera une statue, de sa statue qui sera un génie, de ce génie qui sera celui de la liberté, et de cette liberté qui éclairera le monde?

Va pour la colonne; mais pourquoi ce génie sur la colonne? Qu'est-ce qu'un génie avec des ailes pour figurer 1830, où l'on se tirait des coups de fusil à bout portant? Qu'est-ce qu'un génie en 1834, parce qu'on s'est tiré des coups de fusil en 1830? Le génie de la liberté qui éclaire le monde! Hélas les génies interviennent peu dans nos misérables débats politiques. Mettez là-haut, puisque vous voulez une colonne et des emblèmes commémoratifs, Lafayette appuyé sur un homme du peuple, mettez un drapeau tricolore, ne mettez rien du tout, symbole expressif des avantages qui résultent d'une révolution; mais un génie! O M. Alavoine, j'aime encore mieux l'Éléphant que votre génie. L'Éléphant nous aurait au moins renvoyé de l'eau de sa trompe! mais à quoi cela sert, un génie de marbre? à moins toutefois que le génie n'épanche de l'eau comme le Manenkenpis de Bruxelles.

L'histoire, puisque nous l'écrivons, nous

oblige à mentionner que ce fut de la place de la Bastille que s'élancèrent, maudits par les cochers de fiacres, les premiers Omnibus que nous ayons vus à Paris. Aux applaudissemens de la foule, ils parcoururent les boulevards en triomphateurs, et s'arrêtèrent à la rue de Lancry. Dans les premiers temps leur course n'allait pas plus loin ; cette distance n'est pas la moitié de celle qu'ils franchissent aujourd'hui, pour un sou de plus. Puisque nous ne devons négliger aucun détail dans un article de détails, nous consignerons ici pour l'instruction de nos arrière-neveux que les premières courses d'Omnibus étaient taxées à cinq sous.

Dans l'aperçu général que nous avons tracé sur les boulevards en commençant ce morceau, nous avons à peu près indiqué tout ce qui rompt la longue monotonie des boulevards Saint-Antoine et du Calvaire. On n'y remarque que quelques cafés solennellement vides, que quelques ateliers de sculpture, où sur des marbres noirs et blancs des ouvriers semblent occupés à graver l'épitaphe du quartier.

C'est pourtant sur ce boulevard si nu, si désert et si triste, que se cache sous une petite porte l'entrée des ateliers de M. Chenavard, un des miracles de l'industrie parisienne. Jeune encore dans les arts, ce nom n'est pas moins connu dans les deux mondes. Pénétrez dans ces salles encombrées de meubles gothiques du plus rare travail, de la plus étonnante perfection ; admirez combien nos aïeux, si méprisés par la Renaissance et par l'Empire, entendaient la commodité, le bien-être et le luxe ; reposez-vous sur ces bancs faits de chêne, et pourtant si aériens, si gracieux dans leurs formes ; délassez-vous de l'éternel acajou avec ce chêne pur comme nos anciens Gaulois, dur et impérissable comme eux. Voilà tout le xive, tout le xve, tout le xvie siècles par ordre de fauteuils, de tabourets, de tables et de lits. M. Chenavard est un de nos meilleurs chroniqueurs depuis Froissard.

Là aussi sont ces tapis dont M. Chenavard a dessiné et colorié les larges rosaces, les rêveuses arabesques ; ces tapis, seuls tableaux d'histoire que nous ayons depuis que les rois ne sont plus assez riches pour en commander à la toile et au pinceau.

Nous passons sans regret du boulevard Saint-Antoine à celui du Temple, où se condensent les plus bruyantes joies de la vie parisienne, pour saluer d'abord à notre gauche le café Turc, qui, n'ayant pas voulu se survivre comme tant d'autres illustrations, s'est rajeuni, malgré les rentiers, d'un concert à l'instar de celui des Champs-Élysées. L'impartialité nous force toutefois à dire que ce concert n'est qu'un harmonieux plagiat de l'idée de M. Masson de Puit-Neuf, artiste de trop bon goût pour réclamer. Paris est reconnaissant à M. Masson, et à lui seul, de l'innovation de ces sérénades nocturnes en plein vent, dont le café Turc s'est emparé aux grands applaudissemens de toutes les oisivetés du Marais. Nous devions cet éloge à l'inventeur des concerts d'été, en ne refusant pas notre approbation à ceux qui les ont copiés pour leur plus grand avantage.

La fortune du café Turc commença par l'appât offert aux consommateurs d'une très belle limonadière qui siégeait au comptoir entre deux pendules et quatre vases de fleurs artificielles. On accourait du Marais et de la Chaussée d'Antin pour mériter un coup-d'œil de la limonadière et pour jouir de l'ineffable bonheur de lui effleurer les doigts en demandant de la monnaie. Il va sans dire que nos grands-pères manquaient toujours de monnaie. On sait que ces femmes destinées à l'étalage viennent ordinairement des provinces du nord, pour être belles limonadières à Paris ; puis, devenues plus vieilles, elles passent belles limonadières à Lyon ; puis plus vieilles encore on les engage comme belles limonadières à Toulouse, enfin à soixante ans elles sont belles limonadières aux colonies. Arras et Verdun, concurremment avec leurs toiles et leurs anis, fournissent la France de belles limonadières.

A l'opposite du café Turc, resplendissent sur une même et joyeuse ligne les théâtres *des Funambules, des Acrobates, de la Gaieté, du Cirque Olympique et des Folies Dramatiques*. Aux premiers de ces théâtres appartient la gloire de deux artistes qui ont fatigué la renommée aussi bien que s'ils se fussent appelés Mars et Talma ; nous voulons parler de Madame Saqui et de Debureau. Rien n'a manqué à leur fortune et à leur illustration. L'acrobate a, dit-on, fait bâtir un palais en Suède, le mime a été proclamé aussi grand que Napoléon par M. Jules Janin. Tout en se défiant des palais et des comparaisons, on conviendra que la popularité de Madame Saqui et de Debureau a été grande et bien méritée, si l'on songe que celle-ci a passé la moitié de sa vie sur un fil d'archal, celui-là la moitié de la sienne sous une couche de farine. Le peuple n'en demande pas tant pour propager un nom lorsqu'on se voue à ses plaisirs.

Il n'a pas non plus oublié *Nicolet* qui brillait

à deux pas plus loin *au Théâtre des Grands Danseurs ou Théâtre de Nicolet*, aujourd'hui de *la Gaieté*. Nicolet, qui partage sa célébrité proverbiale avec son singe, serait bien étonné aujourd'hui de voir son théâtre où s'exécutaient les plus beaux tours de force des quatre parties du monde, métamorphosé en théâtre où l'on mange du *flan* dans les entr'actes, mais en théâtre propre ; un peu noir au plafond, mais orné d'amours, couleur de plomb au pourtour ; non éclairé au gaz, mais à l'huile, au lieu de chandelles ; ayant abandonné la farce, mais jouant le drame presque aussi bien qu'à la Porte-Saint-Martin ; poussant la noble exagération du sentiment maternel, paternel, filial, jusqu'à la mort, et avec la même frénésie qu'apporte pour l'héroïsme et la gloire, de l'autre côté de la cloison, *le Cirque Olympique*. Une crainte pourtant s'est quelquefois mêlée à notre joie. Nous avons eu peur de voir cette cloison se briser sous les doubles efforts de M. Marty et de quelque maréchal de France, et l'Aérienne tomber dans les bras du grand acteur.

C'est aux environs de ces deux théâtres aimés de ceux chez qui les beaux sentimens de patriotisme et de tendresse sociale ne sont pas éteints, que s'amassent les entrepreneurs de succès, et les marchands de contre-marques. Cette population étrange qui a de gros bâtons, s'enflamme par anticipation aux beautés de l'œuvre à soutenir, avec du vin de propriétaire au fond des caveaux circonvoisins, et répète, sous l'œil d'un instructeur, le rire factice, saccadé, le rire large du peuple, le rire fin de l'homme d'esprit, le rire épigastrique du manant, enfin tous les rires, tous les tics, tous les mouvemens nerveux qui, interrompant une scène, un mot, enlèvent la salle. Les applaudissemens y ont aussi leur cours de physiologie, savamment gradués comme le rire. Preuve d'une civilisation vieillie, cette science a déjà chez ces hommes des adages qui la résument. *On naît applaudisseur, on devient rieur; applaudir est un don, rire un art.*

Le chef de cette société, devenu aussi nécessaire aux théâtres qu'un lustre et un orchestre, demeure toujours caché aux yeux des profanes. C'est un homme propre : allez chez lui, vous y trouverez de l'acajou, des tapis, Racine relié en veau, Voltaire par Thouvenin. Il élève ses enfans dans la crainte de Dieu et dans le mépris des spectateurs payans; aux premières représentations sa femme occupe une stalle au balcon. Il est classique, et s'il regrette d'être venu trop tard au monde, c'est pour Racine, dont l'*Athalie* ne serait jamais tombée, si l'on s'était adressé à sa maison d'entreprise de succès à l'époque où fut joué cet immortel mélodrame. Le chef de claque du théâtre des *Nouveautés* était marquis et d'une première noblesse du royaume. Soutenir les lettres n'est point déroger, nous disait cet excellent homme qui soutenait les lettres à peu près comme un commissionnaire du trésor royal soutient l'État, en portant des sacs d'écus.

Sortons de la Gaieté et pénétrons au bruit des cimbales de cuivre, du tamtam chinois, à la lueur de la poudre à canon, sous la tente militaire du Cirque Olympique, qui a eu aussi ses temps de célébrité sous l'empire, dans la rue Saint-Honoré, bien que, sous l'empire, il fût difficile de lutter de fracas, de fumée et de gloire avec la grande armée. Vint la restauration, et la chance fut meilleure pour les reproductions scéniques des grandes batailles. Le fait n'était plus là pour écraser l'imitation. L'imitation eut un prodigieux succès, par ses tableaux militaires, par ses chevaux bondissans dans la mêlée, par ses cris de guerre, ses drapeaux déchirés. Naturellement le Cirque fut hostile à l'époque religieuse et pacifique de la restauration; il passa dans l'opposition. Ce ne fut pas le seul bonheur dont il profita. Il fut incendié et depuis sa fortune alla en croissant, et si haut, que l'Opéra est aujourd'hui effrayé du luxe de décors que déploie le Cirque. M. Véron doit songer sérieusement aussi à un incendie.

Le Cirque est un théâtre des plus populaires de Paris; d'abord parce que l'intelligence n'a aucune peine à subir pour comprendre le dialogue des scènes; ensuite parce qu'il vit sur les réminiscences de l'empire, sur le souvenir des batailles de la grande armée; émouvantes images où chacun peut se réserver un coin et se dire : J'étais là; ce capitaine, c'est moi; ce soldat, c'est mon père; ce général, c'est mon cousin; cet empereur, c'est notre empereur. A ce titre qui le rend si familier et si intime, le *Cirque*, pour les Français de la nombreuse classe qui lit peu, doit être considéré comme un théâtre de société où l'on joue en famille.

Il y a six mois que nous eussions passé sous silence un autre théâtre, qui, pour avoir été brûlé, n'en a pas été plus heureux, les incendies ne réussissant pas toujours. Ce théâtre, autrefois l'*Ambigu Comique*, a pris un ressuscitant sous une couche de plâtre, et dans les proportions un peu grêles d'une momie desséchée, le nom qu'il ne justifie pas absolument, de *Théâtre des Folies Dramatiques*. Nous le mentionnons ou plutôt nous constatons pour la singularité de notre siècle que l'acteur Frédérick Lemaître joue sur cette scène. Frédérick est malgré ses défauts un acteur intelligent, profond parfois, spirituel, vrai dans l'imitation des manières communes; et il a créé, dans son genre, qui n'est pas le plus difficile, on en convient, une foule de rôles, qu'on peut regarder comme les plus beaux du drame moderne. Cet acteur si remarquable joue maintenant *aux Folies Dramatiques*, après avoir conquis la vogue à la *Porte-Saint-Martin*, et dédaigné la superbe résidence des *Français*. Frédérick, qui avait si bien compris le drame de nos jours, n'ayant pas été compris, a poussé du pied tous les théâtres, et s'est dit : Je me ferai un théâtre. Il a brûlé tous les drames anglais, allemands, moyen-âge, et s'est écrié : Je me ferai un drame. Ensuite ayant senti qu'aucun acteur ne pourrait le seconder au théâtre qu'il ouvrirait, dans la pièce qu'il aurait faite, il a ajouté: Je serai seul à jouer ma pièce. Et ce théâtre, cette pièce, cet acteur, les Folies Dramatiques, *Robert Macaire*, Frédérick, ont remué Paris, Paris, cette masse que Napoléon ne parvenait pas toujours à ébranler.

Descendons maintenant vers la Porte-Saint-Martin, en ralentissant le pas, afin de saisir au passage la physionomie animée de cette portion du boulevard Bondy appelée communément le *Château-d'Eau*. Les distractions de basse qualité qui y pullulent, salons de Curtius, chambre noire, serpent boa, Napoléon traversant le mont Saint-Bernard, sauvages, tableaux de l'inquisition, jeux de la roulette, du palet, où l'on gagne des couteaux et des lapins, tous ces jeux attirent de prédilection deux classes, les soldats et les bonnes, sans parler d'une troisième classe, celle des voleurs, placée comme intermédiaire. Faveur municipale, des bancs de pierre offrent leur appui aux doux entretiens des conscrits et des nourrices, qui, tendrement préoccupées, laissent tomber leurs nourrissons dans le bassin du Château-d'Eau.

Cette fontaine fut terminée en 1810, et s'élève sur le boulevard Bondy, entre la Porte-Saint-Martin et les limites du boulevard du Temple. On estime le sommet du Château-d'Eau à cinq mètres d'élévation au-dessus du sol ; trois cuvettes reçoivent sa gerbe et la rejettent dans un large bassin où se mirent, sur quatre socles, huit lions de fonte. La parcimonie avec laquelle les fontaines de Paris sont alimentées s'étend à celle du Château-d'Eau, qui fait parfois pitié avec ses bassins à sec et ses lions tirant la langue de soif.

A deux pas d'un canal, cette fontaine et beaucoup d'autres devraient toujours être jaillissantes pour l'éternel entretien de la fraîcheur sur les boulevards. En 1825, le Château-d'Eau fut réparé.

Au-dessous de l'esplanade qui porte la fontaine est le *Diorama*, une des curiosités de Paris, mais plus fréquentée de beaucoup par l'étranger que par le Parisien. Qui n'a pas vu le Diorama? ce pavillon au centre duquel on parvient par un boyau sombre, tortueux et sourd. Allez sans crainte dans ce chemin étroit, un prodige vous attend au bout. Le prodige, c'est la Suisse ou l'Italie, Venise ou Naples; une église, Westminster; un tombeau, celui de Sainte-Hélène : chose qui vous surprend, non par l'effet plus ou moins heureux d'une toile peinte, mais par l'effet de la vérité telle quelle. Cette vérité est si grande, qu'à l'aspect d'une reproduction d'un chalet suisse, perdu dans la neige, caché par les mélèzes, une jeune Anglaise eut le saisissement froid du rhume, et éternua tout le temps qu'elle demeura devant ce tableau. On sait que madame la duchesse de Berry, étonnée de la ressemblance, de la similitude qu'elle aperçut entre un des tableaux du Diorama et un coteau de Naples son pays, demanda avec instance qu'on agitât la toile, cause de son illusion ; son souhait fut accompli sur-le-champ.

En face le Diorama est le Waux-Hall, salle mixte, où l'on danse, où l'on fait des assauts d'armes, et où se réunissent les électeurs ; salle qu'embellit encore un jardin, miniature de celui de Tivoli, et qui a aussi son bassin et ses petites barques, ses escarpolettes, ses bosquets mystérieux de six pas, son bois de myrte, où se nouent les passions de l'arrondissement.

Voici l'Ambigu, dont l'architecte a placé la façade où devait être un des côtés de ce théâtre ; le rétrécissement du pâté Saint-Martin l'ayant voulu ainsi. On serait dispensé de parler de l'Ambigu, qui n'existe que depuis six ou sept ans, et qui depuis sa jeune origine n'a marqué par aucun acteur, par aucune pièce, aucun évènement, s'il ne rassemblait dans les brillantes cavernes ouvertes à sa base, une colonie mangeante d'auteurs, de demi-auteurs, de quart d'auteurs. Paris a des myriades de vaudevillistes, d'ouvriers en drames, et ces ouvriers mangent et boivent là où ils ont gagné leur salaire ; et à beaucoup d'égards ils ressemblent aux mineurs, quoiqu'ils n'extraient ni l'or ni les diamans. Leur vie se résume en un point, en un endroit qui les cache. Étrangers à tous les mouvemens qui se font auprès ou au loin, ils naissent, vivent, meurent entre le *Château-d'Eau* et la *Porte-Saint-Martin*. A la rue de Lappe on fait les chaudrons, au *Temple* on vend les vieux habits, sur ce boulevard on compose des mélodrames. Il y a là des associations d'auteurs comme ailleurs des associés en bonneterie; on y confectionne au meilleur prix de la littérature : c'est de la littérature *à la Boule d'Or, à la Truie qui file, au véritable Y*.

On ne joue à l'Ambigu-Comique ni le vaudeville tel qu'au Gymnase, ni la comédie telle qu'au Théâtre-Français, ni le drame tel qu'à la Porte-Saint-Martin, quoiqu'on y joue ces trois genres de pièces. Ce sont des façons de drames, de comédies et de vaudevilles, comme il y a des façons cachemires et des façons cuir-laine. Toutefois notre appréciation est si loin d'être un blâme de personnes, que nous reconnaissons beaucoup d'esprit et de goût à ces auteurs. En écrivant ainsi à la grosse, ils obéissent non à leurs facultés, mais aux déplorables exigences de ce théâtre, qui leur demande des pièces hâtées et faites en commandite.

Le théâtre de la Porte-Saint-Martin est un des plus beaux de Paris. On sait qu'il fut construit par l'architecte Lenoir en soixante-quinze jours.

Un acteur, depuis peu retiré de la scène, Potier, et un genre de pièces, le ballet, ont popularisé cette salle sous l'empire et pendant la première moitié de la restauration.

Son époque vraiment littéraire est celle où elle ouvrit ses portes aux drames de l'école moderne partout honnie. Avec raison le Théâtre-Français, qui mange le pain du gouvernement, qui reçoit quelques miettes du budget, qui est au service et aux ordres du gouvernement, refusa des pièces que repoussait le gouvernement, influencé par l'Académie. Par esprit d'opposition, par esprit seulement peut-être, la Porte-Saint-Martin leva son rideau sur les drames d'un auteur qui, malgré ses défauts, sa monotonie de conception, son infériorité d'écrivain, sut se mettre à la tête des auteurs dramatiques rebelles. M. Dumas (nous ne voulons parler que de lui) apporta les dieux du romantisme à la salle Saint-Martin, et une révolution fut constatée. Niez le mérite de cette révolution, blâmez ceux qui ont travaillé à l'accomplir, louez, si vous n'aimez mieux, le Théâtre-Français, notre tâche n'est ni d'approuver, ni de contredire. La tentative, nous bornons-nous à dire, a parfaitement réussi à la Porte-Saint-Martin sous les auspices de mademoiselle Georges, grâce au talent de Bocage et de Serres, deux de nos plus grands comédiens, et sous la direction de M. Harel, sur qui pèse encore la destinée de ce théâtre.

Pierre Bullet a fourni le plan de la Porte Saint-Martin, qui fut élevée en 1674, par un de ses élèves, François Blondel, le même à qui l'on doit la Porte Saint-Denis. Cet arc de triomphe n'est qu'une pierre embarrassante, de 54 pieds d'élévation, pour les piétons, et surtout pour les maraîchers qui affluent de la campagne à Paris par les faubourgs. De ses trois arcades, une seule est ménagée aux voitures; les deux autres ne sont praticables que pour les gens à pied; encore leur ferme-t-on ces huit pieds de passage à l'entrée de la nuit. On sait, du reste, qu'on peut passer à droite et à gauche de cette porte, qui n'est, comme la Porte Saint-Denis, qu'une fastueuse inutilité isolée, aussi éloignée d'être une fortification, quoiqu'elle soit bâtie sur les limites de l'enceinte méridionale de Philippe-Auguste, qu'un véritable monument national, bien qu'on y lise cette pompeuse inscription : — *Ludovico Magno Vesontione Sequanisque bis captis, et fractis Germanorum, Hispanorum, Batavorumque exercitibus, præf. et Edil. P.C.C.*

anno D. 1674. Les bas-reliefs de la Porte Saint-Martin sont chargés d'allégories, où l'on voit tantôt Louis XIV en perruque sous les traits d'Hercule, et tantôt assis sur un trône, recevant les prières d'une nation vaincue. La façade qui regarde les faubourgs, a pour bas-reliefs la prise de Limbourg. Quelques personnes préfèrent l'architecture vermiculée de la Porte Saint-Martin à la coupe plus grande, et, à certains égards, plus majestueuse de la Porte Saint-Denis. Nous n'entrerons point dans leurs motifs de préférence.

Nous qui voyons les choses de moins haut, et qui sommes dispensés des comparaisons savantes, nous remarquerons seulement que la Porte Saint-Martin est, le matin, un rendez-vous d'ouvriers, attirés par le café à la crême; à midi, et l'hiver particulièrement, une réunion de ramoneurs, et de commissionnaires en bois de chauffage; les jours d'émeute, un foyer d'émeutiers. C'est bien plutôt au pied des portes Saint-Martin et Saint-Denis qu'à la porte Saint-Antoine, qu'il est vrai de constater l'existence des faubourgs. Probablement ce furent quelques uns de leurs courageux enfans qui, pendant les trois journées de juillet 1830, montèrent sur l'une et l'autre porte, et qui, de là, sans secours du dehors, sans retraite possible, n'ayant que des pavés pour munitions, se battirent jusqu'à la dernière heure victorieuse du 29. Quand ils descendirent, le pavillon tricolore flottait à l'attique de ces deux monumens régénérés.

Des changemens notables ont fait du boulevard Saint-Denis, placé entre les deux portes, un quartier des mieux bâtis de Paris. Construites dans un excellent goût d'architecture, de nouvelles maisons se sont élevées sur le sol qu'on a nivelé; et, pour faciliter au commerce des habitations en plus grand nombre, on a ouvert à la droite de ce boulevard un embranchement qui a pris le nom de *Cité d'Orléans*.

Après avoir longuement parlé de la *Porte Saint-Martin*, il nous reste peu à dire de la *Porte Saint-Denis*, qui n'en diffère que par quelques pieds de plus de hauteur et la coupe des deux portes latérales. Blondel en a fourni le dessin; les sculptures sont de Michel et François Auguier. Élevé par la reconnaissance du prevôt des marchands et des échevins à la gloire de Louis XIV et aux frais de la ville, cet arc de triomphe a en élévation et en largeur soixante-douze pieds. Deux obélisques en demi-relief, chargés de globes fleurdelisés, se présentent du côté de la façade qui regarde la ville; du côté du faubourg, ce sont des lions, au lieu de figures allégoriques, qui supportent les obélisques. Au fronton du monument, on voit Louis XIV en perruque et en guerrier grec, avec cette inscription : *Ludovico Magno*. Quel galimatias : un roi français, un costume grec, une victoire sur les Hollandais, une dédicace latine !

Nous aurions garde d'omettre l'église catholique française de M. l'abbé Chatel, qui a élu domicile sur le boulevard Saint-Denis dans une salle où ont brillé tour-à-tour des tigres, des lions, des géans, plusieurs ménageries successives. Qu'est-ce que cette fatalité de local acharnée à l'église catholique française ? Elle ne s'est établie jusqu'à présent que dans des salles de bal ou de ménageries, tantôt dans la rue Saint-Honoré, où ont été plus tard les concerts d'hiver de M. Masson de Puitneuf dont nous avons parlé ; tantôt dans la ménagerie du célèbre Martin ; enfin la voilà dans un local où se succédaient, il y a quelques mois, les phénomènes de l'histoire naturelle. Si nous avons pourtant bien compris la cause de la mobilité locative de M. l'abbé Chatel, nous serons moins disposé à le blâmer d'abriter son culte entre des murs volans de planche et sous un plafond de toile peinte en ciel. Novateur par raison, M. l'abbé Chatel, qui croit qu'il est temps de parler français à Dieu, a voulu mettre la religion, qui s'en va (de la capitale du moins), au niveau de toutes autres choses qui durent si peu. Il n'a pas choisi une doublure plus forte que l'étoffe : à culte parisien, église de toile et de planche. En ceci M. l'abbé Chatel a eu dans sa petite cervelle hétérodoxe plus de sens que les administrateurs de la religion de l'État, dont le zèle ne se lasse pas de bâtir église sur temple, temple sur cathédrale, sans se soucier le moins du monde s'ils auront assez de fidèles pour remplir leurs superbes monumens de marbre. Vous faites des temples.—Faites des chrétiens d'abord. — Monsieur Chatel, vous avez raison, le culte s'en va, il est mort, personne ne croit plus à personne. Sans cela seriez-vous évêque?

De récentes constructions n'ont pas avantageusement remplacé, malgré leur élégance et leur régularité, l'allée d'arbres qui parait le boulevard *Bonne-Nouvelle*, un des plus maltraités par la révolution de juillet. Il nous est facile de juger d'avance l'aspect satisfaisant qu'offrira ce boulevard quand la ligne de maisons qu'on y bâtit sera achevée et se prolongera, sans intercallation d'échoppes et de terrains vagues, de la maison de pharmacie Charlard jusqu'au faubourg Montmartre. Déjà la rue *Basse des Rem-*

parts, ce casse-cou dangereux a disparu, et la rue Hauteville, autrefois bouchée par un vieux mur de fortification, s'ouvre sur le boulevard *Bonne-Nouvelle*, et conduit la perspective jusqu'à l'ancienne rue *Charles X*.

On ne verra bientôt plus sur ce boulevard, qu'on aligne et qu'on déblaie, ce pavillon chancelant, pendu comme une aire au bord du rempart de la rue Basse. Ce serait la seule échoppe digne de regret, si elle n'était destinée à figurer dans le nouvel alignement du boulevard Bonne-Nouvelle, non avec son échelle mal assurée, ses quatre façades secouées par les vents, mais brillante et neuve, bâtie pour l'éternité, s'il y a une éternité pour les magasins de *bouillon hollandais*. Le premier débit de *bouillon hollandais* s'établit sur ce boulevard, dans ce pavillon dont nous n'aurons pas à regretter la perte. Il a fait fortune; c'est mérité. Le *bouillon hollandais*, vendu sur place ou à domicile, a été une providence pour les estomacs si matinalement éveillés des commis-marchands, des employés d'administration, et pour toutes les atonies parisiennes. Avoir du consommé sans le pot-au-feu, c'est un problème social qui a été résolu par les maisons hollandaises à la grande joie du Parisien célibataire qui n'a pas de ménage, pas de bonne, et qui adore pourtant la soupe de toute l'horreur qu'il a pour les notes de bouchers. Depuis l'établissement hollandais du boulevard Bonne-Nouvelle, Paris en compte au moins un par quartier. Il faut ajouter que la tasse de café à la crême, cordial dont semblait ne pouvoir jamais se priver l'employé, a perdu beaucoup de son universalité domestique depuis les bouillons à six sous. On s'en est aperçu à la moins grande quantité d'amidon vendue par les épiciers. Nous n'aurons pas la naïveté d'apprendre aux étrangers que les laitières parisiennes donnent du corps et de la blancheur à leur lait au moyen d'une addition subreptice d'eau amidonnée.

Cet autre pavillon que l'alignement respectera, devant le péristyle duquel s'échelonnaient autrefois des landaus armoriés, et où viennent aujourd'hui se ranger à la file des équipages moins nobles, mais peut-être aussi riches ; ces arcades de verre sous lesquelles se presse, à la tombée du jour, une aristocratie neuve, encore en sueur des opérations de la bourse; ces marches trop étroites pour les dames si amplement parées qui les gravissent, le bouquet de dahlias d'une main, l'éventail en laque de l'autre ; cette salle, dont les échos n'ont jamais été déchirés par l'applaudissement brutal du peuple, et qu'éveille de loin en loin des suffrages à demi-lèvres, des sourires à peine éclos; cette scène, parcourue par des actrices précieuses, spirituelles et de bon ton; ces pièces, modèles de cette société qui vient s'y applaudir sous des traits flatteusement reproduits, c'est le Gymnase. Madame la duchesse de Berry y donna son nom et sa protection, y conduisit sa cour, y amena la vogue. Si l'ingratitude a effacé du fronton de cette salle le titre de sa protectrice, l'habitude reconnaissante a conservé au Gymnase le nom de Théâtre de Madame.

La fécondité d'un homme d'un prodigieux esprit, M. Scribe, a soutenu jusqu'à ce jour ce joli théâtre, dont le répertoire, quoique désavoué par l'art et la littérature élevée, est devenu national, et s'est imposé à l'Europe. On chante le vaudeville français à Vienne et à Saint-Pétersbourg, en attendant que des œuvres plus sérieuses viennent restituer à notre langue l'universalité qu'elle eut au dix-huitième siècle par les Montesquieu, les Voltaire et les Diderot.

Après le Gymnase, nous signalerons, comme un contraste et une innovation tout à la fois, l'estaminet qui termine le boulevard *Bonne-Nouvelle*. Plus libres, sans être plus corrompues, ni pour cela meilleures, nos mœurs admettent maintenant le besoin ou le plaisir de fumer. Le tabac est compris. Des salons où il est déjà souffert, le cigarre est descendu dans les cafés où il se popularise. Il a nécessité des estaminets sur les boulevards. Les premiers de ces établissemens s'y sont essayés, depuis peu, avec un succès qui fait bien augurer de ceux qui s'ouvriront par la suite. L'estaminet qui touche au Gymnase est dans des dimensions telles, qu'il n'est plus permis aux dames de mettre en doute l'invasion prochaine et générale du tabac. On fume à Mexico, pourquoi pas à Paris? L'odeur est un préjugé. Quand les dames le voudront, la fumée du tabac sera un parfum délicieux : non le tabac de la régie; on ne s'habitue pas aux poisons.

L'estaminet du boulevard *Bonne-Nouvelle* étant un progrès, nous l'avons dit.

Derrière ce rideau de maisons sont les palais de la banque, et ces maisons le prouvent. Ne demandez pas à qui appartient ce jardin dessiné d'après un modèle de Le Nôtre, ce carré sablé, rafraîchi par des tilleuls, vert et rose des vases de marbre chargés de fleurs qui le garnissent, ce gazon que l'ennui et le silence seuls se plaisent à fouler, ce carré, bel oasis, au milieu du bruit et du brouillard parisien, tout cela est à la banque, à un financier, à M. Rougemont de Lowemberg.

Ce jardin est à lui seul le boulevard Poissonnière. On se consolerait difficilement de n'être pas le propriétaire de cet arpent de paradis, si l'on n'apercevait, au fond de cet Éden, le palais de celui qui l'habite, palais triste, pâle, et toujours muet. On se dit : Voici ce qu'on a lorsqu'on est riche : un beau jardin ! mais voilà aussi ce qu'on a quand on est riche ! ce palais mort ! Qui donc veut être riche ?... Vous !

Vainement voudrait-on négliger quelques boulevards, ou les caractériser d'un mot et passer outre. Comment ne pas s'arrêter au *boulevard Montmartre*, un des plus éclatans la nuit, quand le théâtre des *Variétés* élargit ses grilles à l'oisiveté qui vient digérer en riant aux folies de Vernet et d'Odry. Comment ne pas donner quelques lignes au passage des Panoramas, ce passage étroit, noir, sans air, et que, par un singulier entêtement, le promeneur préfère à la chaussée des boulevards, au milieu même de l'été ? Un des premiers qui furent percés à Paris, ce passage, dont les inconvéniens sont innombrables, devait enfin, disait-on, être mis en oubli dès que la nouvelle rue Vivienne, qui lui est parallèle, serait dégagée. La rue Neuve-Vivienne, qui est aussi utile qu'un pont entre deux rives, n'a rien ôté de sa foule épaisse et pressée au passage des Panoramas. A Paris, un bel établissement n'en a jamais ruiné un mauvais qui est en possession de la vogue. On court à la nouveauté, mais on demeure fidèle à l'habitude. Seulement les fournisseurs à la toilette ne sont plus, comme sous la restauration, aussi exclusivement parqués dans ce passage; mais Dantan, dont les bustes y sont étalés, et Félix, dont les pâtés ont une renommée européenne, retiendront encore long-temps la foule entre la Bourse et le boulevard Montmartre.

Cause principale de l'agitation qui règne sur ce boulevard, le théâtre des *Variétés* ne brille guère que par des pièces d'une grande hardiesse d'expression et de gaieté. Odry et Vernet, acteurs originaux, servent à merveille par leur talent ce genre où ils n'ont pas de rivaux. Le théâtre des *Variétés* est un de ceux que les étrangers fréquentent le moins, par l'extrême difficulté qu'offre à être compris son répertoire, composé de scènes intimement locales. En revanche il est très populaire parmi les Parisiens.

Nous entrons dans un pays d'enchantement. Après une course que nous aurons peut-être faite tout seul, nous touchons au sable doré d'un beau rivage, à l'Italie ou aux Indes. Ici l'industrie a ses temples, les arts ont leurs palais. Ce grand kalife qui a rêvé à de si poétiques impossibilités dans ses nuits arabes, verrait, toucherait au boulevard des *Italiens* les miracles de ses rêves. Son regard ouvert sous le doigt d'une fée trouverait réalisés, et les tapis dignes des mosquées, et les porcelaines où bleuissent les fleurs de la Chine, et les schalls que portent aux épaules les *Devadassi* de Bénarès, et les parfums dont un roi de l'Orient embaumerait sa barbe, et le carmin dont il colorerait ses lèvres, et l'or dont il coudrait ses habits; il trouverait les meubles soyeux et doux qu'aiment les femmes paresseuses, le linge cher aux membres délicats, des tables toujours servies de mets et de vins à ravir le palais d'un eunuque, des liqueurs et du café comme l'Arabie n'en distilla jamais, des distractions intelligentes et voluptueuses, des chants, des danses, et peut-être, pour achever son extase, des houris aussi timides, aussi nues, que celles dont le fils d'Ali cueille les caresses dans le paradis du Coran.

Sans figures, ce boulevard est le mieux fréquenté, le plus riche, le plus fashionable de Paris. Conséquent avec notre système, nous déduisons la splendeur de cette promenade des rues qui l'avoisinent : des rues *Grange-Batelière*, *Richelieu*, *Lepelletier*, *Lafitte*, *Taitebout*, *du Helder*, *de Marivaux*, et *de Grammont*. La banque, le haut commerce, les arts, dont l'Opéra est une espèce de capitale, les cafés, parmi lesquels celui de *Paris* a la première place, entretiennent ce foyer de la société parisienne, à laquelle vient se joindre, pour en connaître les habitudes et les modes, celle des étrangers. Ils affluent au boulevard des Italiens pour étudier les habits et les gilets, dont ils naturaliseront la coupe à Saint-Pétersbourg et à Florence.

C'est le soir que le boulevard des Italiens offre un riche coup-d'œil, lorsque les voitures volent au front des cafés éblouissans de gaz, et que les toilettes de la saison s'étalent en espalier, sur un triple rang de chaises, aux deux côtés des promeneurs. Le passage jumeau du Baromètre et de l'Opéra prête son abri de verre aux rendez-vous, qui, depuis quelques années, dédaignent la Rotonde du Palais-Royal, un peu perdue dans les habitudes de la société parisienne.

L'excès de luxe, qui éclate au boulevard des Italiens, ne se prolonge pas au-delà de la rue de la Chaussée-d'Antin. Sans se perdre, il se régularise dans les magnifiques hôtels du *boulevard des Capucines*, et particulièrement dans celui d'Osmond, joyau d'architecture, palais qu'on dirait construit par Jean Goujon. Encore quelques pas, et voici la rue de la Paix, qui serait la plus belle rue de l'univers, quand même elle ne se terminerait point par la grille des Tuileries, quand même la Colonne, ce bloc de gloire, ne s'élèverait pas du milieu de la place Vendôme.

Après avoir effleuré ces brillantes intersections du boulevard des Capucines, il faut que, sans nous arrêter aux rues *Caumartin*, *Godot de Mauroy* et de *la Ferme des Mathurins*, rues millionnaires et silencieuses, nous terminions notre pèlerinage au pied de l'église de la Madeleine.

Je ne crois pas que le lecteur prît beaucoup d'intérêt à connaître les vicissitudes de cette église, qui fut bâtie, démolie et rebâtie de siècle en siècle. Il en est déjà question en 1238, sous le nom de chapelle de la Ville-l'Évêque. Celui de la Madeleine lui fut donné vers la fin du quinzième siècle par Charles VIII, en commémoration de la confrérie qu'il établit sous l'invocation de cette sainte. Ruinée de nouveau, relevée de nouveau par mademoiselle de Montpensier, elle fut complètement démolie sous le règne de Louis XV, qui posa la première pierre de sa reconstruction. Contant d'Ivry fut chargé, dans les nouvelles dispositions architecturales, de présenter la façade de cette église en regard de la place Louis XV. La mort ne lui permit pas de réaliser les autres parties de son plan. Il fut remplacé par un architecte, qui non seulement démolit, ainsi que de raison, les travaux préliminaires de son devancier, mais encore les siens propres, en sorte qu'en 1780, c'est-à-dire depuis plus de cinq cents ans, date calculée de son origine, la Madeleine n'était pas menée à fin. Nous passons sous silence les autres reconstructions et démolitions tantôt générales, tantôt partielles que subit la Madeleine jusqu'en 1806, époque impériale où ce nom de sainte, seule chose que les maçons eussent respectée, fut effacé et remplacé par celui de *Temple de la Gloire*. Le *Temple de la Gloire*, dont la description tiendrait tout ce volume, si on rapportait seulement le plan de M. Vigneron, celui que choisit Napoléon parmi les cent vingt plans qui lui furent présentés, devait être élevé à la gloire des armées françaises.

Dans l'intérieur auraient été les statues des maréchaux de France, et des tables d'or, d'argent, de bronze et de marbre, sur lesquelles le nom des braves aurait été gravé à côté du récit des actions qui leur auraient valu cette distinction nationale.

La restauration, qui prit à tâche de rétrograder vers le passé avec une obstination funeste, suspendit l'exécution des travaux déjà assez avancés, et rendit à ce monument son nom de la Madeleine. Cette mesure parut moins un acte de réhabilitation pieuse, qu'une résolution de dépit et de jalousie contre une époque de gloire dont on répudiait l'héritage. L'ordonnance du 6 mai 1818 ne laissa aucun doute sur le caractère plus politique que religieux que les Bourbons eurent l'intention de donner à la Madeleine. Par cette ordonnance, on plaçait dans cette église les cénotaphes expiatoires de Louis XVI, Louis XVII, de Marie-Antoinette d'Autriche, et de la princesse Élisabeth. On murmura beaucoup, et avec raison. Parmi les fautes de la restauration, celle-ci est impardonnable.

Il fut un instant question, après la révolution de juillet 1830, de restituer à la Madeleine son titre et sa destination impériale. D'autres idées prévalurent, soit que les travaux de ce monument, comme église, fussent trop avancés, soit que les sympathies militaires fussent moins présentes à la génération. Si une autre considération avait déterminé le gouvernement à laisser la Madeleine à l'état d'église, si cette considération était l'idée fausse et stupidement ruineuse de doter la religion d'un asile de plus, dans ce cas nous n'épargnerions ni notre raillerie, ni notre dédain à ces hommes qui ne voient pas, aveugles qu'ils sont, le profond décri où est tombée la religion. Cette église, c'est deux millions de plus à imposer aux contribuables, ce n'est pas un chrétien de plus ramené à Dieu.

Comme utilité, j'eusse mieux aimé, pour ma part, malgré mon respect pour la religion, une borne fontaine; comme goût, je ne vois rien de plus laid, malgré mon respect pour l'antique. Ce temple est grec, et vous êtes Français; ce temple est digne de Minerve, de Vénus, de Jupiter Tête-de-loup ou Tête-de-chien, et vous êtes catholiques, apostoliques et romains; ce temple est découvert, et nos églises ont besoin du mystère des vitraux, des ogives et des voûtes; ce temple est carré comme la pensée grecque, nu comme s'il s'élevait dans la vallée de Tempé, à l'air chaud de l'Ionie, et vous êtes sous un ciel gris, toujours sale, entre la boue et la neige : beau Tempé que Paris! Donc ce temple a été fait pour d'autres dieux, d'autres mystères, un autre culte, d'autres peuples. Vous seriez sans imagination et sans goût, sans foi, sans logique et sans Dieu, si vous priiez là-dessous, si vous vous agenouilliez devant ces marbres païens. Tonne, Jupiter !

M. Dulaure, dans son admirable Histoire de Paris, termine le chapitre sur le Temple de la Gloire par ce beau paragraphe : « Cet édifice sera par la grandeur et la majesté de ses proportions, par la beauté, la richesse de ses formes, placé au rang des plus beaux monumens de ce genre dont la France et la ville de Paris doivent s'honorer. »

Cet édifice catholique dont la France doit s'honorer, au dire de M. Dulaure, n'a pas de clocher, attendu qu'il a la majesté grecque et les proportions grecques. On sonnera les matines dans les caveaux.

Mais consolons-nous, un marché aux fleurs va être établi près de l'église de la Madeleine ; et au lieu d'être murés par un platras corinthien, les boulevards se termineront par un bouquet de roses.

Outre ses boulevards intérieurs du nord et du midi, Paris est entouré de boulevards extérieurs, plantés parallèlement au mur d'enceinte que fit élever Louis XVI, non dans un but d'agrément, mais dans celui d'établir une nouvelle circonscription d'octroi. Chargé de diviser ce cercle par sections, qui prirent le nom de barrières, l'architecte Ledoux voulut prouver son imagination au fisc en variant la forme et le goût de chacune de ses barrières. Il n'échoua pas toujours. Si le motif qui les a commandées permettait de s'arrêter à leur exécution, on aurait des éloges pour quelques uns de ces monumens, en général beaucoup trop remarquables pour leur destination. Nous ne répèterons pas que les boulevards extérieurs sont plantés sur quatre rangs d'arbres.

La véritable physionomie des boulevards extérieurs n'étant guère qu'aux barrières, qui les divisent, nous ne parlerons sommairement que de ces dernières. Science bâtarde dévolue à qui veut l'étudier cinq minutes, la statistique m'offre sa cassolette d'ennui, et il ne tient qu'à moi de vous la faire respirer. Vous la respirerez.

Paris a cinquante-cinq barrières que voici : —*La Râpée, Bercy, Charenton, Reuilly, Picpus, Saint-Mandé, du Trône, Montreuil, Charonne, des Rats, d'Aunai, des Amandiers, Mesnil-Montant, des Trois-Couronnes, Belleville, de la Chopinette, du Combat, de la Boyauderie, de Pantin, de la Rotonde, de Saint-Martin, de la Villette, Saint-Denis, Poissonnière, Rochechouart, des Martyrs, Montmartre, Blanche, de Clichy, de Mouceaux, Rotonde, de Chartres, de Courcelles, du Roule, de Neuilly, de Longchamp, de Sainte-Marie, de Franklin, de Passy,* séparée par la Seine de celle de *la Cunette, de Grenelle, de l'École militaire, de Sèvres, de Vau-*

girard, *des Fourneaux*, *du Maine*, *du Mont-Parnasse*, *d'Enfer*, *d'Arcueil*, *de Santé*, *de l'Oursine*, *d'Ivry*, *d'Italie*, *des Deux Moulins*, *de la Garre*.

Toutes ces portions d'enceinte, dont nous négligerons le chiffre des arcs fractionnels, représentent une circonférence de près de douze mille quatre cents toises, ou une étendue d'environ six lieues.

Nous dépasserions deux fois les bornes d'un chapitre, si nous nous proposions de tracer le portrait moral des barrières, très facile à rendre la semaine, car aucun signe de vie alors ne les décèle, mais très long et très chargé le dimanche quand des catégories de la population parisienne se pressent entre les faubourgs et la campagne.

Une main plus habile, ou plutôt un pied moins fatigué que le mien vous conduira une autre fois de la barrière de Grenelle, peuplée d'invalides, à la barrière de Chaillot, par où passent les duels, les nourrices et les blanchisseuses; des Batignolles, où sont les maisons de campagne de ceux qui n'ont ni maisons ni campagnes, à la Chapelle, connue de tous les veaux de Pontoise ; de la barrière de la Villette, où Paris dépose ses immondices, et où le maire de Pantin couronne des rosières, à la barrière du Combat, où des chiens dévorent des chevaux que les Parisiens dévorent le lendemain dans les restaurans à vingt sous ; de Belleville, où fleurissent les véritables Desnoyers, multipliés comme les morceaux de la vraie croix, au Père-Lachaise, cimetière autour duquel sont groupés les meilleurs restaurans de banlieue ; de la barrière de Vincennes, fière des artilleurs qui la traversent, à Bercy, où le préjugé va chercher encore des matelotes.

Pour nous, qui avons, non sans chanceler quelquefois, parcouru ce vaste labyrinthe d'arbres, de places, de maisons, nous ne regretterons pas notre peine, si par nos indications nous avons pu remettre dans sa route l'étranger égaré. Nous aurons même l'orgueil d'avoir fait pour lui ce qu'on ne fit pas pour nous. Etranger aussi et ayant demandé une fois, sur les boulevards, au milieu de la nuit, à un charitable Parisien, la rue du Cadran, nous nous trouvâmes au point du jour à la barrière du Trône.

Léon GOZLAN.

FIN DU TOME TROISIÈME.

TABLE DES MATIÈRES.

MM.   Pages.

Jules JANIN. — Les passions innocentes à Paris. .   1
Frédéric SOULIÉ. — La Bourse.   27
CORDELIER-DELANOUE. — Le Palais-Royal.   55
Le Bibliophile JACOB. — Les noms des rues. . .   75
Edouard MONNAIS. — Le propriétaire. 111
PINARD. — Les avocats de Paris. 133
Henry MARTIN. — Les cris de Paris. 157
UN DÉPUTÉ. — L'intérieur de la Chambre des députés. 173
A. JAL. — L'école de peinture, 1800-1834. . . . 197
SAMSON. — Le Théâtre Français. 281
Léon GOZLAN. — Les deux boulevards. 323

FIN DE LA TABLE.

ERRATA.

TOME Ier.

Page 242, ligne 19, au lieu de : *étable*, lisez : *établie*.

Page 252, lignes 18 et 19, au lieu de : *fenétaes* lisez : *fenétres*.

Page 324, ligne 27, au lieu de : *la palladium*, lisez : *le palladium*.

TOME IIe.

Page 66, ligne 13, au lieu de : les *romans*, lisez : les *romances*.

Page 187, lignes 10 et 11, au lieu de *pour faire des démarches*, lisez : *pour les frais de démarches*.

Page 192, ligne 27, au lieu de : *parlementaires*, lisez : *préliminaires*.

Page 196, ligne 10, au lieu de : *en environnent*, lisez : *environnent*.

Page 203, ligne 11, au lieu de : *révée*, lisez : *rêvés*.

Page 209, ligne 11, au lieu de : *relais*, lisez : *relai*.

Page 263, au 2e titre, au lieu de : *Michelot*, lisez : *Michot*; au lieu de : *Jenny Colon, Jenny Vertpré*, lisez seulement : *Jenny Vertpré*.

www.ingramcontent.com/pod-product-compliance
Lightning Source LLC
Chambersburg PA
CBHW050533170426
43201CB00011B/1415